W0058442

»Entartete Musik. Eine Abrechnung von Staatsrat Dr. Hans
Severus Ziegler« Völkischer Verlag G. m. b. H., Düsseldorf
(Ausschnitt)

»Der Nigger-Jazz ist von heute ab im Deutschen Rundfunk endgültig ausgeschaltet«, meldete der Völkische
Beobachter im Oktober 1935. Doch tat das der Swingbegeisterung unter den Jugendlichen keinen Abbruch.
Erfolgreich trat Teddy Stauffer mit seinen Original Teddies
bis 1939 in Berlin und Hamburg auf, und die Swings be-
jubelten ihre Idole. Bald aber griff die Gestapo gegen die
»anglophile Subkultur« energisch durch. Anfang 1942
übersandte Reichsjugendführer Axmann Berichte aus
Hamburger Oberschulen an den Reichsführer der SS
Himmler und forderte ihn auf, mit den schärfsten Mitteln
gegen die »Swingheinis« vorzugehen. Ein finsteres Kapitel deutscher Geschichte wird aufgeschlagen: die Gestapo
verfolgte, prügelte, verhaftete, drohte mit der Einweisung
ins Konzentrationslager. Nicht wenige Jugendliche erfuh-
ren »Umerziehungsmaßnahmen« oder wurden durch
deren Androhung in den Freitod getrieben.

Heinrich Himmler und die Liebe zum Swing

Erinnerungen und Dokumente

Herausgegeben von Franz Ritter

RECLAM VERLAG LEIPZIG

Mit einer Nachbemerkung von Guido Fackler
Mit 14 Abbildungen

ISBN 3-379-01493-1

© Reclam Verlag Leipzig 1994 (für diese Ausgabe)
Quellen- und Rechtsnachweis am Schluß des Bandes

Reclam-Bibliothek Band 1493
1. Auflage, 1994
Reihengestaltung: Hans Peter Willberg
Umschlaggestaltung: Matthias Gubig
Printed in Germany
Satz: Offizin Andersen Nexö Leipzig GmbH
Druck und Binden: Ebner Ulm
Gesetzt aus Meridien

Inhalt

III. Gegen »anglophile Tendenzen« brutal durchgreifen

IV. SwingEnde Wehrmacht

V. Swing hinter Stacheldraht

Epilog

Anhang

Vorwort

Swing ...

Der polnische Autor Leopold Tyrmand, während des Krieges als Zwangsarbeiter in Deutschland, sprach im Rückblick auf diese Zeit vom Swing als der vielleicht »besten Metapher für Freiheit, die jemals irgendeine Kultur hervorgebracht hat.«[1] Und Eric Vogel, Ingenieur und Jazz-Musiker aus Brünn, der einen Part in einem ganz besonders absurd erscheinenden Kapitel der NS-Zeit zu spielen hatte, bekannte 15 Jahre nach seinem Entrinnen aus der Hölle von Auschwitz: »Ich glaube an die Botschaft des Jazz, die Botschaft von Brüderlichkeit und Verständnis. Er ist ein Symbol für Demokratie und freien Ausdruck.«[2] Wem dies aus heutiger Sicht überzogen formuliert erscheint, der bedenke, daß von den dreißiger Jahren und der ersten Hälfte der vierziger die Rede ist, als der Swing die Jugend in seinen Bann zog und eine ungeheure Popularität erlangte.

Jazz, entstanden aus der Konfrontation afrikanischer und europäischer Musikkultur in den USA – und also auch der Swing – war eine grenzüberschreitende Unternehmung, weder ästhetisch noch sozial unproblematisch. Seit 1937 erst gab es dank Benny Goodman, der den schwarzen Pianisten Teddy Wilson verpflichtete, gemischte Bands. Wenige Jahre zuvor noch hatten schwarze und weiße Musiker bestenfalls in Hinterzimmern zusammengespielt, war es als enormer Fortschritt angesehen worden, daß schwarze Bands von Weißen geschriebene Arrangements benutzten. Den Höhepunkt jener Entwicklung, die zumindest auf musikalischem Gebiet immer mehr Schranken zu Fall brachte, bildete sicherlich das legendäre Carnegie-Hall-Concert vom 16. Januar 1938, das Benny Goodman, umgeben von einigen der besten Swing-Interpreten seiner Zeit (Count Basie, Lionel

Hampton, Lester Young, Gene Krupa), sozusagen mitten im Herzen der bürgerlichen Kultur New Yorks gab. Viele Jazz-Kenner in Europa, wo seit Mitte der dreißiger Jahre von Deutschland aus die Signale unverhüllt auf Rassendiskriminierung gestellt waren, verfolgten die Entwicklung des Swing mit großer Sympathie. Hans H. Stuckenschmidt etwa attestierte ihm, er sei »mehr als eine Unterhaltungsmusik wie andere auch. Er gibt zum ersten Male in der Geschichte eine Massenkunst ... und ein Niveau, das seinen Produkten Bestand sichert. Er ist ein Kulturphänomen, das mehr über das Wesen unseres Jahrhunderts ... aussagt als manche wissenschaftliche Untersuchung.«[3]

Ganz anders freilich urteilte ein weitaus prominenterer Zeitgenosse über diese Musik. Er nennt sie zunächst »nicht aufrichtig«, es fehle ihr »an der Wahrheit des Empfindens. Sie ist nichts Ursprüngliches, nichts an dem eigenen Blut Genährtes, sich selbst Entstammendes. Sie ist nicht Musik, bestenfalls ein Versuch, Musik zu machen. Aufreizend. Ein sinnlicher Schauer. Für die Dauer eines Augenblicks. Meine Ansicht über die Zukunft der Jazzmusik? Nun sie ist da. Ich glaube nicht, daß sie uns erhalten bleibt. Sie kann nicht bleiben, muß verschwinden. Es gibt in der Musik Dinge, die Ewigkeitswert besitzen. Ein Abgrund liegt zwischen diesen Dingen und der Jazzmusik ... Gleich einem bösen Traum wird sie verschwinden, und mit einem Male werden die Musiker der Welt erwachen und die Menschheit von dieser lästigen Erscheinung befreit finden.«[4] Soweit Wilhelm Furtwängler, Chefdirigent der Berliner Philharmoniker 1922 bis 1945 und dann wieder von 1947 bis 1954.

Kein Zweifel:

Jazzmusik, besonders der Swing, war von außerordentlich hohem Symbolwert, sowohl in den Augen ihrer Anhänger als auch bei ihren Kritikern. Das gab ihr im kulturellen Leben der dreißiger und vierziger Jahre eine Sonderstellung.

... und Volkstum

Furtwänglers Haltung in der Zeit des NS-Regimes läßt verschiedene Interpretationen zu, aber er sprach – zumindest über Jazzmusik – ganz im Sinne der braunen Machthaber. Was er zum Ausdruck brachte, war anderen »Kulturwächtern« schon wesentlich früher klargeworden: diese – »*anglojüdische*« – Form von Musik konnte nur Gegenkultur sein zu dem von ihnen propagierten »*Deutschtum*«. Da eine ganze Reihe bedeutender Swingmusiker afro-amerikanischer oder jüdischer Abstammung war, versuchte man den Jazz als »*Kampfmittel des Judentums und des Amerikanismus*« zu denunzieren. Schon 1930 hatte sich Wilhelm Frick, damals nationalsozialistischer thüringischer Volksbildungsminister, mit einem Jazzverbot versucht. Im September 1933 wurde über das Reichskulturkammergesetz die Reichsmusikkammer eingerichtet und gleichzeitig mit deutscher Gründlichkeit »das Führen von ausländischen oder ausländisch klingenden Decknamen ... untersagt«. Im Oktober 1935 schließlich folgte der Hadamovsky-Erlaß für den Rundfunk, in dem der »Reichssendeleiter« ein »*Verbot des Nigger-Jazz*« verfügte. Ziel war eine »neue deutsche Tanzmusik«. Diese sollte und durfte »auch Synkopen und Saxophone« haben, sollte aber »vornehm, harmonisch und deutsch« sein.

Der Plattenmarkt blieb von diesen Maßnahmen vorerst unberührt, und beim Rundfunkhören bevorzugten die Fans ohnehin ausländische Sender (Radio Luxemburg, Hilversum, BBC). Renommierte englische Bands waren neben den zahlreichen deutschen in diesen Jahren überdies noch live zu erleben. Einen Wendepunkt brachte in gewisser Weise das Jahr 1938, nachdem man schon Ende 1937 in Benny Goodman, dem King of Swing, den Juden entdeckt hatte. Im Gefolge des »Nicht-Arier-Verbotes in Kunst und Musik« wurden Benny-Goodman-Einspielungen aus dem Angebot deutscher Plattenfirmen verbannt. Von Oktober 1938 an hieß es: Swingtanz verboten, und am 1. September 1939 trat die »Verordnung über außerordentliche Rundfunkmaßnahmen« in Kraft. »Das absichtliche Abhören ausländischer Sender ist verboten«, heißt es dort und: »Zuwiderhandlungen werden mit Zuchthaus bestraft«. Der Kriegserklärung Englands folgt ein Verbot englischer Musik. Amerikanische Platten sind noch erhältlich, dürfen aber in den Geschäften nicht mehr vorgespielt werden, bis sie schließlich mit dem Kriegseintritt der USA ebenso verboten werden. Doch selbst nach der Wende des Krieges im Winter 1942/43 scheint der »Jazz-Bazillus« nicht besiegt. Wie sonst wäre es zu erklären, daß der Gauleiter in Sachsen es Mitte 1943 noch für erforderlich hält, ein formelles Jazzverbot zu erlassen, das auch *»alle Entartungen musikalischer Darbietungen durch körperverrenkende Untermalung, dekadenten Refraingesang und ähnliche Effekthascherei grundsätzlich«* verbietet, oder daß die Nazis es noch im Juni 1944 als notwendig erachten, im »ILLUSTRIERTEN BEOBACHTER« eine erneute Kampagne gegen Benny Goodman, den »Rattenfänger von *Neuyork*« zu starten. Abgesehen von regionalen Anordnungen wie in Sachsen, hat es jedoch ein gesetzliches Verbot der Swingmusik im Dritten Reich nie gegeben. Von Beginn an erwies es sich als schwierig genug, wenigstens den erwähnten partiellen Einschränkungen Geltung zu verschaffen.

Swingkultur

In den Metropolen Deutschlands war bereits vor dem ersten Weltkrieg und dann während der zwanziger Jahre eine blühende Freizeit- und insbesondere eine Unterhaltungskultur entstanden. Als ein Beispiel sei der Delphi-Palast in Berlin erwähnt, der zum Swing-Mekka der dreißiger und auch noch der vierziger Jahre werden sollte. 1930 von dem jüdischen Gastronomen Josef König nach mehrmonatiger Schließung wiedereröffnet, bestand das »Delphi« den Konkurrenzkampf mit zahlreichen anderen Vergnügungspalästen und Tanzlokalen. Die ex-

travagante Ausstattung, Tischtelefone, Sternenhimmel-
decke, die bei Bedarf – vorzugsweise um Mitternacht –
auch geöffnet wurde, die hydraulische Hebebühne, mit
der ein Teil der Tanzfläche in ein Podium für artistische
Einlagen verwandelt werden konnte, vor allem aber die
Swing-Bands ließen das »Delphi« schon bald zu einem
Mythos werden. Ein Beobachter jener Jahre attestierte
dem Swing-Palast, er biete alles, »was eine verwöhnte
Großstadtmenschheit über die Langweile einer Nacht
hinwegführen kann«, insbesondere jene gerade in dunklen Zeiten offenbar unverzichtbare »Süßigkeit des Verges-
sens«.[5] Josef König verließ zwar schon bald nach der
Machtergreifung, von den Nazis massiv eingeschüchtert,
das Land und starb wenig später im Exil in der Schweiz,
jedoch wurde der Betrieb von seiner Lebensgefährtin,
später zusammen mit dem gemeinsamen Sohn Wilhelm
weitergeführt und entwickelte sich so insbesondere im
Jahr der Olympiade zu einem der ganz großen Treffpunkte für Swingfreunde.

Gerade ein Dreivierteljahr war Hadamovskys Verban-
nung des Jazz aus dem deutschen Rundfunk alt, als der
Swing im Rahmen der Olympischen Spiele eine wahre
Hoch-Zeit erlebte. Die Naziführung wollte Weltoffenheit
demonstrieren und den zu erwartenden ausländischen
Gästen, deren Devisen dringend gebraucht wurden, At-
traktives bieten. Vor allen anderen lösten die Auftritte der
Band des Schweizers (Ernest Henry) Teddy Stauffer eine
Welle der Begeisterung aus. Der englische Name – »Teddy
Stauffers Original Teddies« – durfte wegen des erwähnten
»Reichskulturkammergesetzes« übrigens nur mit Aus-
nahmegenehmigung beibehalten werden. Neben seinen
zahlreichen Live-Auftritten in ganz Deutschland spielte
Stauffer auch eine Vielzahl von Platten ein; zwar nahmen
Überwachung und Einschüchterungsversuche zu, doch
konnte Stauffer sich noch für einige Zeit freie Hand
sichern, indem er Kompositionen eines NS-Kulturfunk-
tionärs (u. a. »Zwei Schwalben haben sich geküßt«) in
sein Repertoire aufnahm. Die »Original Teddies« waren

13

nur eines von vielen prominenten Orchestern in jener Zeit des Swingbooms. Genannt sei außerdem das von Heinz Wehner, nach 1936 die Hausband des »Delphi«.[6]

In den Jahren 1936–1938 hatte auch die Schallplattenbranche mit einer ständig wachsenden Anzahl von Swing-Labels (Brunswick, Electrola, Columbia, Imperial, Telefunken) Hochkonjunktur. Dies änderte sich 1938. Das Verbot, Aufnahmen »nicht-arischer« Künstler, wie Benny Goodman und Gershwin, zu vertreiben, erstreckte sich wegen laufender Verträge vorerst jedoch nicht auf den Verkauf von Importplatten. Umgekehrt betrafen die Verbote für Schallplattenproduktionen mit englischer (1939) und amerikanischer (1941) Musik – aus Devisengründen – nicht den Export solcher Platten nach Süd-, Mittel- und Nordeuropa. Häufig kehrten diese über Soldaten in den besetzten Ländern wieder zurück. Zudem nahmen die Swingfans in Deutschland Zuflucht zur Methode des Plattenschneidens, wobei ausländische Rundfunksendungen unmittelbar auf Plattenfolien mitgeschnitten wurden.

Im Unterhaltungsbetrieb der Großstädte traten an die Stelle der abgewanderten oder zur Wehrmacht eingezogenen Musiker nun häufig internationale Formationen, im Volksmund »Kriegsdienstersatzorchester« genannt. Belgische, holländische und italienische Interpreten spielten weiter Swing, auch wenn sie die Titel tarnen mußten. Offensichtlich waren die Kontrolleure der Reichsmusikkammer wirklich nicht in der Lage, hinter dem »Lied vom blauen Ludwig« den »ST. LOUIS BLUES«, hinter dem »Schwarzen Panther« den »TIGERRAG« oder hinter einer Nummer namens »In guter Stimmung« »IN THE MOOD« zu entdecken, und der Propagandafilm »Rund um die Freiheitsstatue« mit einigen kurzen Filmaufnahmen von amerikanischen Jazzbands wurde im Winter 1941/42 zu einer Art Geheimtip für Swingfreunde, so daß ihn die zuständigen NS-Stellen schnell wieder aus dem Verkehr zogen.

Allen Anstrengungen der Nazis zum Trotz, »*Niggerei und jüdische Frivolität*« aus dem kulturellen Leben in Deutschland zu verbannen, kam es in den Jahren 1941–1943 zu einem »merkwürdigen Swing-Revival«. Der Swing habe sich »wie eine Seuche« ausgebreitet.[7] Das Brunswick-Label machte 1942/43 fast 200 Einspielungen, offiziell »deutsche Tanzmusik«, jedoch mitunter strikt im Benny-Goodman-Stil. Die NS-Kulturwächter, so scheint es, standen diesem Phänomen einigermaßen hilflos gegenüber, und sie reagierten – Schritt für Schritt – mit einer Lockerung der Verbote, zumindest im Umfeld der Wehrmacht, »um den meist jungen Soldaten ihr bißchen Freude und Zerstreuung zu gönnen, zwecks Hebung des Kampfgeistes«[8]. Ebenso inkonsequent ist die staatlich protegierte Produktion dessen, was Swingfans verächtlich »Propaganda-Swing« nannten. Ein auf Goebbels' Anordnung eigens für Propagandazwecke gebildetes Orchester »Charlie and his Orchestra« spielte Swing für an die Westalliierten adressierte Rundfunksendungen und für Platten, die hinter den feindlichen Linien abgeworfen wurden. Die dümmlichen propagandistischen Abänderungen der Originaltexte waren dabei das eigentliche Ärgernis. Nicht nur aus heutiger Sicht. Amerikanische Soldaten bestätigten 1945 den beteiligten Musikern bei deren Gefangennahme, ihre Texte seien nicht viel wert, ihre Jazzmusik hingegen sei »first class« gewesen.[9]

Während die Frontsoldaten im Rahmen der Truppenbetreuung hie und da – mit Billigung ihrer Vorgesetzten oder ohne – Swingmusik zu hören bekamen, blieb den – jetzt meist jugendlichen – Swingfans im Deutschland der letzten Kriegsjahre, als die Schallplattenproduktion praktisch zum Erliegen kam, eigentlich nur noch die Möglichkeit, »Feindsender« abzuhören. Ungeachtet der für »Rundfunkverbrechen« angedrohten hohen Strafen, wurde dies ausgiebig praktiziert.

Swingjugend

In der Auseinandersetzung mit der Swingszene standen in den Jahren vor Kriegsbeginn noch Fragen des Stils und des musikalischen Geschmacks im Vordergrund. Immerhin gab es 1936/37 noch eine öffentliche Debatte über Swingmusik. Die Angehörigen dieser ersten Generation, die »Senior-Swings«, versuchten zunächst einmal, den Lebensstil der Jahre vor 1933 zu behaupten. Mit einer gehörigen Portion Snobismus setzten sie Eleganz gegen jegliche uniformierte Zumutung. Sie entstammten der oberen Mittelschicht, wenn nicht gar der Oberschicht, gründeten Jazz-, Hot-, Rhythm- oder Melody-Clubs, trafen sich – zwar nicht ausschließlich, aber doch mit Vorliebe – an exklusiven Schauplätzen. Wo die Liebe zum Swing noch tiefere Wurzeln geschlagen hatte, pilgerte man zu den Auftritten des Superstars Louis Armstrong 1932 nach London ebenso wie 1935 nach Turin.

Von 1939 an ging die Auseinandersetzung im Kern zunehmend über den Streit um musikalische Anschauungen hinaus. Inzwischen war – im März 1939 – die »Jugenddienstpflicht« eingeführt worden, die alle männlichen und weiblichen Jugendlichen zwangsweise in der HJ zusammenfassen sollte. Ein Jahr später folgte die »Polizeiverordnung zum Schutz der Jugend«, die es Personen unter 21 Jahren verbietet, sich nach Einbruch der Dunkelheit »herumzutreiben«. Auch jetzt blieb der Jazz für viele Jugendliche die »Leitwährung«, aber sie opponierten auch und immer mehr gegen das NS-System, insbesondere gegen dessen paramilitärische Jugendpolitik. Die Entdeckung, für den Krieg gebraucht zu werden, z. B. als Flakhelfer, dann aber vor allem die Erkenntnis, daß in der nationalsozialistischen Kriegsstrategie ihr »Heldentod« als feste Größe eingeplant war, steigerten jugendliche Renitenz und Verweigerung während der Kriegsjahre. Die jüngere Generation der Swinger, vornehmlich Angehörige der Jahrgänge ab 1925, war bereits unter nationalsozialistischen Vorzeichen aufgewachsen. Ihnen lieferten die

»Senior-Swings« die abweichenden Verhaltensmuster. Die verbotene Musik wurde zur Chiffre, zum Gegenbild gegen die Verabsolutierung des Militärisch-Soldatischen und des engstirnig Nationalistischen, sie verkörperte Werte wie Lässigkeit, Spontaneität, Individualität, auch Internationalität, Leitwerte einer zivilen Gesellschaft eben. Der soziale Einzugsbereich weitete sich aus, umfaßte schließlich Jugendliche aller Schichten. Die Hits enthielten mitunter sogar so etwas wie ein Programm: aus »Swing High« wurde »Swing Heil«, besungen wurde der für militärische Zwecke untaugliche »Flat Foot«.

Jugendliche Subkulturen mobilisieren seit jeher den Widerstand der Erwachsenen. »Das gesunde Volksempfinden ist gegen Dad und Jo« war ein Artikel in den Hamburger »Gaunachrichten« (Oktober 1941) überschrieben. Und das war sicherlich nur zum Teil eine propagandistische Fiktion der Nazis. Uwe Storjohanns Bekenntnis seines Hin- und Hergerissenseins zwischen Swing-Leidenschaft und jenem »gesunden Volksempfinden« bezeugt das.[10] Im Grunde also war die Swing-Bewegung eine Jugendbewegung wie andere nach ihr, mit kalkulierter, wohl sogar provozierter Ablehnung durch die Erwachsenenwelt. Doch wollte man es dabei belassen, wäre das wohl zu kurz gegriffen. Denn der Nationalsozialismus bot ganz besondere Möglichkeiten, um »väterliche Gewalt« zur Geltung zu bringen, begriff der Staat sich doch selbst als die Verkörperung gleichsam eines väterlichen Über-Ich. Unangepaßten Jugendlichen standen also, und das macht dann doch einen wesentlichen Unterschied gegenüber ›normalen‹ Generationenkonflikten aus, nicht nur Eltern und Lehrer als Vertreter der Erwachsenenwelt gegenüber, sondern zusätzlich – und zwar bis hinein in die privatesten Lebensbereiche von Heranwachsenden – der nationalsozialistische Staat in seiner ganzen Machtvollkommenheit. Und letztere spiegelt sich in seinen Sanktionen wider: Gestapo-Haft, Frontbewährung in Strafbataillonen, sogar spezielle Jugendkonzentrationslager wurden eingerichtet.

Jugendkonzentrationslager

Bereits Ende 1939 und erneut Anfang 1940 forderte Heydrich Erziehungslager, um der »Verwilderung« der Jugend Einhalt zu gebieten. Nach einem Kompetenzgerangel zwischen Justiz und Polizei gab die Justiz am Ende klein bei. Reichskriminalpolizeiamt, Gestapo und HJ können Jugendliche nun in Lager einweisen und dies sogar auf unbestimmte Dauer. Zwei solcher »Jugendschutzlager« werden errichtet: für Knaben im Jahre 1940 das Lager Moringen, und 1942 das Lager Uckermark in der Nähe des Frauen-KZ Ravensbrück für Mädchen.[11] Neben Kindern von Partisanen aus Kriegsgebieten und Kindern aus Sinti- und Romafamilien wurden vor allem Knaben und Mädchen eingewiesen, die in Konflikt mit der rigiden Disziplin in der Kriegsindustrie geraten waren oder typische Jugenddelikte begangen hatten. Aus Heimweh eine ferne Arbeitsstelle verlassen zu haben, galt dabei schon als »Arbeitsverweigerung«. In Uckermark gibt es darüber hinaus einen weiteren häufig auftauchenden Einweisungsgrund: »Geschlechtsverkehr mit fremdvölkischen Arbeitern«.

Die Eingewiesenen wurden zunächst einer »kriminalbiologischen« Eingangsuntersuchung unterzogen; ganz besonders entwürdigend war diese für die Mädchen. Entsprechend dem Resultat der Untersuchung ordnete man die Jugendlichen einer Gruppe bzw. einem Block zu: dem U-Block (»Block der Untauglichen«), dem S-Block (»Block der Störer«), dem D-Block (»Block der Dauerversager«), dem G-Block (»Block der Gelegenheitsversager«), dem F-Block (»Block der fraglich Erziehungsfähigen«) oder dem E-Block (»Block der Erziehungsfähigen«). Politisch oppositionelle Häftlinge, u. a. auch die Swing-Jugendlichen, landeten im ST-Block (»Stapo-Block«). Im Januar 1942 nämlich hatte Himmler endgültig zur Jagd auf die abtrünnigen »anglophilen«(!) Swings[12] geblasen und verfügt, der KZ-Aufenthalt für diese müsse »ein längerer, 2–3 Jahre« sein, man müsse insgesamt »brutal durchgreifen«, um die von den Swing-Jugendlichen ausgehende Gefahr ein für allemal zu bannen.

Jazz im Konzentrationslager

Wolfgang Muth nennt dies das »wohl denkwürdigste Kapitel der europäischen Jazzgeschichte«.[13] Was die jugendlichen Häftlinge in Moringen praktizierten, nämlich in den wenigen unbeaufsichtigten Momenten, in Arbeitspausen oder vor dem Einschlafen an der zwar verfemten, aber eben für sie so wichtigen Swingmusik festzuhalten, half auch den Insassen zahlreicher anderer Konzentrationslager, Strapazen und Entwürdigung ihrer Haft zu ertragen. Illegal waren Jazzformationen in Buchenwald und Sachsenhausen entstanden. In beiden Fällen boten die Quarantänestationen eine Möglichkeit, von der SS unbehelligt mit dem Musizieren zu beginnen. Tschechische Studenten, die bei Razzien an den Universitäten in Prag und Brünn festgenommen und im November 1939 ins Lager eingeliefert worden waren, gründeten in Sachsenhausen die Sing-Sing Boys. Die Buchenwalder Gruppe Rhythmus entstand im Sommer 1943, als die SS immer mehr Bereiche an die Häftlings-Selbstverwaltung abtrat. Tschechische Musiker bildeten auch hier den Kern des Ensembles, das freilich in der Folgezeit zunehmend international mit Häftlingen aus ganz Europa und sogar einem amerikanischen Bassisten besetzt war.

In Theresienstadt wurde der tschechische Klarinettist Bedřich Weiss zu einer Art Symbolfigur. Obwohl erst Anfang zwanzig, war Weiss in der Zeit vor dem Einmarsch der Deutschen schon eine Größe innerhalb der tschechischen Jazzszene gewesen. Unter deutscher Besatzung wurde er als Jude aus dem öffentlichen Kulturleben ausgeschlossen, spielte aber vorübergehend noch unter falschem Namen in verschiedenen Orchestern, bis ihn die deutschen Okkupanten in das Konzentrationslager Theresienstadt einwiesen. Dort formierte sich – zunächst wie auch in anderen Lagern ohne Erlaubnis – Ende 1941 ein von Bedřich Weiss initiiertes Jazz-Orchester und 1942 das Jazz-Quintett Weiss. Weiss' Kompositionen und Arrangements wurden nicht nur innerhalb des Lagers Theresienstadt gespielt, sondern auch aus dem Lager heraus und nach Prag geschmuggelt. Eine dieser Kompositionen hieß »Doktor Swing«. Mit Erlaubnis der Lagerleitung gründete sich Anfang 1943 auf Initiative von Eric Vogel ein Jazz-Orchester unter dem von Vogel vorgeschlagenen Namen Ghetto-Swingers. Die leitete Weiss bis zum Frühjahr 1944, als der holländische Pianist Martin Roman aus Westerborg nach Theresienstadt kam. Roman hatte bereits in dem legendären Ensemble der Weintraub-Syncopators gespielt und übernahm bald die Leitung der Ghetto-Swingers. Weiss blieb als Solist bis zum August 1944 im Ensemble, dann begleitete er seinen Vater auf dem Transport nach Auschwitz, wo beide dem Rassenwahn der Nazis zum Opfer fielen.[14] Die anderen Mitglieder der Ghetto-Swingers mußten Theresienstadt später ebenfalls Richtung Auschwitz verlassen. Und selbst dort gab es noch Swing, bis an das Tor zur Hölle sozusagen.

In Theresienstadt und vor allem in Auschwitz standen künstlerische Aktivitäten der Häftlinge, also auch Jazzmusik, allerdings unter anderen Vorzeichen als in den zuvor genannten Lagern. Natürlich waren sie auch hier Ausdruck des Selbstbehauptungswillens der Opfer gegenüber den Tätern. Die ganz besonderen Umstände in diesen beiden Lagern wiesen ihnen freilich einen veränderten Stellenwert zu. In Theresienstadt dienten die Auftritte der Ghetto-Swingers ebenso wie andere konzertante und theatralische Darbietungen vor allem dem Zweck, die Weltöffentlichkeit zu täuschen. Das Lager wurde 1944 für den Besuch einer Delegation des Internationalen Roten Kreuzes herausgeputzt. Unter Mitwirkung der Ghetto-Swingers entstand während dieser Zeit auch ein Propagandafilm mit dem zynischen Titel »Der Führer schenkt den Juden eine Stadt«. Das Zugeständnis künstlerischer Betätigung entlarvte sich hier als Ausdruck des Zynismus der Täter, als Verhöhnung der Opfer, denn sofort nach Fertigstellung des Films wurden dessen Akteure nach Auschwitz deportiert. Milan Kuna spricht von »mißbrauchter Musik«[15], was auch für Auschwitz gilt, wo die Jazzmusiker das Grauen des Holocaust übertönen sollten, verschiedentlich aber auch zum Amüsement der Kapos und Wachmannschaften aufzuspielen hatten. Ihre Belohnung: ein Paar Schuhe – aus der Hinterlassenschaft der bereits Ermordeten.

Es ist nicht allzu verwunderlich, daß dieser bizarre Balanceakt am Rand des Abgrunds auch auf Kritik gestoßen ist. Von Beginn an hatte der Jazz in den Lagern das Unverständnis vieler Häftlinge – auch in den Reihen der »Politischen« – hervorgerufen. Den Interpreten und ihrer Musik drohte aufs neue jene Ächtung, die ihnen außerhalb der Lager schon einmal widerfahren war. Bis zum heutigen Tag ist die Sicht auf dieses Phänomen gespalten. So bezeichnet Milan Kuna die Auftritte von Jazzmusikern in Auschwitz einerseits als »nicht sehr schmeichelhaft«. Andererseits warnt er davor, über diese Häftlinge vorschnell »den Stab zu brechen«.[16] Man kann seine Warnung gar nicht eindringlich genug unterstreichen. Wer am Beispiel des Lebensberichts von Eric Vogel mitverfolgt, wie über viele Stufen das Leben der Betroffenen ausgehöhlt, seiner lebenswerten Attribute beraubt wurde, der wird ermessen können, was es bedeutete, wenigstens kleine Teilbereiche dieses ehedem lebenswerten Lebens – und sei es auch um den Preis zahlreicher Demütigungen – zu bewahren. Eine Gratwanderung war es in mehrfacher Hinsicht: einmal zwischen Solidarität und Entsolidarisierung, aber auch – und daran änderte der Status des Künstlers nicht das geringste – zwischen Leben und Tod.

Erinnerungen

Was auf den folgenden Seiten ›erlesen‹ werden kann, beansprucht nicht, die Geschichte des Jazz und des Swing im Dritten Reich und auch nicht die Geschichte der Swingjugend zu sein. Es sind Geschichten, die – durchaus subjektiv gefärbte – Einblicke vermitteln in eine Welt, für deren Benennung die in den vergangenen Jahrzehnten entwickelten Termini häufig unzureichend sind. Widerstand, Resistenz, Unangepaßtheit oder Renitenz – all diese Begriffe beschreiben unzweifelhaft Teilaspekte der Swingbewegung im Dritten Reich. Der Blick auf die Einzelschicksale enthüllt vor allem die zahlreichen Widersprüche dieses »Tanzes auf dem Vulkan«. Bei der Lektüre sollte es den Leser deshalb nicht überraschen, daß sich – ebenso wie das Erschrecken, das uns bei jeder neuen Beschäftigung mit den dunkelsten Kapiteln deutscher Geschichte erfaßt – auch manche Schwejkiade mitteilt, wenn sich die vermeintlich Machtlosen einem scheinbar mit unbegrenzten Machtmitteln ausgestatteten Staatsapparat verweigern.

München, Januar 1994   *Franz Ritter*

1 Zit. nach Zwerin, M.: La Tristesse de Saint Louis. Swing unter den Nazis, Wien 1988, S. 92.
2 Vgl. Down Beat, vol. 28, nr. 25, Dec. 7, 1961.
3 Stuckenschmidt, H. H.: Call it Swing, Zürcher Zeitung, Nov. 1936; zit. in: Schulz-Köhn, D./Kamien, D. Let's Swing, Köln 1979, S. 40.
4 »Neues Wiener Journal«, 1. Nov. 1938.
5 Morek, Kurt, zit. bei Wolffram, K.: Tanzdielen und Vergnügungspaläste, Berlin 1992.
6 Heinz Wehner, der 1941 die Besitzerin des »Delphi« heiratete, wurde wenig später zur Truppenbetreuung nach Norwegen abkommandiert. In der Endphase des Krieges schickten ihn die Nazis an die Ostfront, von wo er nicht mehr zurückkehrte.
7 Lange, H. H.: Jazz in Deutschland, Berlin 1966, S. 117.
8 Vgl. ebd., S. 103.
9 Vgl. Köhler, P./Schubert, M.: Vom Ragtime endlich auch zum Swing. Zur frühen Geschichte des Jazz in Deutschland, Neu-Isenburg 1991, S. 37.
10 Vgl. Storjohann, U.: Ohne Tritt im Lotterschritt, S. 104 ff.
11 Vgl. Guse, M.: »Wir hatten noch gar nicht angefangen zu leben«. Eine Ausstellung zu den Jugendkonzentrationslagern Moringen und Uckermark 1940–1945.

Neben den beiden genannten Jugendschutzlagern existierte ein drittes Hauptlager im besetzten Polen, in Łodz.

12 Vgl. Brief Himmlers an Heydrich, 16.1.1942, S.184 f.

13 Muth, W.: Musik hinter Stacheldraht. Swing in Ghetto und KZ, in: Polster, B. (Hg.); Swing Heil, Berlin 1989, S.211.

14 Über das Ende von Bedřich Weiss existieren zwei unterschiedliche Schilderungen: Bei E. Vogel/B. Marek heißt es, er habe sich an der Rampe in Auschwitz nicht von seinem Vater trennen wollen und sei deshalb mit diesem zusammen in die Gaskammern geschickt worden (»Za Bedřichem Weissem«, Jazz, rocnik I, kveten 1947, S.15). J. Karas führt das tragische Ende von Bedřich Weiss auf die Abneigung Mengeles gegenüber Brillenträgern zurück (vgl. J. Karas, Music in Terezin, New York 1985, S.165).

15 Vgl. Kuna, M.: Musik an der Grenze des Lebens, Frankfurt/M. 1993, S.31 ff. Kuna verwendet diesen Begriff vor allem für Häftlingskapellen, die bei Hinrichtungen aufzuspielen hatten.

16 Ebd., S.267.

Prolog

Verbot des Nigger-Jazz

Auf der Intendantentagung im Großen Sendesaal des Münchener Funkhauses am Sonnabend machte Reichssendeleiter Hadamovsky grundlegende Ausführungen über die Gestaltung des Winterprogramms des deutschen Rundfunks. Der Redner erinnerte an die zersetzende Tätigkeit des kulturbolschewistischen Judentums gerade im deutschen Rundfunkwesen und fuhr fort:

Nachdem wir heute zwei Jahre lang mit diesen Kulturbolschewisten aufgeräumt haben und Stein an Stein fügten, um in unserem Volk das verschüttete Bewußtsein für die deutschen Kulturwerte wieder zu wecken, wollen wir auch mit den noch in unserer Unterhaltungs- und Tanzmusik verbliebenen zersetzenden Elementen Schluß machen. Dieses Verbot ist kein Symptom für eine irgendwie geartete Auslandsfeindschaft des deutschen Rundfunks, vielmehr reicht der deutsche Rundfunk allen Völkern die Hand zum freundschaftlichen Kultur- und Kunstaustausch. Was aber zersetzend ist und die Grundlage unserer ganzen Kultur zerstört, das werden wir ablehnen. Wir werden dabei ganze Arbeit leisten.

Der Niggerjazz ist von heute ab im deutschen Rundfunk endgültig ausgeschaltet. Zwischen dem Präsidenten der Reichsmusikkammer und dem Leiter des Berufsstandes deutscher Komponisten, der Hitler-Jugend, dem Reichsverband deutscher Rundfunkteilnehmer, der Rundfunkfachpresse, der Parteipresse und der Reichssendeleitung wurde die Schaffung eines Prüfungsausschusses für deutsche Tanzmusik bei der Reichssendeleitung vereinbart. Dieser Ausschuß entscheidet für den Rundfunk endgültig über die Aufführungsgenehmigung oder Verbot eines Werkes.

Alle Sender des deutschen Rundfunks bringen heute zu noch unbestimmter Zeit innerhalb eines Unterhaltungskonzerts eine Jazzparodie, der Art, wie sie in Deutschland zukünftig nicht mehr geduldet werden. Eine gleich darauf folgende, der deutschen Tanzmusik entsprechende Instrumentierung der gleichen Melodie soll die Unterschiede klarmachen, die zwischen Niggersang und deutschem Tanzlied bestehen.

Artikel zum Verbot der Jazzmusik im Rundfunk, Völkischer Beobachter, Oktober 1935

I
Swingidole

»… zum Andenken an die Original Teddies …«

Er fuchtelte wild mit seinem Taktstock durch die Luft, wie Don Quijote mit seiner Lanze gegen die Windmühlen, ein großer, blonder, eleganter Mann, der sich sehr auffällig vor seinem Orchester bewegte. Dies sah ich durch die geöffnete Tür des Café Heinze. Ein feudales Ecklokal mit erleuchteter Tanzfläche, das gleich am Anfang der Reeperbahn vor der Volksoper lag.

Dies war meine erste Begegnung mit Teddy Stauffer.

Durch meinen Cousin Heini, der für die damalige Zeit eine große Plattensammlung besaß, bekam ich mehr Jieper auf die Swingmusik. Aufgrund seiner Mitteilungsgabe und eines Hinweises einiger älterer Swingheinis erhielten wir die Kunde, daß sich in dem damaligen Café Heinze am Treppenaufgang der Bar ein großes Stauffer-Bild befand. Man war sich sofort darüber einig, dieses Bild mal eingehend zu besichtigen und einen Plan zur Übernahme zu entwerfen.

Seinerzeit spielte Ernst Seyfferth mit Solisten in diesem Hause. Ein Plan wurde geschmiedet, wie man alles am besten bewerkstelligen könnte. Ich wartete auf den Augenblick, in dem das Orchester zu spielen anfing, weil dann das Publikum unwillkürlich zur Bühne schaute. Diesen Augenblick nutzten Benno und ich und gingen die Stufen neben der Bar rauf. Dort hing das große Bild mit Widmung von Teddy Stauffer. Mit unnatürlicher Ruhe hakte Benno das Bild ab und klemmte es sich unter den Arm. Ich ging langsam voraus, um ihm den Weg zu bahnen und die Tür aufzumachen. Das brauchte ich gar nicht, denn das besorgte der inzwischen am Eingang postierte Portier mit seiner goldglänzenden Uniform. Dankend und grüßend passierten wir den Eingang. Als wir um die Ecke waren, liefen wir wie Jesse Owens, der 100-m-Weltrekord-Mann. In heimatlichen Gefilden nahmen wir das

Teddy Stauffer

Bild in Augenschein. Es war ein wunderbares Porträt von Teddy. Eine Widmung war mit weißem Stift auf das Foto geschrieben und lautete: »Herrn Schütz zum Andenken an die Original Teddies gewidmet. Teddy Stauffer, November 1936.«

Hannelore, eine mir bekannte Fotolaborantin, machte für unsere ganze Clique Reproduktionen im Taschenformat, so daß wir jeder ein Bild von ihm hatten. 1942 verbrannte das Original in der Wohnung von Hans-Egon. Die Leute, die ein Repro hatten, wurden es jedenfalls alle irgendwie los. Nur ich hatte mein Repro sorgfältig immer bei mir behalten. Ich habe das Bild während des ganzen Krieges und der Gefangenschaft dabei gehabt. Es blieb als einziges Exemplar unserer Clique übrig. Später ließ ich es noch einmal reproduzieren. Man sieht auf dem Bild noch gut die Knickfalte der ersten Reproduktion von Hannelore.

TEDDY STAUFFER

Reichskultur, Olympiade und Swing

Wir kamen einen Monat vor der Eröffnung der Olympischen Spiele an. Die Stadt bebte im Olympia-Fieber. Unter den Linden, vom Rathaus bis zum Brandenburger Tor, stellten sie schon Fahnenmasten auf. An den Wänden und auf Dächern wurden Scheinwerfer installiert. Im funkelnagelneuen Reichssportfeld wurden die funkelnagelneuen Bänke noch einmal geputzt. Aber nicht Sportler, sondern Uniformträger beherrschten das Straßenbild. Jungvolk, Jungmädchen, Hitlerjugend, Bund Deutscher Mädchen, SA, SS, NSKK, NSFK. Es gab so gut wie nichts mehr, was nicht organisiert und uniformiert war.

Wir spielten im »Delphi«. Das Publikum tobte. Je mehr wir swingten, um so größer war der Beifall. Allerdings bestand unser Publikum aus Zivilisten. Sie machten auf diese Weise deutlich, daß sie mit den Uniformierten nichts zu tun hatten.

Es ist eigentlich ein Treppenwitz. Swing war damals in Europa noch so gut wie unbekannt. Die Machthaber in Berlin hatten ihn trotzdem vorsorglich auf die schwarze Liste gesetzt. Und wir spielten ihn – neu für Europa – ausgerechnet in Berlin. Lange Zeit merkten sie es nicht einmal.

Das kommt davon, wenn man etwas verbietet, was man nicht kennt. Die Kenner klatschten nur und hielten dicht.

Natürlich wollten wir die Olympiade sehen. Schon in der Schweiz hatten wir versucht, Karten zu kaufen. Sie waren vergriffen.

In Berlin versuchten wir es wieder. Auch erfolglos.

Wir bekamen trotzdem welche. Ich schickte einen Agenten nach Budapest. Den Ungarn hatte man mehr Karten zugeteilt, als sie wollten. So erhielten wir Dauerkarten für das Olympia- und für das Schwimmstadion. Im Ungarischen Block. Aber das war uns gleichgültig.

Am 14. Juli 1936 machte ich meine erste Platte für Telefunken. Nach den in Deutschland geltenden Bestimmungen war es artfremde Musik – »Goody goody for me« und »Alone« –, aber erstens wußten die zuständigen Leute wirklich nicht genau, was zur deutschen Art paßte, und zweitens war man um diese Zeit wohl etwas großzügiger: Die ausländischen Olympia-Gäste rollten bereits an.

Ich wußte, daß mein Aufenthalt in Deutschland auch diesmal nicht ewig dauern würde.

Wir waren, als wir am 1. Juli 1936 nach Berlin kamen, bereits ein in Europa bekanntes und beliebtes Orchester. Deshalb war es keineswegs ungewöhnlich, daß Telefunken eine Platte mit uns machte.

Sehr außergewöhnlich und völlig unvorhergesehen – sicher auch unvorhersehbar – war, was aus dieser ersten Aufnahme wurde: der größte Verkaufsschlager, den es in Deutschland bisher gegeben hatte.

Wenn eine Platte so einschlägt, hat man im Schlagergeschäft in der Regel die erste und schwierigste Hürde ge-

31

nommen. Das Publikum hat damit bewiesen, daß es diesen Schlager oder diesen Solisten oder dieses Orchester oder diesen Komponisten will. Das ist das Entscheidende.

Die Schallplattengesellschaft richtet sich danach. Sie nimmt einen großen Teil des Einspielergebnisses und macht damit jene Propaganda, jene Werbung – wie man damals noch sagte –, die man heute »Public Relations« nennt. Und damit ist man, wenn man anschließend keinen kalten Kaffee liefert, oben.

Telefunken handelte nach diesem Prinzip und verpflichtete uns, mit ihr alle amerikanischen Hitparade-Songs zu machen. Und wir machten allein im Jahre 1936 nach »Goody Goody« und »Alone« mit Telefunken:

Robins and Roses
Is it true what they say about Dixie?

Christopher Columbus
Follow the Fleet-Medley

Take my heart
Shades of Hades

Good Night Ladies
Good Night Babies

Quieremo mucho

Christopher Columbus

The touch of your lips

Cross Patch
On the beach at Bali-Bali

There's a small Hotel
No regrets

Every Minute of the hour

Organ Grinder's Swing
Jangled Nerves
[...]

Das waren samt und sonders Welterfolge erfolgreicher jüdischer Autoren, Komponisten und Verleger. Aufgenommen im Berlin Hitlers im Jahre 1936.

Unsere rhythmischen Arrangements – die meisten geschrieben von Dobschinski, Trommer und Bertinat – versetzten unser Publikum in Ekstase.

Und diese Ekstase war immer auch ein wenig Widerstand. Die einen machten es so, die anderen so.

Morgen wird die Olympiade eröffnet. Berlin hat »Beleuchtungsprobe« vom Lustgarten bis zum Olympia-Stadion. Die Fahnen wehen. Die Uniformierten haben noch einmal ihren großen Tag. Sie sind die Organisatoren und Überwacher.

Morgen wird alles anders sein. Morgen wird das Ausland die Straßen Berlins beherrschen.

Meine Musiker und ich bummeln noch einmal Unter den Linden entlang zum Brandenburger Tor. Linden gibt es nicht mehr. Aber Fahnenmasten. Und Fahnen. In der Mitte zwei Reihen mit Hakenkreuzfahnen. Links und rechts sind die Gastländer mit ihren Flaggen vertreten.

Es ist ein prächtiges Bild.

Wenig später schrieb der große amerikanische Romancier Thomas Wolfe, der diese Tage in Berlin miterlebt hatte:

»Das prunkvolle Bild ist überwältigend, so überwältigend, daß es schon fast bedrückend wirkt. Etwas Unheilverkündendes scheint darin zu liegen. Man spürt die horrende Konzentration, das ungeheuer Straffe und Geordnete in den von überallher zusammengezogenen Kräften des Landes. Das Unheilverkündende liegt darin, daß diese Demonstration offensichtlich über die Erfordernisse des Sportes hinausgeht. Die Spiele scheinen nur ein Symbol der neu gewonnenen Macht zu sein, ein Mittel, um der ganzen Welt vor Augen zu führen, wie weit diese neue Macht es gebracht hat.« Thomas Wolfe endete mit den düsteren Worten: »... das tägliche Zusammenknallen von zehntausend schweren Stiefeln. Es klingt nach Krieg …«

Die Olympiade brachte noch einmal die Illusion des Friedens. Und für uns Musiker die Illusion künstlerischer Freiheit in Deutschland.

Die Amerikaner waren da. Ihre Anwesenheit inspirierte uns im Delphi-Palast zu einem noch nie dagewesenen Rhythmus. Man tanzte schon am Nachmittag Swing. Die Abende waren von unbeschreiblicher Stimmung. Und mit den Amerikanern tanzten die Berliner.

Natürlich gab es nicht nur Beifall, denn es gab auch eine Menge verknorrter Nazis. Sie haßten unsere »Juden-Musik«, und sie fanden es unerhört, daß ich in Deutschland mit einem Orchester mit englischem Namen auftrat. Deutscher – sprich deutsch! hieß ihre Parole.

Aber im Olympia-Jahr war die Reichsmusikkammer großzügig. Sie stellte mir ein von der Reichskulturkammer beglaubigtes Schreiben zu, worin mir ausdrücklich erlaubt wurde, unter dem Pseudonym *Teddy Stauffer's Original Teddies* aufzutreten.

Dieses Olympia-Jahr 1936 entwickelte sich für die Teddies zum bisher erfolgreichsten überhaupt. Zwar kannte man uns auch vorher schon in einigen europäischen Städten. Jetzt aber, in Berlin, saßen wir im Schaufenster der Welt. Jetzt wurden wir von einem internationalen Publikum mit den großen, international anerkannten Orchestern verglichen. Jetzt machten sich zehn Jahre harter Arbeit bezahlt:

Wir hatten uns zu einem guten Orchester zusammengespielt. Und wir schnitten bei den Vergleichen hervorragend ab.

Der Delphi-Palast an der Kantstraße war nachmittags und abends überfüllt. Meistens drängten sich auf der Straße noch Hunderte, die keinen Einlaß mehr fanden.

Die Folgen machten sich bald bemerkbar.

Wir erhielten jetzt Angebote vom Coliseum in London, wir wurden bereits jetzt für die Schweizerische Landesausstellung im Jahr 1939 verpflichtet, das Casino von

Monte Carlo wollte uns haben, große Badeorte an der belgischen Küste rissen sich um uns.

Und das alles, obwohl – oder weil – wir in der deutschen Reichshauptstadt verbotenen Swing spielten. Guten Swing natürlich, das war das Entscheidende.

Einen anderen Ausländer, den schwarzen Goldmedaillengewinner Jesse Owens, ließ das Regime seine Abneigung deutlicher spüren: Hitler verweigerte ihm den Empfang, den er allen anderen siegreichen Athleten gewährte.

Ein Jahr später noch, im September 1937, als schon zu Luftschutzübungen aufgerufen wurde, klebte an den Plakatsäulen über dem Aufruf zu den Übungen ein Anschlag der »Femina« mit der Inschrift:

Das Swing-Orchester
Teddy Stauffer
mit seinen Original Teddies

Irgend jemand mußte vergessen haben, daß Swing in Deutschland verboten war.

Einmal, im Delphi-Palast, erinnerten sie sich daran.

Das Publikum raste vor Begeisterung. Plötzlich aber, gegen Mitternacht, flogen die Türen auf. Zuerst kam die Polizei. Hinter ihr kamen uniformierte SS-Männer. Unsere Vorführung wurde unterbrochen. Ein paar SS-Männer und Polizisten kamen zu mir. Einer deutete auf ein hinter dem Orchester angebrachtes Plakat und fragte böse: »Können Sie nicht lesen?«

Auf dem Plakat stand unübersehbar:

Swingmusik und Swingtanzen
verboten

»Natürlich kann ich lesen«, sagte ich. »Wir haben in der Schweiz allgemeine Schulpflicht.«

»Dann verstoßen Sie also absichtlich gegen das Verbot.«

»Tue ich das?« fragte ich scheinheilig. »Spielen wir wirklich Swing? Was ist Swing?«

Ich erhielt keine Antwort. Statt dessen kam die Gegenfrage: »Spielen Sie keine deutsche Tanzmusik?«

Ich knipste mit den Fingern und rief meinen Musikern zu: »Los, Boys, die Nummer 142!« Auf den Notenpulten des Orchesters erschien der Schlager »Bei mir bist du schön«.

Die SS-Männer sahen den deutschen Titel und schmunzelten vergnügt. Sie hatten keine Ahnung, daß »Bei mir bist du schön« so etwas wie eine jüdische Hymne war.

Wir hatten noch nicht die Hälfte gespielt, als der Boß der SS-Leute wütend abwinkte. »Das klingt genauso amerikanisch wie der jüdische Dreck davor!« schrie er mich an.

Ich knipste wieder mit dem Finger. »›Buggle Call Rag‹, bitte.« Dabei gab ich Zeichen, im Marschtempo zu spielen.

Unser Schlagzeuger begann, im Schweizer Soldatenstil im Marschtempo zu trommeln. Nach drei Paukenschlägen setzten wir alle mit Volldampf ein, standen auf und marschierten auf der Stelle im Takt mit. Auch das Publikum marschierte. Sitzend. Alles klatschte und marschierte. Der Lärm war größer als bei einer Parade am Brandenburger Tor.

Dann kam das Trompetensolo. Und da übertat sich Riquet Schleiffer etwas und schmuggelte in den »Buggle Call Rag« Motive aus dem »Horst-Wessel-Lied« ein.

Das war des Guten zuviel und der Anfang vom Ende meines Erfolges in Nazideutschland.

Die Herren sahen sich ratlos an, tuschelten miteinander, konnten mir aber nicht sagen, was Swing sei. Schließlich verabschiedeten sie sich mit bösen Blicken und einem kräftigen »Heil Hitler!«.

»Heil Benny Goodman!« rief mein Klarinettist ihnen nach. Ein paar drehten sich um und glotzten den Klarinettisten dumm an. Offenbar wußten sie nicht, wer Benny Goodman war. Vielleicht hielten sie ihn für eine neue Nazigröße. Jedenfalls zogen sie nach kurzem Zögern ohne weiteren Einspruch ab.

Wir machten weiter. Wie gehabt. Und das Publikum tobte noch mehr als zuvor.

Ein paar Tage später erhielt ich den ersten Warnschuß. In der sogenannten Kulturzeitung *Deutsches Podium* erschien folgender Artikel:

»Es ist bedauerlich, daß aus unserer Vaterstadt Berlin erst heute wieder, nach Monaten, ein Bericht erscheint. Den wahren Grund hierfür möchte ich an dieser Stelle nicht zur Sprache bringen, obgleich ich das brennende Verlangen habe, einmal reinen Tisch zu machen, und zwar mit den Kollegen, die sich als Freunde und Förderer des *Deutschen Podiums* ausgegeben haben und die sich mir gegenüber in einer Art benehmen, die wert wäre, öffentlich gebrandmarkt zu werden.

Ich habe aus meiner einjährigen Arbeit für das *Deutsche Podium* gerade hier in Berlin so viel Erfahrung sammeln können, daß ich mir anmaße, jeden einzelnen Kapellmeister und Musiker nach seinen Qualitäten einzuschätzen. Zu begrüßen wäre es aber, wenn sich unser Hans Brückner entschließen könnte, in seiner Fachzeitschrift eine Rubrik einzuführen unter dem Titel ›Schwarze Schafe im Musikerberuf‹.

Soweit für diejenigen, welche es angeht.

Bei meinem Rundgang durch Hamburgs und Berlins Musikgaststätten habe ich immer wieder die Frage gestellt bekommen: Warum schreibst Du nicht von uns? Ein Zeichen also, daß man das *Deutsche Podium* in diesen Städten mit Interesse liest und – vermißt hat. Das aber, meine lieben Kollegen, hat nicht an mir gelegen, sondern an Eurer Wankelmütigkeit und Eurer passiven Einstellung. Es würde zu weit führen, heute auf dieses Thema näher einzugehen, jedoch werde ich bei passender Gelegenheit wieder darauf zurückkommen.

Trotzdem will ich heute zum Beweis mit einem Beispiel aufwarten, um Euch zu zeigen, daß ich vor niemandem haltmache und die Dinge so nenne, wie ich es für richtig halte. Ich denke bei dieser Ausführung an das Gastspiel der Original Teddies im Delphi-Palast. Es ist nur schade, daß das letzte Gastspiel dieser Kapelle bereits nach vierzehn Tagen beendet war, sonst hätte es mir noch gelingen können, diese Leutchen davon zu überzeugen, daß wir im Reiche Adolf Hitlers leben und nicht in einem Staat, wo man glaubt, schalten und walten zu können nach eigenem Ermessen. Ich begreife überhaupt nicht, wie es möglich ist, daß eine Kapelle sich so gar nicht den Sitten und Gebräuchen anpaßt und allen Verfügungen und Bestimmungen zum Trotz eine Tanzmusik fabriziert, die mit Musik, wie wir sie gewohnt und wie sie von unseren Kapellen gemacht wird, absolut nichts zu tun hat – aber auch nicht das geringste zu tun hat.

Ich habe mir alle erdenkliche Mühe gegeben, die Vortragsart dieser Kapelle milde zu beurteilen, es ist mir nicht gelungen, denn das, was die Original Teddies an Tanzmusik vorzusetzen wagten, habe ich nicht allein als Sabotage deutscher Kultur aufgefaßt, sondern gleich mir Hunderte von Musikern. Während unsere Kapellen bemüht und bestrebt sind, dem sogenannten Juden-Jazz den Garaus zu machen – und auf dem Gebiete deutscher Tanzmusik Unerhörtes geleistet wird –, versuchen diese ausländischen Gäste provozierend – jawohl, ich fasse das als Provokation auf –, auf die hiesige Musikerschaft einzuwirken.

Fort mit dieser Judenmusik und fort mit diesen ausländischen Kapellen, die da meinen, berufen zu sein, uns zu zeigen, wie man Tanzmusik macht.«

Soweit das *Podium*! 1936! Ich überlasse es meinen Lesern, sich daraus ein Bild von der beklemmenden Situation zu machen, in der wir uns von nun an befanden. War jener frühere erste Vorfall nur die Sache eines Fanatikers – so trat hier zum erstenmal ein halbamtliches Musikerblatt auf und sprach unmißverständliche Drohungen aus. Es galt, kühles Blut zu bewahren, auch wenn wir von der Masse vergöttert wurden.

Letzter Tag der Olympiade. Hunderttausende drängten sich auf den Straßen Berlins. Nie hatte ich Unter den Linden so viele Menschen gesehen, so viele Fahnen und so viele Autos. Berlin war international.

Zum letztenmal.

Die Nacht sank über die Millionenstadt. Aber auch jetzt kam sie nicht zur Ruhe.

Als es dunkel war, flammten Scheinwerfer zu einem grandiosen »Lichtdom« auf. Es waren Scheinwerfer der deutschen Luftabwehr. Und die Olympia-Regie ließ ein Feuerwerk abbrennen, das als das »größte Feuerwerk aller Zeiten« gepriesen wurde.

Ein paar Jahre später gab es ein größeres. Ein paar Jahre später brannte Berlin. Zuerst unter den Bomben der Westmächte, dann unter den Werfergeschossen der Russen.

Aber daran dachten nur wenige im Olympia-Jahr 1936. Thomas Wolfe zum Beispiel.

Wir spielten im »Delphi« und in der »Femina«. Wir machten tagsüber Plattenaufnahmen und Filmmusik. Unsere Platten wurden in ganz Europa ein Riesengeschäft. Und wir verdienten zum erstenmal gut. Auf der »Reliance« hatte ich eine monatliche Heuer von 450 Reichsmark gehabt. Jetzt bekamen wir vom »Delphi« oder von der »Femina« pro Abend 200. Wir kauften uns fast alle ein Auto. Und eines Abends stellten wir schmunzelnd fest, daß unser Baßgeiger mehr verdiente als der Bundespräsident der Schweiz.

Im folgenden Winter spielten wir zum erstenmal im Palace-Hotel in St. Moritz.

Ich träumte letzte Nacht …

Nach den Erfolgen der vergangenen zwei Jahre war es noch leichter geworden, mein Orchester zu buchen. Ohne Agent konnte ich telephonisch eine Tournee für Berlin, Hamburg, Belgien, Holland und London abschließen. Man riß sich in Europa förmlich um die Original Teddies.

Außerdem blieb uns noch Zeit für eine Reihe von Schallplattenaufnahmen. Allein 1937 machten wir folgende Platten:

Pennies from heaven

Good night my love
The moon is grinning at me

I've got you under my skin
Us on a bus

Riding high
Little old Lady

I sing you a thousand love songs
There's something in the air

The night is so young and you are so beautiful
Plaisir d'amour
You've something
Aloha Oe
Swingin' for the king
Loo-Hoo

Never in a million years
September in the rain
Limehouse Blues
Pop Corn Man

Yours and mine
Got a pair of new shoes

Afraid to dream
Gone with the wind
The merry-go-round broke down
My Swiss Hilly Billy
You can't run away from love tonight
I know now
It's the natural thing to do

The moon got in my eyes
The Lady is a tramp
Where or when
Everybody sing

Some of these days
Student geht vorbei

Where are you?
In die unbekannte Ferne
Träume von der Südsee
Ski-Jodel
Can I forget?

Unser Trick – sowohl bei den Berliner Programmen als auch bei den deutschen Schallplattenaufnahmen – war, der Reichsmusikkammer immer ein Jahr voraus zu sein. Als sie etwa herausfanden, daß der Komponist von »Boo-Hoo« einen für ihre Begriffe unerlaubten Stammbaum hatte, spielten wir längst »The Lady is a tramp«. Und bis sie da den Juden entdeckten, hatten wir bereits einen neuen gefunden, der den Rassenfanatikern noch unbekannt war.

Unser Berliner Stammquartier war nun die »Femina«, der schönste Tanzpalast der alten Reichshauptstadt.

Während dieser Zeit war unser Orchester längst perfekt. Die Jungens spielten mit einer unbändigen Freude. Wir benutzten ausschließlich von uns geschriebene Spezial-Arrangements.

Außer Pole, dem Schlagzeuger, waren wir alle meist ans Notenlesen gebunden. Er »arbeitete« fast ausschließlich nach Gehör. Dadurch hatte Pole am meisten Zeit, Tanzfläche und Saal zu beobachten. Jedesmal, wenn er eine Frau mit wohlproportioniertem Busen entdeckte, schlug er ein paar Takte aufs Holz. Das bedeutete: »Holz vor em Hus«, wie man in der Schweiz sagt. Oder, wie es in Bayern heißt: »Holz vor der Hütten«.

Kam dieses Signal, ließen wir die Noten kurz Noten sein und starrten zu der Helvetia-Brust. Mitunter so intensiv, daß wir sogar falsch spielten …

Ein ähnliches Signal auf der großen Baß-Trommel bedeutete: »Sprungschanze«. Das war unser Code-Wort für einen zu mächtig geratenen Hintern.

Übermütige Spiele in einer Zeit, die für Übermut eigentlich gar nicht mehr geschaffen war.

Das politische Klima wurde immer frostiger. Man mußte

Ankündigung von Teddy Stauffers Original Teddies

sich bald jedes Wort, das man sagte, genau überlegen. Überall saßen Spitzel, und die Reaktionen der Nazis auf falsche Worte wurden von Tag zu Tag härter und gewaltsamer.

Die Organisation des öffentlichen Lebens griff nun auch auf die zivilen Bereiche über. Jeder Betrieb erhielt seinen NS-Betriebsobmann. Der wurde nicht etwa gewählt, sondern von oben bestimmt. Maßgebend war seine politische Zuverlässigkeit. Der Einfachheit halber hielt man sich an die Mitgliedsnummer bei der Partei oder einer ihrer angeschlossenen Verbände. Wer früh dabei war, galt als zuverlässig. Daß zur Zuverlässigkeit auch ein wenig Verstand gehört, wurde übersehen.

In der Femina-Bar vertrat der Zigarettenverkäufer als Betriebsobmann den Staat. Der Chef des Hauses konnte keinen Entschluß fassen, ohne sich mit ihm zu beraten.

Das raffinierte Spitzelsystem machte es nun auch für Ausländer gefährlich, offen zu sagen, was sie dachten.

Doch wer überwacht wird, findet immer wieder Möglichkeiten, seinen Bewachern ein Schnippchen zu schlagen. Wir verdächtigten sogar einen neu zu uns gekommenen Musiker, ein Spitzel zu sein. Wollten wir uns in seiner Gegenwart etwas sagen, so begannen wir unsere Rede mit den Worten:

»Ich träumte letzte Nacht …«

Bald zeigte sich, daß wir mit unserem Verdacht und unserer Vorsicht gegen den Neuen in unserer Runde recht hatten. Wir saßen vor Beginn unseres Auftritts zusammen und unterhielten uns, als Pole Guggisberg eine *Berliner Illustrirte* entdeckte. Er nahm sie, betrachtete das Titelbild und lachte fürchterlich. Dann hielt er die Zeitung hoch und rief:

»Schaut mal her, die Fratellinis!«

Nun brachen auch wir in schallendes Gelächter aus. Die Fratellinis waren damals die berühmtesten Zirkusclowns der Welt, drei Spaßmacher von zwerchfellerschütternder Komik.

Auf der Illustrierten-Titelseite aber waren Hitler, Goebbels und Göring abgebildet.

Unser Neuer hörte sich das Gelächter kurz an, dann schoß er von seinem Stuhl hoch wie eine Rakete. »Das ist Beleidigung des Führers!« donnerte er. »Und das wird seine Folgen haben, merkt euch das.«

Es hatte keine Folgen. Vielleicht haben sogar die höheren NS-Funktionäre den Spaß für zu harmlos oder für gut gehalten. Es ist ja oft so, daß die Kleinen hitziger sind als die Großen.

Nicht nur in der Politik.

[...]

Das Gastspiel in Hamburg ist vorbei. Wir sind wieder in der »Femina«. Die Tage dämmern diesig dahin, die Abende sind kühl und feucht. Berlin, scheint mir, ist nicht mehr so fröhlich, wie es einmal war. In der »Femina« sitzen jetzt öfter Uniformierte. Soldaten, die sich amüsieren, und Parteidiener, die uns argwöhnisch beäugen.

Billy Toffels Wagen ist in Reparatur. Nach dem Programm bittet er mich, ihn nach Hause zu fahren. Ich hätte nur ein paar Schritte zur Wohnung. Aber dieser Abend ist von einer seltsamen Unruhe erfüllt. Ich bin ganz froh, vorher noch ein Stück zu fahren. Das beruhigt manchmal.

Wir holen meinen Wagen, ein neues Hudson-Cabriolet, und fahren zurück zum Kudamm. Kurz vor der Gedächtniskirche legt Billy seine Hand auf meine Schulter. »Hör mal, Teddy«, sagt er.

Irgendwo gibt es Feueralarm.

Und dann erleben wir einen Teil dessen, was als »Reichskristallnacht« in die Geschichte eingegangen ist. Flinke Gestalten huschen über den Damm, machen an verschiedenen Geschäften halt und kennzeichnen mit gelber Farbe alle jüdischen Geschäfte.

Lastwagen folgen. Junge Männer springen herunter. Sie haben Schaufeln, Knüppel und Eisenstäbe in den Händen. Die Stangen krachen in die Schaufenster. Glas splittert. Die Männer dringen in die Geschäfte ein. Wir hören, wie sie drinnen alles zusammenschlagen. Schmuck fliegt auf die Straße. An anderer Stelle sind es Schuhe. Noch ein Stück weiter Damenkleider.

Überall schrillen jetzt Alarmglocken, heulen Martinshörner. Brände flammen auf.

Die Polizei unternimmt nichts. Sie sieht zu. Auch als man einen alten Mann im Nachthemd mit Prügelschlägen auf die Straße treibt. Er ist Jude. Als Jude hat er kein Anrecht auf Schutz durch deutsche Polizisten.

»Um Gottes willen«, sagt Billy, »laß uns weiterfahren.«

Wir fahren weiter um die Gedächtniskirche herum.

Wieder sehe ich einen dicken Menschenhaufen. Diesmal vor einem Restaurant. Ich kenne es. Weisz' Csárdás. Ein jüdisches Restaurant. Das Inventar fliegt auf die Straße. Stühle zerkrachen. Teller, Weinflaschen, Gläser. Lebensmittel fliegen hinterher.

Die Polizei unternimmt nichts. Sie sieht zu. Was da hirnlos und brutal zerstört und verdorben wird, gehört einem Juden. Als Jude hat er kein Anrecht auf Schutz durch deutsche Polizisten. »Juda verrecke!« schreit jemand hysterisch. Darum geht es also. Man braucht nicht mehr politisch gegen das Regime zu sein. Jude genügt. Auch wenn man loyal ist.

Ein älterer Herr kommt auf uns zu. Er hat wohl die Lizenznummer des Hamburger Hafens an meinem Wagen gesehen und vermutet in uns Ausländer. Neben uns bleibt er stehen. »Die Herrenrasse«, sagt er voll Ekel. Und dann, leise: »Wie wird das enden! Gott helfe diesem Land.«

Verhalten weinend geht er weiter.

Ein anderer kommt. »Na, meine Herren«, lacht er, »da staunen Sie wohl, was? Aber das ist bloß der Anfang. Das kommt davon, wenn ein mieser Dreckjude einen anständigen deutschen Legationsrat umlegt. Juda verrecke!« Und weiter geht er.

»Raus aus diesem Land«, flüstert Billy Toffel. […]

aus: Django Reinhardt

Die Idee, ein Quintett mit Django im Mittelpunkt zu bilden, lag damals in der Luft. Schon bald nach der Gründung des »hcf« hatten die beiden Brüder sich produziert, allerdings mehr in privatem Rahmen. Django spielte damals mit Louis Vola im »Claridge« in einem Ensemble, das aus drei Geigen, einem Saxophon und Rhythmus bestand. In den Pausen, während ein anderes Orchester Tangos spielte, musizierten sie in ihrem »Künstlerzimmer« das, was ihnen Spaß machte. Vola, Grappelly, der Gitarrist Roger Chaput und manchmal auch Djangos Bruder, der sich inzwischen verheiratet hatte, waren dabei. So entstand die Idee zum »Quintett«. Wie wir gesehen haben, brachte Delaunay sogar eine Probeaufnahme bei Odéon zustande, der ein Vierteljahr später die ersten Veröffentlichungen auf Ultraphone folgten. Dazwischen lag ihr erstes Konzert, vom »hcf« am 2. 12. 1934 in der Ecole Normale veranstaltet. Django schrieb sich damals noch mit »u«, also Djungo, und erst beim zweiten Konzert wurde das Ensemble offiziell Quintette du Hot Club de France genannt. Denn von da an gehören beide unzertrennlich zusammen, und das eine ist ohne das andere nicht zu denken. Django hat endlich den Traum seines Lebens verwirklicht, er hat ein eigenes Ensemble, er ist Kapellmeister, und der »Club« hat eine Formation, mit der er sich hören und sehen lassen kann, die auf Platten zu hören ist, auf die er bei jedem Konzert zurückgreifen kann und die auch andere Musiker, besonders amerikanische Gäste, wie sie nun immer häufiger in Paris auftauchen, begleiten kann. Beide werden miteinander und durcheinander berühmt, in aller Welt werden Hot Clubs gegründet und voller Bewunderung schauen Jazzmusiker und -freunde (das Wort »Fan« gab es damals noch nicht) nach Paris.

Ruf und Ruhm des »hcf« verbreiteten sich bis nach den

USA. Das ist nur zu begreiflich, denn die Jazz-»Propheten« galten im eigenen Land beinah weniger als nichts, und es muß erst ein heißer und dann ein kalter Krieg kommen, bis man auch im Ursprungsland des Jazz die völkerverbindende und die Jugend zusammenführende Fähigkeit der Jazzmusik erkennt und sie dann schließlich sogar politisch einsetzt. Es klingt paradox, aber der Jazz wurde in Europa »entdeckt« (auch England spielt eine wichtige Rolle, aber das gehört nicht hierher), hier wurden die ersten Clubs gegründet, die ersten Bücher geschrieben, die ersten Discographien zusammengestellt und die erste reine Jazz-Plattenmarke ins Leben gerufen!

Kein Wunder, daß ab Mitte der dreißiger Jahre Paris so etwas wie ein Mekka für den Jazz wurde, das – in übertragenem Sinne – einen Vergleich mit Harlem oder New York nicht zu scheuen brauchte. Von dem liberalen Geist der Franzosen angezogen, bei einem verständnisvollen Publikum und dem kosmopolitischen Gepräge der Weltstadt konnte es nicht wundernehmen, wenn sich hier viele farbige amerikanische Musiker niederließen. Das begann schon in den zwanziger Jahren mit Arthur Briggs, später mit Freddy Johnson, Big Boy Goodie, dann folgten Bill Coleman, Coleman Hawkins, Benny Carter, um nur ein paar zu nennen.

Louis Armstrong und Coleman Hawkins befanden sich gerade in Paris, als das Quintett von sich reden machte. Aber während Armstrong sich wenig beeindruckt von dem Zigeuner zeigte – man konnte ihm nur ein Solo auf Platten vorspielen, eine Aufnahme mit Jean Sablon –, zeigte sich Hawkins interessierter. Als er am 23. Februar 1935 im Salle Pleyel ein großes Konzert gab, trat das Quintett im gleichen Programm auf und stellte sich somit zum erstenmal dem großen Publikum, der Tagespresse und der Fachwelt vor. Im gleichen Jahr gab es auch sein erstes Konzert in der Provinz, in Nancy. Aber sonst konnte man nicht von einem festgefügten oder regulär spielenden Quintett sprechen. Jedes Mitglied des Ensembles spielte in einem anderen Etablissement. Nur für kurze Zeit gelang es, das Quintett zusammenzuführen, um etwa im »Nuits Bleues«, im »Monico« oder im »Brick Top« zu spielen, einem ausgesprochenen Musikerlokal in der rue Pigalle.

Aber die Platten, die Ultraphone in immer schnellerer Folge herausbringt, erregen Aufsehen, besonders im Ausland, d. h. in England, das damals noch einen größeren Ruf als Jazzland genießt als irgendein anderes europäisches Land. Im März 1935 erscheinen wieder vier Titel, dann im Mai und im Juli. Im August erscheinen zwei Titel von Big Boy Goodie, im September von Alix Combelle, beide vom Quintett, von Grappelly am Klavier begleitet. Inzwischen hat sich auch die englische Decca gemeldet und es dauert nicht lange, da interessieren sich auch die Polydor und La voix de son maître für die fünf, nachdem der Exklusivvertrag mit Ultraphone abgelaufen war. Noch im gleichen Jahr gibt das Quintett in Zürich sein erstes Auslandskonzert und im Januar 1936 fährt es mit Benny Carter nach Barcelona. Es war nicht einfach, die Musiker aufzuspüren, da sie in alle vier Winde zerstreut waren. Der Erfolg in Spanien war unbeschreiblich, es wurden sogar noch drei zusätzliche Konzerte organisiert, aber anschließend stellte man fest, daß der Veranstalter das Weite gesucht hatte!

Das Jahr 1936 bringt mehr und mehr die Bestätigung, daß Django auch ein Komponist von Format ist. »Djangology« (Sept. 1935) ließ schon wegen der harmonischen Struktur aufhorchen, aber jetzt folgen die Originals in dichterer Folge und mit immer größerer Differenziertheit. Es scheint auch, als ob der EMI-Konzern, der Django jetzt unter Vertrag nimmt und das Ensemble bei La voix de son maître in Paris für sein Londoner Etikett His Master's Voice aufnimmt, ihm diesbezüglich mehr Freiheit läßt. Schließlich ist Django, wie er sich nun schreibt, nicht nur ein bekannter Virtuose, sondern eine Persönlichkeit. So entstehen »Sweet Chorus« und »Swing Guitars«, denn das Wort Swing wird mittlerweile zum Modewort, ja zum Schlagwort, und wenig später mit Hilfe von Stéphane Grappelly, der als Konservatoriumsmusiker

die Aufzeichnung übernimmt, der »Mystery Pacific«, eine
der erstaunlichsten lautmalerischen Leistungen in Anbetracht der beschränkten Möglichkeiten von Gitarre und
Violine, und das zauberhafte »Tears«. Später wurde er immer selbstsicherer, weit ausgreifender und unkonventio-
neller. 1937 nahm er die erste »Improvisation« auf, der
1938 »No. 2« folgte. Schon mit zwölf Jahren »schrieb«
Reinhardt seine erste Komposition, die er aber erst 1939
unter dem Titel »Twelve Years« für Platten einspielte.
»Manoir de mes rêves« sollte ursprünglich eine Symphonie werden, und Titel wie »Boléro«, »Stockholm« und
»Féerie« zeigen ebenfalls Ansätze zu größeren Formen
und umfangreicheren Werken. Die schöpferische Begabung Django Reinhardts war so groß, daß er sie später
nach Jahrgängen benannte: »Swing 41«, »Swing 42«,
oder nach den Clubs, in denen er spielte: »At The Jimmy'
Bar«, »Bricktop« oder einfach »H. C. Q. Strut«. Auch
Blues kehren immer wieder, sei es, daß es sich um nahezu
rein improvisierte Blues handelt, denen erst nachträg-
lich ein Name gegeben wurde (oder auch keiner, denn
»Blues« gibt es mehrfach auf Platten von Django), wie
»Blues clair«, »Blues en mineur«, »Minor Blues«, oder
um Blues, die nach den begleiteten Solisten benannt wurden, wobei diese häufig mitwirkten: »Eddie's Blues«,
»Noel Blues«, »Stephen's Blues«, »Bill Coleman Blues«,
»Big Bill Blues« usw.; auch den »St. Louis Blues« hat
Django mehrfach aufgenommen. Besonders reizvoll ist
das Studium seiner Soloplatten – Themen wie »Naguine«
(ein Kosename für seine Frau »La Guigne«), »Echos of
Spain«, »Parfum« oder einfach »Improvisation No. 1 & 2«
– weil hier der Komponist und der Improvisator Django
Reinhardt nicht voneinander zu trennen sind. Es sind dies
einzig dastehende Dokumente sowohl in der Platten- als
auch in der Kompositionsliteratur. Am bekanntesten ist
»Nuages«, eine Komposition, die fast zum Schlager wurde
und die in mehreren Ländern mit einheimischem Text
versehen wurde (Django hat übrigens alle seine Kompositionen bei Francis, Day & Hunter verlegen lassen) und

das er in zahlreichen Versionen aufgenommen hat. Auch dem Stadtteil Belleville, wo er seine ersten Triumphe feierte, widmete Reinhardt ein eigenes Opus. Erwähnen wir noch »Daphné« und »Mabel«, so sind wir überzeugt, zwar die wichtigsten, aber keineswegs alle Kompositionen des Meisters angeführt zu haben. – Ein letztes Wort über das 1937 aufgenommene »Boléro«, das eigentlich eine Symphonie werden sollte, ebenso wie »Manoir de mes rêves«. Der »Boléro« wurde 1941/42 von einem 70 Spieler starken Orchester im Salle Pleyel zusammen mit dem »Boléro« von Ravel und »Fêtes« von Debussy aufgeführt und soll nach Aussagen der Musiker in diesem feierlichen Rahmen gute Aufnahme gefunden haben. »Manoir de mes rêves« war mit Hilfe von Gérard Lévêque zu Papier gebracht worden und sollte in einem Konzert unter Leitung von Jo Bouillon, der außerdem die Symphonie seines Bruders Gabriel dirigierte, uraufgeführt werden. Angesichts der Partitur weigerte sich der Dirigent jedoch in Anbetracht der wenigen zur Verfügung stehenden Tage, da ihm Akkorde und Instrumentierung zu modern und zu gewagt erschienen.

Die knappen zwei Jahre vor Kriegsausbruch bilden für Django und sein Quintett eine Kette immer neuer Triumphe und Erfolge. Das Jahr 1937 bringt besonders viele Höhepunkte. In der Woche vom 21. bis 28. April werden nicht weniger als 26 Titel aufgenommen, die alle gleichwertig sind. Dabei sind sie von einer Vielfalt, daß man lange in der Weltjazzliteratur suchen muß, um etwas Ebenbürtiges zu finden. Nach dem Zerwürfnis mit seinem Bruder vom Silvestertag des alten Jahres präsentiert sich das Quintett jetzt mit Pierre Ferret und Marcel Bianchi als den Gitarristen neben Django. Grappelly und Vola gehören nach wie vor dazu. Am 21. und 22. sowie am 26. April werden 16 Titel aufgenommen, die auf einer einzigen Langspielplatte (Electrola, Django Reinhardt Vol. 2) veröffentlicht sind. Darüber hinaus nimmt das Quintett in der gleichen Zeit noch die beiden Titel »Chicago« und »Charleston« für die neue Marke Swing auf, Django spielt seine beiden Soli »Improvisation« und »Parfum« ein und begleitet Grappelly in »Alabamy Bound« und »I've Found A New Baby« (letzteres am 29. 9. wiederholt, da die erste Fassung nicht freigegeben wurde). Am Ende der acht Tage, am 28. April, nimmt Django mit Grappelly am Klavier und einem Schlagzeuger vier Titel mit den amerikanischen Stars Coleman Hawkins und Benny Carter sowie den beiden Franzosen Alix Combelle und André Ekyan auf. Zwei, »Out Of Nowhere« und »Sweet Georgia Brown«, erscheinen auf der Hundemarke, die beiden anderen, »Honeysuckle Rose« und »Crazy Rhythm«, auf der neuen Marke Swing als No. 1.

Es ist nämlich das Jahr der Weltausstellung, und in Paris wimmelt es von amerikanischen Musikern. Der »Hot Club de France« nahm diese Gelegenheit wahr, um die erste reine Jazzmarke ins Leben zu rufen. Delaunay entwarf das Etikett und nannte es Swing, da dies Wort auf der ganzen Welt eine große Popularität genoß. Im »Chez Florence« nahe der Place Blanche konnte man jeden Abend im gleichen Programm abwechselnd eine Neger-Big-Band unter Willie Lewis und das Quintett hören, ein musikalischer Kontrast und künstlerischer Hochgenuß, wie er nicht raffinierter hätte ausgeklügelt werden können. Bei Lewis spielten damals Benny Carter, Big Boy Goodie, Bill Coleman, Herman Chittison, der Bassist Wilson Myers, der später zu Ellington ging, um nur die bekanntesten zu nennen. Die Zeitschrift Le Jazz Hot, deren Chefredakteur Delaunay war, quoll über von Fotos und Berichten, die man aus erster Hand über Fats Waller, die Chocolate Dandies, Fletcher Henderson usw. bekam. Im Hotel Ritz spielte Eddie South. Für ein Gastspiel kam Teddy Hill mit einer Besetzung aus den USA, die einem den Mund wäßrig machen konnte. Zum Orchester gehörte Dickie Wells, und als Trompeter Bill Dillard, Shad Collins und ein junger unbekannter – Dizzy Gillespie –, der als Ersatzmann eingesprungen war. Mit allem, was Rang und Namen hatte, machte der »hcf« bzw. Delaunay Aufnahmen, und Django war stets dabei.

Wie einfallsreich alle Beteiligten waren, kann man aus

den Besetzungen ablesen. Hawkins wurde mit vier Saxo-
phonen und vier Mann Rhythmus aufgenommen. Dickie
Wells dagegen spielte mit drei Trompeten zusammen, die
sich in »chase«-Chorussen ablösten – damals etwas Unerhörtes –, dazu drei Mann Rhythmus (ohne Klavier).
André Ekyan nahm Altsoli auf, nur von Reinhardt begleitet; Philippe Brun dagegen wurde von vollem Rhythmus
begleitet. Django nahm Soli auf, begleitet von Gitarre und
Baß. Er seinerseits begleitete mit Wilson Myers (Baß) den
Geiger Eddie South. In wieder anderen Aufnahmen
wurde dieser Stéphane Grappelly gegenübergestellt, dann
wieder befanden sich Grappelly und Michel Warlop vor
dem Mikrophon, und schließlich spielten alle drei Geiger,
South, Grappelly und Warlop, den Evergreen »Lady Be
Good«. Bill Coleman nahm mit einer Combo auf und, nur
von Django begleitet, einen Blues. In diesem denkwürdi-
gen Jahr wurde auch das Violinkonzert in d-Moll von
Bach von Eddie South und Stephane Grappelly mit
Django aufgenommen, auf der einen Seite »straight« aber
mit Swing, auf der anderen in der Improvisation.
Während des Krieges verboten die Deutschen die Aufnahme. Gegen Jahresende wurde das Quintett umbesetzt,
indem Joseph Reinhardt zurückkehrte und noch ein
»Cousin« als dritter Gitarrist eintrat, Eugène Vees. Damit
gab es drei »romanichels« im Quintett, eine andere Bezeichnung der Franzosen für Zigeuner.

Nach dem Ende der Weltausstellung trat das Quintett in
Holland auf und gastierte im Januar 1938 in der neuen
Besetzung zum erstenmal in England, nachdem ein Exklusivvertrag mit Decca abgeschlossen war. Zwei Auf-
nahmesitzungen wurden angesetzt, in deren Verlauf das
Quintett »Night and Day« aufnahm, das es nie vorher gespielt hatte, und »My Sweet«, in dem Django zu hören ist,
noch dazu mit einem Versprecher. Er fordert Vola auf, ein
Baßsolo zu spielen, und sagt: »Est-ce que Monsieur Solo
voudrait prendre un Vola?« Den Heiterkeitserfolg kann
man sich vorstellen, zumal auch Eugène Vees Stoff zum
Lachen bot. Er konnte nicht nur kein Wort Englisch, son-

v. l. n. r. Django Reinhardt, Dietrich Schulz-Köhn und Mitglieder der Combo von Robert Mavounzy

dern ebenfalls weder lesen noch schreiben. Nächtelang irrte er auf den Korridoren des vornehmen Hotels umher und suchte sein Zimmer, wobei den Gästen, die ihm auf dem Flur begegneten, beim Anblick des dunkelbraunen Gesellen mit dem tiefen Haaransatz gleich über den Augenbrauen und der verdächtig saloppen Kleidung sicher unheimlich zumute war …

Nach kurzem Aufenthalt kehrten alle nach dem Festland zurück, wo sie neue Aufnahmen mit anderen Künstlern machten, mit Benny Carter, Philippe Brun, Ray Ventura und sogar Larry Adler. Im Herbst folgte dann eine Tournee durch die Britischen Inseln, von der Django mit einem riesigen Buick einschließlich Chauffeur in weißer

Livree zurückkam. Denn Django bekam begreiflicherweise nie einen Führerschein, trotzdem fuhr er mitunter, bis es dem Chauffeur zu dumm wurde und er trotz des Gehalts von 5000 Francs pro Monat, das eines Ministers würdig war, händeringend bat, doch nach England zurückkehren zu dürfen.

Im Februar 1939 wurde das Quintett nach Skandinavien eingeladen, wobei es über Aachen, wo man den Musikern alles Geld abnimmt, da sie keine Visa haben, nach Hamburg geht, das geflaggt hat, weil Hitler am nächsten Tag einen neuen Kreuzer seiner Bestimmung übergibt. – Im Frühjahr spielt Duke Ellington in Europa und Django macht mit Rex Stewart, Barney Bigard und dem Bassisten Billy Taylor einige Aufnahmen im Quartett. Im August ist das Quintett wieder in London, wo vier Titel für Decca aufgenommen werden und ein Vertrag unter Dach und Fach gebracht wird, der das Ensemble bis nach Indien geführt hätte, da bricht der Krieg aus.

Grappelly beschließt, in London zu bleiben, die übrigen Musiker kehren nach Paris zurück. Das Quintett existiert nicht mehr. Django macht Aufnahmen in wechselnder Besetzung mit Arthur Briggs, Alix Combelle und Philippe Brun, er begleitet André Ekyan und nimmt mit einer Big Band, für die er arrangiert, als »Django's Music«, vier Titel auf. Da wird Frankreich von deutschen Truppen überrannt und der Pariser findet sich schnell mit der neuen Lage ab, mit der Verdunkelung, den Lebensmittelmarken, den beschlagnahmten Clubs. Der Jazz erlebt eine Blüte, wie er sie nie zuvor hatte. Denn er wird gleichgesetzt mit England- und US-Freundlichkeit, mit Lebenshunger und -freude. Da es keine ausländischen Künstler mehr gibt, werden die französischen »vedettes« Stars, wie sie sonst die Filmschauspieler waren. Nach dem ersten Schock stellt Django nun sein neues Quintett zusammen. Grappellys Geige wird durch die Klarinette des jungen Hubert Rostaing ersetzt und eine Gitarre gegen Pierre Fouad, ein Verwandter des ägyptischen Königshauses, eingetauscht. Django ist wieder in seinem Element. Er bewohnt eine

Luxuswohnung an den Champs-Elysées, ja, er fängt sogar an, wieder zu reisen: 1942 gibt er Konzerte in Brüssel, dann in Nordafrika, in Nizza, am Mittelmeer. Aber gleichzeitig wird er immer kapriziöser. Er versteht sich nicht mehr mit seinen Musikern, hält das Publikum zum Narren und läßt sich von seinem Manager ungünstig beeinflussen. Einen Ausweg sieht er, indem er sich aufs Komponieren verlegt, und er will sich nun auch einen Namen mit umfangreichen Werken machen. Im Juli 1943 heiratet er offiziell »La Guigne«; in Salbris (Loir-et-Cher) wird die Trauung im kleinsten Kreise vollzogen. Mehrere Male wird er bedrängt, eine Tournee durch Deutschland zu machen. Er weicht aus, indem er märchenhafte Summen als Gage verlangt, und es kommt nur zu einer Rundfunkübertragung über »Radio Normandie« in Paris. Schließlich will Django in die Schweiz ausweichen. Man wählt Thonon-les-Bains nahe dem Genfer See als Übertrittsort. Als er und seine Frau in einem Café den ortskundigen Führer erwarten, erregen sie Verdacht und werden verhaftet. Die Feldgendarmerie führt ihn auf der Kommandantur vor, aber er hat Glück. Der vernehmende Offizier ist Fan und Plattensammler und läßt ihn laufen. Nun versucht Django es allein. Der Übertritt gelingt ihm auch, aber da er weder Neger noch Jude ist, schicken die Schweizer ihn zurück. Django fährt wieder nach Paris. Lulu von Montmartre redet ihm ein, daß er sein eigenes »cabaret« haben müsse, und stellt ihm ihre »Roulotte« zur Verfügung, das in »Chez Django Reinhardt« umgetauft wird. Nach dem Zapfenstreich versammelt sich hier eine kosmopolitische Gesellschaft und es ist durchaus möglich, daß Angehörige der deutschen Wehrmacht ebenso wie Widerstandskämpfer und englische Agenten der Musik Django Reinhardts lauschten, dem es nichts ausmachte, »Lili Marlen« ebenso wie »God save the King« zu spielen. Übrigens hat Django nur eine deutsche Melodie aufgenommen, Theo Mackebens »Bei dir war es immer so schön« (auf der belgischen Marke Rhythme) wenn man von dem Evergreen der zwanziger Jahre »Madonna

du bist schöner als der Sonnenschein« absieht, der als
»When Day Is Done« bekannt wurde. Aber das Lokal erwies sich als viel zu klein. Wenn Djangos Musiker versammelt waren, gab es kaum noch Platz für Gäste.

[...]

MICHAEL DANZI

aus: Amerikanischer Musiker in Deutschland

Noch immer war Berlin ein Magnet für ausländische Darbietungen höchster Qualität und ebenso für die besten
deutschen. Das Können jener Künstler im Berlin des Jahres 1939 konnte sich überall in der Welt sehen lassen.

Die heraufziehende Kriegsfinsternis setzte aber einigen
Projekten ein jähes Ende, obwohl die Schallplattenfirmen
und Filmstudios in jenem Sommer fieberhaft daran arbeiteten, ihre Kataloglisten zu füllen, ohne auch nur einen
Augenblick zu verlieren, fast so, als ob sie sich der drohenden Katastrophe bewußt wären. Ich erinnere mich noch,
wie ich von den UFA-Studios in Neubabelsberg aus nach
Hause fuhr und parallel zur AVUS-Stadtautobahn eine
lange Reihe von Güterwagen an mir vorbeirumpeln sah.
Sie hatten Fliegerabwehrkanonen geladen und rollten ost-
wärts. Diese Transporte erfolgten Tag für Tag. Aber die Arbeit beim Rundfunk ging anscheinend ganz normal weiter;
im Mai hatte ich einen Vertrag unterschrieben, daß ich bei
einer Radiosendung in Saarbrücken spielen würde, und im
Juni hatte ich zugestimmt, eine weitere in Königsberg zu
machen. Die Termine waren der 29. und 30. August 1939.
Das sollte mir noch viel Ärger einbringen.

Wie auch immer, Mitte August empfahlen die amerikanische Botschaft und auch jeder ihrer Mitarbeiter in
den Konsulaten deutscher Städte allen amerikanischen

Staatsbürgern, Deutschland zu verlassen; eigentlich gaben sie den Ratschlag, Europa zu verlassen. Der Grund war, daß die amerikanische Regierung fürchtete, nicht für die Sicherheit der 85 000 Amerikaner in Europa garantieren zu können, denn es schien ganz so, als würde es zum Ausbruch von Feindseligkeiten kommen. Die Situation wurde unerträglich, und Gerüchte über einen bevorstehenden Krieg gehörten bereits seit einigen Jahren zum Alltagsgespräch. Vorsorglich hatte ich seit 1937 unserem Konsul in Berlin mitgeteilt, wo ich mich jeweils aufhielt; ich hatte ihm meine Liste mit Terminen zugesandt, welche Stadt, welche Züge, wie die Sendezeiten lagen, wann ich abreiste und mit welchem Zug ich wieder in die Sicherheit Berlins zurückkehren würde, wo ich natürlich recht bekannt war. Fast den ganzen August arbeitete ich dann in den Studios von Electrola, und so konnte ich nicht zu Kristall und den anderen Firmen gehen, obwohl sie bei den Sessions im Rückstand lagen. Ich bereute meinen Vertragsabschluß über den Radioauftritt in Königsberg, denn ich mußte eine weite Strecke nach Osten reisen, und die Zeit im Zug nutzte ich in keiner Weise. Wie auch immer, ich ließ nur ungern einen Vertrag platzen, und meine Soloarbeit erhöhte den Absatz der Platten. Mit einem solchen beruflichen Pflichtbewußtsein im Hinterkopf, bestieg ich am 28. August 1939 den Nachtzug in Berlin.

Lange genug war ich von Sendeanstalt zu Sendeanstalt gereist, um mir ein ausgetüfteltes System zuzulegen: Ich buchte immer erster Klasse, tauschte dann aber meine Fahrkarte gegen eine dritter Klasse um und steckte die verbleibenden achtzig Mark ein. Sobald der Zug die Vororte passiert hatte, gab ich dem Schaffner zehn Mark für einen freien Liegeplatz dritter Klasse, im beiderseitigen Einvernehmen, daß ich diesen um sechs Uhr geräumt haben würde, denn die Fahrkartenkontrolle war eine halbe Stunde später. Auf diese Art kam ich also zu meinem Schlaf, war um siebzig Mark reicher und doch fit genug für den Radioauftritt. Tja, aber diesmal lagen die Dinge anders. Als wir an die Weichsel kamen, waren alle Verdunkelungen im Zug heruntergelassen. Ich fragte den Schaffner, was das soll, und er murmelte bloß: »Armes Polen«. Um elf traf ich dann in Königsberg ein und probte noch bis zum Mittagessen. Halb drei war ich auf Sendung und nahm anschließend meine Gage in Empfang. Der Sendeleiter sagte, daß er mich sehr gerne bald wieder im Sendehaus sehen möchte. Und so war ich gegen fünf wieder im Zug und fuhr gen Westen nach Berlin.

Im Zielbahnhof in Berlin ging ich zu einem anderen Bahnsteig, bereit, den Zug nach Saarbrücken zu nehmen. Ich hatte die übliche Transaktion vollbracht und war mit einem Liegeplatz dritter Klasse für zehn Mark zurückgereist. Inzwischen war es ein Uhr morgens. Ich nahm den Zug und rollte in Richtung Südwest, doch um acht waren wir dann in Homburg, wo alle den Zug verlassen mußten. Der leere Zug fuhr aus dem Bahnhof und ich sah, wie der Bahnhofsvorsteher hinterher abschloß. Ich fragte ihn, was denn los sei, und er sagte mir, dies sei die Endstation. Ich sagte ihm, daß ich den Zug in der Erwartung, nach Saarbrücken zu fahren, bestiegen hätte und daß ich zu meinem Bestimmungsort müßte. Er lachte und sagte: »Sie haben den verkehrten Zug genommen!« Und dann ist er gegangen.

Verdutzt stand ich noch in der Homburger Bahnhofshalle, als ein Grubenarbeiter vorbeiging – komplett ausgerüstet mit Helm und Lampe. Ich fragte ihn einfach, wann denn der nächste Zug nach Saarbrücken fahren würde, und er sagte, es wäre wohl nicht vor dem nächsten Tag. Ich erklärte ihm, daß es für mich unbedingt nötig sei, wegen des Radioauftritts, der an diesem Nachmittag um zwei Uhr stattfinden sollte, rechtzeitig ins Funkhaus zu kommen, und er bemerkte ganz offensichtlich meine Verzweiflung. Er muß wohl auch meinen ausländischen Akzent herausgehört und meine Instrumente gesehen haben. Er sagte mir, ich solle gut zuhören, und teilte mir dann mit, daß ich noch zweihundert Kilometer von meinem Bestimmungsort entfernt sei. Wie er mir weiter erzählte, gäbe es aber einen Kurzzug, zusammengestellt aus zwei Waggons und nur Grubenarbeitern vorbehalten, der von Homburg aus vierzig Kilometer in die Richtung fuhr. In den Grubenarbeiterzug sollte ich einsteigen, und wenn er hielt, sollte ich aussteigen und den nächsten Zug dieser Art nehmen (der kostenlos war), und nach dem fünften würde ich dann in Saarbrücken sein. Wir reichten uns die Hände, und er sagte: »Auf Wiedersehen und Hals- und Beinbruch!«

Sicher war ich eine Attraktion für diese gestählten Bergleute. Ich hatte Sonntagssachen an und trug drei Instrumentenkoffer. Wie auch immer, ich befolgte den Rat des freundlichen Grubenarbeiters. Im letzten Zug baten mich die Arbeiter, etwas zu spielen, und ich legte los. Mit dem Plektron zupfte ich eine Auswahl von Zug-Nummern, spielte »Alabamy Bound«, wobei ich die schneller und schneller werdenden Räder nachahmte und dann die Lokomotivenpfeife – Huuh-huuh-huuh, auf meinem Banjo. Dann verlangsamte ich die Akkorde in den höchsten Lagen, und zuletzt dann wieder das Grundthema genau im Takt mit dem Rhythmus des Zuges. Sie waren begeistert. Das war natürlich auch ein anderes Publikum als in der »Scala«, ganz klar!

Auf diese ungewöhnliche Art, machte ich doch meinen Weg mit einer Matinee anstatt mit dem Portemonnaie, erreichte ich Saarbrücken. Noch von Homburg aus hatte ich im Funkhaus angerufen und ihnen gesagt, ich würde alles versuchen, um gegen zehn in der Stadt zu sein, und es gelang mir dann auch. Ab eins probte ich, die Sendung begann um zwei – genau zwölf Stunden, nachdem ich in Berlin umgestiegen war. Dem Publikum, es waren etwa zweitausend Besucher, gefiel mein Auftritt, der live gesendet wurde. Um sechs wurde er wiederholt. Ich war erleichtert, daß beide Auftritte in Ordnung gingen, denn ich war auch müde. Ich erhielt meine Gage, verabschiedete mich vom Programmdirektor und von den Musikern und machte mich auf den Weg zum Bahnhof. Plötzlich bellte eine Stimme in mein Ohr: »Ausweispapier bitte!« Der Mann präsentierte seine Dienstmarke und ab ging's zur

Polizeiwache. Jedesmal, wenn ich auf eine Polizeiwache gebracht werde, scheint es so, als ob da immer auch ein Hauptwachtmeister ist, der hinter einer Schreibmaschine sitzt, die er gerade mal mit zwei Fingern bedient! Ich wurde nach meinem Namen, Geburtsort, Alter und einer Erklärung für meinen Aufenthalt in Saarbrücken gefragt. Der Polizist hackte auf die Tasten der Schreibmaschine ein. Ich schielte zur Uhr und sagte ihnen, daß ich meinen Zug nach Berlin erreichen müßte. Der Hauptwachtmeister starrte mich an, stand auf, kam herüber, dorthin, wo ich gerade stand, und sagte mit einem drohenden Knurren: »Was haben Sie vergangene Nacht in Königsberg gemacht – an der deutschen Ostgrenze? Und heute sind Sie in Saarbrücken, auf der anderen Seite des Landes, die an Frankreich grenzt! Erklären Sie das, wenn Sie können! Und das Ganze auch noch kurz vor dem ersten September!«

Mir ging ein Licht auf, denn ich hatte ja seit drei Monaten all diese beladenen Waggons gen Osten rollen sehen. Ich erzählte ihm die nackte und einfache Wahrheit. Ich sei Musiker. Er sagte: »Donnerwetter noch mal, die Sache ist nicht zum Lachen.« Ich bat ihn, seine Fragen so schnell wie möglich vorzubringen, da ich noch meinen Zug erreichen müßte. Das verärgerte ihn außerordentlich, er sprang auf und brüllte los: »Sie – Sie –«, doch da klingelte das Telefon. Er griff zum Hörer, und fast noch im selben Moment sagte er: »Jawohl, meine Herren, ja bitte, Herr Danzi ist hier. Ja. Bitte, bitte, sofort. Unbedingt. Heil Hitler!«, und legte dann den Hörer viel sanfter nieder, als er ihn zuvor ergriffen hatte. Er lächelte mich an, ein schleimiges Grinsen, so unecht, daß es schon beinah wieder komisch war. Er sagte – und auch seine Stimme hatte sich nach dem kurzen Telefongespräch verändert, offensichtlich war es jemand Bedeutendes gewesen –: »Herr Danzi, Sie können gehen. Alles in Ordnung.« Ich machte mich auf den Weg.

Als ich zum Bahnhof ging, holte mich ein Mann ein und fragte: »Michael, hast du mal 'ne amerikanische Zigarette?« Es war der dritte Sekretär des amerikanischen Konsuls in Saarbrücken. Er hatte den Auftrag, mir zum Sendehaus und zurück zu folgen. Als er sah, daß mich ein Geheimer aufgriff, folgte er uns bis zur Wache, dann setzte er sich mit Berlin in Verbindung. Ihm wurde mitgeteilt, er solle warten. Dann folgte ein Telefonat von seiten der Deutschen Reichskulturkammer mit dem fiesen Hauptwachtmeister, in dem meine umgehende Freilassung verfügt wurde, denn in Berlin kannte man mich. Ich wage zu behaupten, daß da jemand in Berlin herumstocherte, mit dem Ziel, mich mit noch anderen Dingen als bloß mit Musik in Zusammenhang zu bringen, aber das ging ins Leere. Dank meines Frühwarnsystems, das die amerikanischen Behörden über den jeweiligen Aufenthaltsort von Michael Danzi auf dem laufenden hielt, konnte ich dem Ärger entgehen und saß schließlich wieder im Zug nach Berlin. Am 31. August gegen sieben Uhr war ich zurück. Zu Hause fand ich eine Nachricht von Robert Gaden vor, der mich zu einer weiteren gemeinsamen Schallplattenaufnahme am 1. September einlud. Nachdem an diesem Abend die Vorstellung in der »Scala« zu Ende war, ging ich, wie gewöhnlich, mit einigen Leuten auf einen Drink. Diesmal waren es zwei Sekretäre von der amerikanischen Botschaft. Einer von ihnen sagte, es sei nicht klug gewesen, die offizielle amerikanische Warnung in den Wind zu schlagen, die nahelegte, Berlin (und Deutschland) Mitte August zu verlassen, und daß sie keine Verantwortung für mich übernehmen könnten. Ich sei nun auf mich allein gestellt. Durch jenen widerlichen Hauptwachtmeister wußte ich, daß das Auf-sich-allein-gestellt-Sein nicht gerade das Beste war, aber ich war noch viel mehr betroffen, als dieser Sekretär mit leiser Stimme sagte: »Michael, morgen geht es los – am ersten September 1939, um fünf Uhr am Morgen, die deutsche Armee wird in Polen einfallen – ohne Kriegserklärung.« Die Vorstellung war gegen halb zwölf zu Ende gewesen, so hatte ich die Nachricht, mehr oder weniger direkt von der Quelle, fast fünf Stunden, bevor es losgehen sollte.

61

Die Session mit Gaden begann am 1. September um neun Uhr bei Electrola, und wir waren gerade fünf Minuten bei der Arbeit, als es eine Unterbrechung gab: Der Führer sollte um zehn zum Volk sprechen. Ich flüsterte einigen befreundeten Musikern im Studio zu: »Er wird uns mitteilen, daß der Krieg heute morgen um fünf Uhr begonnen hat.« Sie glaubten mir nicht und sagten, ich mache Witze, denn schließlich hatte ja ein englischer Herr mit Regenschirm gesagt, daß es für weitere zwei Generationen Frieden geben würde. Tja, und um zehn verkündete dann Hitler, daß sich Deutschland mit Polen im Kriegszustand befinde! Robert Gaden war niedergeschlagen, denn ihm war klar, daß dies das Ende unserer fünfzehnjährigen engen Zusammenarbeit bedeutete. Da nun Krieg war, mußte ich Pläne ersinnen, um Deutschland zu verlassen. Ich traf alle notwendigen Vorbereitungen für meine Abreise nach New York und arbeitete in keinem Funkhaus außerhalb der Stadt mehr.

Viele Musiker wurden zum Militärdienst einberufen. Es war deprimierend, mit anzusehen, wie ein SS-Wachmann in das Theater kam, zum Orchestergraben stolzierte und mit gefühlloser Schroffheit einem der Musiker die offizielle »Einladung« aushändigte, daß er sich in einer bestimmten Baracke um sechs Uhr morgens einzufinden habe. Die Schallplatten- und Filmindustrie geriet in eine schwierige Lage, denn sie mußten Ersatz für jene Männer finden, die einberufen wurden. Ganz klar, daß mein Telefon häufiger als gewöhnlich klingelte.

Da der Krieg Realität geworden war, wandten sich jene Amerikaner, die in Deutschland lebten oder irgendwo in Europa unterwegs waren und sich gerade in Berlin aufhielten, an die dortige Botschaft der USA um Hilfe. Das Botschaftspersonal war reduziert worden, und es kam keinerlei Ersatz, so daß Tabor Divekey und ich gefragt wurden, ob wir nicht aushelfen könnten. Wir waren schon seit Jahren in Deutschland und außerdem amerikanische Staatsbürger, und diese Voraussetzungen hätten womöglich zu einem Posten im Kreise der festangestellten Mitarbeiter des auswärtigen Dienstes geführt, aber die Pläne gingen dahin, das Konsulat von der Schweiz aus zu leiten, was Divekey, der annahm, recht gelegen kam, während ich auf New York reflektierte und daher das Angebot ablehnte. Viele amerikanische Unternehmen, die in Deutschland aktiv waren, wickelten ihre Angelegenheiten über einen Mittelsmann außerhalb Deutschlands ab, über jemanden, der sich in einer anderen Stadt niederließ, Paris etwa, Warschau oder London; aber Krieg bedeutete eben auch Reisebeschränkungen, selbst für jemanden aus einem Land, das sich mit Deutschland gar nicht im Kriegszustand befand. In der ersten Septemberwoche hatten Großbritannien und Frankreich Deutschland den Krieg erklärt. So benötigten also die amerikanischen Firmen einen Vertreter in Deutschland, und mir wurden Angebote gemacht; unter anderem eins von der Firma Otis, die Aufzüge produzierte (ich sollte auf dem Gelände in Tegel arbeiten), von Eno Fruit Salts, die in Mariendorf ansässig waren, von American Express und auch von der Handelskammer. Ich lehnte alles ab. Noch immer gab es über dreißigtausend amerikanische Staatsbürger in Europa. Der Kongreß hatte beschlossen, eine halbe Million Dollar zu bewilligen – man setzte die »Washington« in Marsch und nahm Amerikaner aus Frankreich, Dänemark und Norwegen an Bord. Bis 1940 waren sämtliche Schiffe anderer Länder komplett ausgebucht, denn jedermann war bemüht, den Atlantik zwischen sich und das Kriegsgeschehen zu bringen, und in den Fahrplänen herrschte ein heilloses Durcheinander. In Berlin nahm keine ausländische Schiffahrtslinie mehr Zahlungen in Mark entgegen – konnten sie doch verläßlichere Währungen von den Passagieren erhalten! Juwelen und Gold wurden zwar durch die Behörden im Dritten Reich beschlagnahmt, doch auf dem Schwarzen Markt gab es ausreichend davon. Neue Gesetze wurden erlassen über die Ausfuhr ausländischer Währungen und Deutscher Mark. Und es gab eigentlich kaum einen Grund, richtig hart zu arbeiten, da ja die Bezahlung in Mark erfolgte, was mir so gut wie gar nichts einbringen konnte!

Am 20. September 1939 kam der Steuerbeamte der Reichsmusikkammer ins Theater, um die Einkommensteuer zu erheben, die von unseren Gehältern abgeführt werden mußte; er kam jeden Monat. Nicht gerade ein angenehmer Bursche, dieser Mann; er war sehr groß, beleibt und arrogant. Mich konnte er absolut nicht ausstehen – ich war Ausländer (hinzu kam, daß ich ihm nie einen Drink spendierte). Diesmal trat er herein und sagte: »Hallo, du Saitenkratzer!« und fuhr fort, ihm sei mitgeteilt worden, daß ich für meine Einkünfte aus der Arbeit außerhalb des Theaters keine Einkommensteuer bezahlen würde. Und wenn er das beweisen könne, dann würde er mich wegen versuchten Betrugs anzeigen. Ich sagte ihm, daß Musiker unter Vertrag Steuern entsprechend ihres Gehalts zahlen und daß bei jeder anderen Arbeit die Steuer an der Quelle abgezogen würde – Rundfunkanstalten, Schallplattenfirmen und Filmstudios zahlten mir die Gage nach Abzug der Steuern aus. Eine Woche später erhielt ich ein offizielles Schreiben, in dem ich aufgefordert wurde, vor dem Amtsgericht zu erscheinen. Ich wandte mich an den amerikanischen Konsul und betraute dessen Rechtsanwalt, einen Deutschen, mit der Angelegenheit. Die drei Richter, die da waren, trugen sehr feierliche schwarze Kopfbedeckungen, gänzlich schwarze Roben und hatten dazu einen ähnlich feierlichen Ausdruck in ihren Gesichtern! Mir wurde gesagt, daß ich, im Falle irgendeines Beweises für mein Vergehen, für geraume Zeit ins Gefängnis müßte. Mein Rechtsanwalt erwiderte ihnen, daß die Arbeitgeber diejenigen seien, die verantwortlich wären, und sollte ich tatsächlich schuldig sein, so wären es auch alle anderen Musiker Berlins – und er wäre darauf vorbereitet, sechzig Musiker vorzuladen. Nunmehr wurde den Richtern wohl klar, daß ein solcher Schritt, weil doch so viele Männer zum Militärdienst einberufen wurden, üble Folgen haben würde, und sie schienen mit meinem Rechtsanwalt übereinzustimmen, der dem langen Steuerprüfer auf den Kopf zusagte, daß er die Anzeige nur erstattet habe, weil er rachsüchtig und böswillig sei. Mein Rechtsanwalt schlug sogar vor, ihn fortan nur noch als Straßenreiniger arbeiten zu lassen.

[...]

Aus der Lektüre von Geschichtsbüchern mögen Sie vielleicht glauben, daß sich die Welt verändert, wenn Krieg ausbricht, und das stimmt auch tatsächlich, allerdings geschieht es nicht unvermittelt. Noch im Oktober 1939 wurde ich in die Schallplatten- und Filmstudios gerufen, und die letzte Filmmusik habe ich im Oktober in den UFA-Studios eingespielt. Herbert Jaeger bat mich, mit ihm am 10. Oktober zum letztenmal auf Sendung zu gehen, jedoch hatte es seit dem Frühjahr Ärger am Sender gegeben. Der uniformierte Pförtner hatte mir in recht bestimmter Art und Weise mitgeteilt, daß ich »Heil Hitler« zu rufen hätte. Das hatte er mir so etwa im April gesagt, und meine Antwort regte ihn danach noch über Monate hinweg auf. Ich hatte ihm erwidert, daß ich Ausländer sei und deshalb doch beim »Guten Tag« bleiben wollte. Also hatte er mich dann auch nicht in das Gebäude hereingelassen, und ich verpaßte den Auftritt. Ich trat aber am 10. Oktober dort auf, und als ich herauskam, sprach ich den Pförtner an und sagte ihm, daß ich in wenigen Tagen nicht mehr hier sein, Berlin verlassen würde. Im Hinblick auf den Streit, den wir miteinander gehabt hatten, und die üble Stimmung, in der er sich während all der Monate befand, erwartete ich, daß er sich freuen würde. Aber er sagte doch tatsächlich, daß er mich beneide. »Ich hoffe, ich kann die Uniform wegwerfen, wenn der Krieg vorbei ist; das Ding einfach so auf die Straße schmeißen und wieder Zivilkleidung tragen.« Das waren schon recht merkwürdige Worte von einem jungen Parteimitglied und Pförtner!

Deutsches Geld wurde also von keiner ausländischen Schiffahrtsgesellschaft mehr entgegengenommen – nur wenige Schiffskabinen waren verfügbar, und wenn es überhaupt welche gab – das ist ein riesengroßes »Wenn« –, dann mußten sie in ausländischer Währung gebucht werden. Tabor (»Tabe«) Divekey hatte sich dem konsularischen Dienst angeschlossen, und er sagte mir am Telefon, daß ich am 13. Oktober abreisen solle. Der amerikanische Konsul in Polen, seine Frau und sein Kind waren gezwungen, ihre Buchungen wegen Krankheit zu stornieren, dadurch bot sich eine Gelegenheit. Ich konnte ihre drei Plätze für meine Frau, meinen Sohn und mich selbst bekommen, aber das bedeutete, daß ich gerade achtundvierzig Stunden hatte, um meine sämtlichen Angelegenheiten zu klären. Am 11. Oktober begann ich mit meinen Wegen; ich schaute zuerst bei Irene Hunold, die bei Electrola war, vorbei – eine von meinen vier Engeln. Ich umarmte und küßte sie, dankte ihr für die tausend Sessions, die ich dort gemacht hatte, und versprach, von mir hören zu lassen. Wir sollten uns auch wirklich 1955 in New York wiedersehen. Dann ging ich zur Deutschen Grammophon, wo ich mich bei Frau Thomann für ihre Mühen bedankte, daß sie mich als DGG-Künstler* eingestellt hatte; und ich sagte Herrn Hasse, daß ich mich immer an das Vertrauen erinnern würde, das er meinem Können auf der elektrischen Hawaii-Gitarre entgegengebracht hatte, als wir jene zwei perfekten Aufnahmen zusammen produzierten. Ich kann mich noch an die beiden Songs erinnern, und das über vierzig Jahre danach.

Dann ging ich zu Lindström, um einem weiteren Engel auf Wiedersehen zu sagen, nämlich Fräulein Faber, die mich seit 1925 jahrein, jahraus in ihr Studio eingeladen hatte. Sie beklagte, daß der Krieg viele Musiker fortgerissen hätte, ausgezeichnete junge Musiker, und bat mich um eine letzte Session. Ich stimmte für den 12. Oktober zu, nicht des Geldes wegen, sondern als Geste. Inzwischen war von dem Tag nicht mehr allzu viel übrig, und so telefonierte ich mit den Schallplattenfirmen Kristall und Telefunken sowie einigen Orchesterleitern, um ihnen zu danken und um auf Wiedersehen zu sagen. Ich wußte, daß es eine Ehre gewesen war, gemeinsam mit ihnen zu spie-

* Deutsche Grammophon Gesellschaft A. G. (Anm. d. Übers.)

len. Schließlich, abends gegen sechs, mir verblieb gerade mal noch ein voller Tag in Berlin, ging ich zum Polizeirevier, denn der Polizeichef war mir gegenüber sehr freundlich gewesen, und ich wollte mich von ihm verabschieden. Ich bat ihn, einige von seinen Leuten mitzunehmen, und so waren es dann sieben Polizeibeamte, die mich auf einen Abschiedstrunk um die Ecke begleiteten. Ich bestellte Champagner, Kognak und Bier und sprach einen Toast. Sie meinten, ich sei ein »richtig netter Kerl«, und wir alle sagten uns auf Wiedersehen. Einer der Polizisten bemerkte, daß ich Glück hätte, in die Staaten gehen zu können. Ich hatte größte Hochachtung vor der Polizei, denn sie waren keineswegs so wie die Parteimitglieder, sondern, ganz ehrlich, meilenweit von diesen Nazis entfernt.

An diesem 11. Oktober lud mich Evelyn Künneke nach der Abendvorstellung in der »Scala« zu ihren Eltern ein. Sie sagte, daß die mich gerne sehen wollten, und schlug vor, ich möge meine Gitarre mitbringen. Sie wohnten am Kurfürstendamm; Eduard Künneke war ein Komponist für klassische Musik. Er hieß mich sehr herzlich willkommen und sagte, daß er einige meiner Rundfunksendungen gehört hätte und meine Arbeit mit Filmmusiken kennen würde. Er spendete auch ein wenig Lob für meine Mitwirkung an seiner Fünften Suite, die im Radio gesendet worden war. Seine Frau war ebenfalls sehr charmant. Wir saßen bei Kaffee und Kuchen (und Kognak) zusammen, und dann spielte ich einen Konzertwalzer, einen Paso doble, einen Tango, eine Gavotte und eine Polka. Danach brachte ich einige amerikanische Jazz-Solonummern – reinen Jazz, ein paar heiße Foxtrottklänge und endete – wie sollte es wohl auch anders sein? – mit dem Stück »Nola«, ausschließlich Saitenarbeit. All das gefiel ihm gut. Evelyn sang ein paar Melodien, wobei ich sie mit meiner Gitarre begleitete. Später schlug die Stimmung ins Ernste um. Es war in den frühen Morgenstunden, als mir Evelyns Vater sagte, daß er sehr gerne Deutschland verlassen würde, um nach Amerika zu gehen, aber er könne es nicht, da seine Frau Jüdin sei. Ganz offensichtlich durchlitt er Schmerz und Qualen und hatte ein Gefühl der Hilflosigkeit, war es ihm doch nicht möglich, die Familie in Sicherheit zu bringen. Als ich ging, drückte er meine Hände mit aller Herzlichkeit und sagte, daß er der Zukunft mit Gelassenheit entgegensähe. Tja, nach 1945 sollte dann seine Tochter eine der berühmtesten Nachtklub-Künstlerinnen in Deutschland werden.

Am 12. Oktober spielte ich in meiner letzten Session bei Lindström gemeinsam mit dem ungarischen Zigeunergeiger Georges Boulanger. Wir nahmen »Hungaria« auf, ein 1924 geschriebenes Stück. Als Foxtrott war es 1939 ein Welterfolg geworden und hieß nun »Meine Andacht« (My Prayer). Da er die in der Zigeunermusik üblichen Zweifinger-Vibratoparts spielte, fügte ich ein paar Kadenzen als Hintergrund hinzu; nach der Session bemerkte er, wie schön es gewesen sei, einmal eine Begleitung nicht im Cembalo-Stil zu haben.

Meine Karriere in Berlin endete mit der Abendvorstellung in der »Scala« am 12. Oktober 1939. Ich lud alle Musiker auf einen Abschiedstrunk ein. Ich hatte sehr gemischte Gefühle und war innerlich stark bewegt. Karl Hoensch hatte seinen Einberufungsbescheid erhalten und mußte zur Armee gehen; daher bat er mich, seine wertvolle Geige an mich zu nehmen. Ich dankte ihm für sein Vertrauen, doch mußte ich ablehnen, da ich bereits mit Gepäck und Instrumenten überladen war. Ich verabschiedete mich von der lieben, alten Martha Schwannebeck auf der anderen Straßenseite; ich traf Duisberg, den Manager der »Scala«, im »Grünen Zweig« und dankte ihm für alles; dann ging ich zu Otto Stenzels Party. Inzwischen war natürlich schon der 13. Oktober angebrochen. Auf Stenzels Party traf ich einen ziemlich widerlichen Journalisten, der seit September in der »Scala« herumlungerte. Meist saß er im Orchestergraben: Warum er dieses Privileg hatte, werde ich wohl niemals erfahren, aber ich mißtraute ihm und hatte auch Otto gewarnt. Verständlicherweise war die Stimmung auf der Party stark gedrückt, denn wir alle hatten seit langer Zeit zusammengearbeitet, und keiner von uns wußte, was aus dem anderen werden würde oder wann wir uns einmal wiedersehen würden. Die Stimmung riß Otto mit, er wurde übermütig und – wir tranken natürlich alle Champagner – bat um Ruhe. Dann redete er. »Ich möchte einen Toast ausbringen. Laßt uns alle auf das Vierte Reich trinken!« Menschenskinder! Was für eine riskante Sache, so etwas zu sagen! Heiliger Strohsack!! ›Gut‹, dachte ich, ›noch heute verlasse ich Berlin, aber diese Party verlasse ich doch lieber sofort.‹ Um zwei war ich zu Hause und rief Divekey an; ich erzählte ihm, was vorgefallen war, und er riet mir, an diesem Morgen halb sieben vor der Botschaft zu sein.

Das klang so einfach. Dabei mußte ich es im voraus planen. Obwohl es äußerst schwierig war, zwei Uhr morgens ein Taxi zu bekommen, fand ich doch eins. Als mir der Fahrer mitteilte, daß er gerade mal drei Liter Benzin hätte, da nur Kurzfahrten offiziell erlaubt wären, mußte ich schnell entscheiden. Er fügte hinzu, daß Verdunkelung, Benzinrationierung und das Verbot, mit dem Auto nach Fahrgästen zu suchen, aus dem Taxigeschäft ein Greuel gemacht hätten. Natürlich verfügte ich über ausreichend deutsches Geld, und das brachte ihn auf Trab, nachdem ich es erwähnt hatte. Er entnahm den anderen Taxis je zwei Liter Benzin (ich mußte jedem Taxifahrer zehn Mark geben) und hatte dann genug, um von unserem Haus zur Botschaft zu fahren. Ich zahlte ihm fünfzig Mark, damit er die vier Stunden wartete, und versprach, daß wir um sechs fertig sein würden: Die restlichen fünfzig Mark würde ich ihm aushändigen, wenn wir dann bei der Botschaft am anderen Ende der Stadt angelangt wären.

Um sechs schlichen wir uns davon; gerade als ich in das Taxi steigen wollte, kam schnaufend die Hausbesitzerin, eine Schnüfflerin mit besonders feinem Gehör, in ihrem Schlafrock heraus. Sie rief: »Herr Danzi, wohin gehen Sie in dieser gottlosen Stunde?« Ich sagte, ich sei um elf wieder zurück – tschüß bis dahin. Dabei kam mir zugute, daß ich schon immer einem seltsamen Zeitplan folgte, Züge früh am Morgen zu nehmen pflegte und erst spätnachts nach Hause kam. Als wir bei der Botschaft Unter den Linden vorfuhren, gab ich dem Fahrer seine fünfzig Mark und wünschte ihm, er möge noch weitere Fahrgäste wie mich haben. Es war der 13. Oktober 1939, halb sieben.

Um acht befanden sich alle Konsulatsangehörigen mit Ziel USA in der Botschaftslimousine, die zum Lehrter Bahnhof fuhr; ohne Verzögerung bestiegen wir den Zug. Als Diplomaten hatten wir einen Waggon für uns, wir ließen die Vorhänge zugezogen. Jeder Reisende wurde auf der Passagierliste abgehakt, und alles war in Ordnung. Die drei Danzis? Wir reisten unter dem Namen der in Polen aus Krankheitsgründen festsitzenden Familie.

Fünfzehn Minuten vor neun schnarrte durch den Bahnhofslautsprecher mein Name! Sie wissen ja, wie es auf Bahnhöfen zugeht, mit den ganzen Anschlußverbindungen und Abfahrtszeiten – und dann hören Sie den eigenen Namen! Ich wurde aufgefordert, mich bei der Fahrkartenausgabe einzufinden. SS-Leute gingen durch den Zug und überprüften jedermanns Ausweispapiere. Vor unserem Waggon wurde ihnen mitgeteilt, daß dieser ein nur Diplomaten vorbehaltenes Hoheitsgebiet darstelle und daher nicht der Gesetzbarkeit des Dritten Reichs unterliege. Alle Fahrgäste seien Ausländer mit Diplomatenstatus. Um zu zeigen, daß es keinen Grund zur Verlegenheit gab, wurde den SS-Männern die Passagierliste gezeigt. Zufrieden, daß kein Michael Danzi im Waggon war, zogen sie davon. Der Zug fuhr gegen neun ab, und wir gelangten zur Saßnitzer Fähre: Die Waggons rollten über die Schienen auf das Deck des Fährschiffs, das uns nach Malmö in Schweden brachte.

Die Überfahrt dauerte sieben Stunden. Mit jeder Minute entfernten wir uns ein Stück weiter von Deutschland, und nach sechs Wochen Verdunkelungspflicht glich die 15-Watt-Lampe des Schiffs einem Suchscheinwerfer. Am 14. Oktober erreichten wir Oslo. Es war vorgesehen, daß wir am 15. Oktober an Bord eines Schiffs gehen sollten, aber das hatte Fisch von Kanada, von den Fanggründen vor der Küste Neufundlands, gebracht, und es stank fürchterlich. Es dauerte zehn Tage, bevor es wieder wie ein Schiff und nicht mehr wie ein Hering roch: Aber die Schiffahrtsgesellschaft zahlte, und so waren wir dann eine Zeit in Oslo. Ich traf Sue Harris, die einst von der städtischen Rundfunkmusikhalle gekommen war, um den Mädchen der »Scala« die Grundschritte im Tanzen beizubringen. Sie erzählte mir, daß Otto Stenzel zum Polizeipräsidium gebracht worden sei und sechs Wochen Hausarrest erhalten habe. Jener widerliche Journalist hatte die Polizei angerufen und ihnen von dem Toast auf das Vierte Reich erzählt.

Schließlich verließen wir am 25. Oktober Oslo, und nachdem wir den Fjord durchfahren hatten, erreichten wir die offene See. In meinen Gedanken sah ich nicht die norwegische, sondern die deutsche Küste. »Auf Wiedersehen, mein Berlin. Ich danke dir für die schönste Zeit meines Lebens.« Ich war auf dem Weg in die Staaten, voll Trauer, denn soviel von meinem Leben ließ ich hinter mir: mir war bestimmt, heimwärts zu fahren, doch – wozu?

Aus dem Englischen von Stefan Welz

Nach: Michael Danzi, American Musician in Germany 1924–1939 as told to Rainer Lotz.

EVELYN KÜNNEKE

aus: Sing, Evelyn, sing

Mein erster Ehemann
war ein jüdischer Steptänzer
aus Amerika.
Ich hatte ihn im Berliner Wintergarten kennengelernt, und er brachte mir unheimlich viel bei. Vor allem Steptanzen.

Ansonsten war diese Ehe ein ziemlicher Hammer für

mich. Aber sie war ja auch von einem Schmied gestiftet. Von dem berühmten schottischen Schmied in Gretna Green, der als selbsternannter Einsegner von Kinderehen damals einen legendären Ruf hatte. In Deutschland aber fand diese Ehe keine Anerkennung. Sie galt nicht, weil ich erst fünfzehn war.

Minderjährig, das klingt immer so wie minderwertig. Manche Leute tun heute noch so, als ob Minderjährige nicht funktionieren. Dabei gebar ich damals ein gesundes Kind. Aber auch das wurde einfach nicht anerkannt. Mein Kind wurde gleich nach seiner Geburt mit einer Amme zu den Großeltern nach Amerika geschickt; ich habe es nie im Leben gesehen. Nie. Es soll eine Tochter sein.

Und mein Mann verließ mich ebenfalls. Von der ganzen Ehe blieben nur die Stepschuhe:

Weiches Lackleder
mit brutalen Stahlkappen
an einer Schleife
an einem Nagel
an der Tapete
hängend
irre traurig
aber nicht tot.

Ein halbes Jahr lang hab ich fast nur geweint. Aber auch das galt nicht als Beweis für die Tatsache, daß Minderjährige eben doch funktionieren.

Meine Eltern hatten es damals gut gemeint, als sie mir am Ende meiner Kinderehe immer wieder

SIR STANFORD ROBINSON ESQ.

ans Gemüt legten, einen schütteren Enddreißiger aus London. Dieser Mann war nämlich nicht nur ein glühender Verehrer meines Vaters, er fand auch dessen einzige Tochter nett. Außerdem war er BBC-Direktor.

Natürlich sabotierte ich den Heiratsplan.

Die rüde Zertrümmerung meiner in Gretna Green geschmiedeten Ehe hatte mich so tief beleidigt, so schmerzhaft verwundet, daß ich nur noch auf Vergeltung sinnen konnte. Ich war von Kopf bis Fuß auf Rache eingestellt. Ich brannte, loderte!

Wie aber konnte ich mich rächen?

Während ich darüber nachsann, schaute ich in den Spiegel und fand mich hübsch. Wie kriege ich es hin, überlegte ich, glaubwürdig gegen eine neue Heirat zu protestieren und gleichzeitig meine ansonsten so heißgeliebten Eltern zu bestrafen?

Wie schaffe ich es, sie öffentlich bloßzustellen?

Antwort: Indem ich mich selber bloßstelle!

Öffentlich!

Als minderjähriges Fotomodell ...

... Kleiderständer für Unterwäsche, Negligés ...

Als *Aktmodell!*

Gesagt, getan! Um meine Eltern zu kompromittieren, posierte ich nackt in einem luxuriösen Fotoatelier auf dem Kudamm und schenkte damit genau das weg, was Vater stolz und preisbewußt für Sir Stanford Robinson Esq. und Konsorten reserviert hatte.

Ein echter *Rache-Akt* also.

Als die Fotos wenig später in einem schicken Berliner Glanzpapierjournal erschienen, jubelte ich laut. Daß Vater sie allerdings nie zu sehen kriegte, erfuhr ich erst dreizehn Jahre später von meiner Mutter. Und da war's mir richtig peinlich. Rache hat immer etwas Lächerliches. Aber damals, ich muß es gestehen, hat mir diese Aktion gutgetan. Sich wehren bedeutet Befreiung. Es lüftet die Seele und macht gerade Knie! Entschlossen gegenhalten, wenn's einen zu sehr nervt, das fördert die Psychohygiene. Nur tote Fische schwimmen mit dem Strom.

Jedenfalls war ich jetzt soweit, daß ich die Stepschuhe vom Nagel holte und wieder anzog. Mit neuem Elan steuerte ich mein ursprünglich gefaßtes Ziel an:

TANZEN
UM JEDEN PREIS!

Einen ersten Erfolg hatte ich ja schon zwischen Schulabgang und Kinderhochzeit in Gretna Green errungen: Ich war *zweite Solotänzerin der Berliner Staatsoper* geworden – als Vierzehnjährige.

Immerhin!

Vater wurde glatt drei Zentimeter größer vor Stolz. Leider aber stellte sich dann raus, daß ich als Balletteuse die völlig falsche Figur hatte. Ich war viel zu groß und besaß einen viel zu strammen Busen. Ich meine, ein großer Busen ist vielleicht etwas für Euterpe, die Muse der Tonkunst, auf keinen Fall aber ein Wahrzeichen des klassischen Balletts. In diesen heil'gen Hallen schätzt man eher die kleinen weißen Mäuse mit den straffen Zöpfen, magere Minchen Plattbachs.

Natürlich war ich ganz schön sauer, als mir das klar wurde. Erst engagieren sie einen als Hupfdohle für Schleiertänze, als Salome-Vertretung für dicke Primadonnen, und dann muten sie einem zu, den Busen einzuschnüren oder wegzubinden.

Überhaupt – klassisches Ballett! Das hatte schon die von mir so verehrte Negertänzerin Josephine Baker 1926 in Berlin gesagt: »Spitze tanzen, so tüt-tüt-tüt, kleine dumme Vögel, dämlich! Und dann diese Kleidchen, weiße Dampfwolken um den Po rum. Die Pawlowa, wissen Sie, ist mir unerträglich.«

Na ja, die Josephine war ein armes Kind in St. Louis, sie hatte keine Strümpfe und fror; *sie tanzte, um warm zu werden!* Ja, und das ist doch schon mal was, wenn man nach dem Sinn des Tanzens fragt. Bei mir kam außerdem hinzu, daß ich den Hollywood-Film »Broadway Melody 1935« gesehen hatte, der damals so viele Leute meiner Generation vom Klappsessel riß. Vor allem wegen Eleonor Powell, der unvergleichlichen Steptänzerin.

Kinder, war das ein Idol! Katzenaugen, Zahnputzlachen und Seidenstrumpfbeine, elastisch wie Trommelschlägel. Diesem Stepstar wollte ich nachstreben, koste es, was es wolle.

Weg von der Oper also, rein ins Showbusiness!

Hinein in die niederen Gefilde, in denen, so fand ich, mehr Freiheit herrschte als da oben im Kumulus, wo Händel, Gluck und Humperdinck auf der Trainerbank saßen. Nur dort, dachte ich mir, kann die so schnöde eingeschnürte Brust sich wieder frei entfalten.

Ich wechselte also die Fronten! Lief von »E« nach »U« über, wie es in unserer Branchensprache heißt, von der sogenannten Ernsten Muse zur Unterhaltung.

In der Tauentzien, nur ein paar Sprünge von der Gedächtniskirche entfernt, hatte ich das Stepstudio des Engländers Edmont Leslie entdeckt. Und gleich nebenan, zwanzig Schritte weiter über einen verlockend dunklen Gang, befand sich das Akrobatikstudio Karl Kuhn. Na, bitte, das ist doch ein Abwaschen, dachte ich mir, da studiere ich doch gleich beides zusammen! So geschah es: Ich bildete meine Stepkunst weiter aus und ergänzte sie mit einem herzhaften Schuß Parterreakrobatik. Und das alles zur selben Grammophonmusik.

Die Herren Leslie und Kuhn liehen sich nämlich gegenseitig ihre Schallplatten aus.

Zwei Jahre lang trieb ich ein geradezu fanatisches Intensivtraining, täglich mehr als fünf Stunden. Und am Ende hatte ich mir so viel Perfektion angeturnt, daß ich nun selbst Unterricht geben konnte. Zusammen mit Horst Matthiesen von der Staatsoper mietete ich ein Studio und bildete meine ehemaligen Kollegen vom Corps de Ballet aus. Da wurden Schüler gebimst und Piepen verdient: Zwanzig Reichsmark die Stunde. Fünf davon gingen für die Studiomiete weg, der Rest wurde auf den Kopf gehauen.

Wenn ich heute daran zurückdenke, höre ich's immer noch knattern und schnicken ... SWING! Ja, damals kriegte ich mit, was das ist! Mehr als nur ein Rhythmus ist das, ein fröhlicher Bazillus, ein Lebensgefühl, Fliegen können, compris? Ich meine, Swing hat man plötzlich im Bauch wie Ella den Blues oder meine Freundin Monica ihr Baby, und das kann man doch auch keinem erklären, oder?

Eine wunderbare Zeit war das! Herrliche Jahre mit Frack und Zylinder, schwarzen Strumpfhosen, befreitem Busen und dem Artistenpseudonym EVELYN KING.

Sechzehn war ich damals. Im »Kabarett der Komiker«, das Willi Schaeffers in diesen Jahren am Kudamm betrieb, am Lehniner Platz, wo heute die »Schaubühne« steht, nahm ich an irgendeinem Sonntagvormittag an einem Talentwettbewerb teil. Dabei ertanzte ich mir den Ersten Preis und ein Engagement im »Kadeko«.

Und das war mein berufliches Debüt! Der Start in eine Karriere, die mich zum internationalen Stepstar machte, zu einer Varietékünstlerin der modernen Sorte:

EVELYN
KING

Die Verbindung mit Willi Schaeffers und seinem Sohn Peter, zu dessen Freundesclique ich mich damals zählte, riß nie ab und sollte sich gegen Kriegsende, wie ich noch erzählen werde, auf dramatische Art bewähren.

Zunächst aber mußte mir der Sprung in ein Weltstadt-varieté gelingen! Und da gab es einen Halbgott, der mir weiterhalf, einen Mann, der tatsächlich in der Lage war, die Leiter an den Olymp zu legen. Ich meine den legendären Direktor der »Scala«, Eduard Duisberg, der einige Jahre zuvor auch den seltsamen Hellseher Erik Jan Hanussen berühmt gemacht hatte – weltberühmt, bevor man ihn ermordete.

Daß Duisberg auch ein Freund von Eduard Künneke war, hat meine Entdeckung nicht gefördert, eher schon gefährdet. Duisberg hatte mit meinem Vater auf der Eisentreppe hinter der Scalabühne gesessen und ihm erzählt, daß er eine junge fantastisch moderne *amerikanische* Steptänzerin gesehen habe – Evelyn King.

»Ist sie dünn wie der Alte Fritz?« erkundigte sich mein Vater.

Duisberg nickte.

»Als *ich* noch jung und dünn war, war ich auch modern«, fuhr mein Vater fort und riet dem Direktor dringend von einem Engagement ab. Er kenne diese »amerikanische« Dame, sagte er, und fände es gräßlich, daß sie die Oper verlassen habe, nur um Stepteuse zu werden.

Duisberg engagierte mich daraufhin.

Und dann ging's los: »Scala verrückt!« Es hagelte sofort Applaus.

Das »Amerikanische« an meinem Namen und an meinem Stil gefiel nicht nur Duisberg, sondern auch dem Publikum. Und das in einer Zeit, als die Nazis schon unnachgiebig am Ruder waren und alles »Fremdländische« verdammten. Für einen Mann wie Duisberg aber war das ein Grund, nun erst recht gegenzusteuern. Der sogenannte »amerikanisierte Stil« war für ihn das willkommene Gegenteil von Blut und Boden!

So paradox es vielleicht auch klingen mag: Hollywood hatte volle Häuser im Deutschland der dreißiger Jahre! Außer der berühmten »Broadway Melody«, die mich hochgejagt hatte, gab es eine ganze Latte von hinreißenden US-Filmen: »It Happened One Night«, »San Francisco«, »Meuterei auf der Bounty«, Cole Porters »Born To Dance« und Irving Berlins »Geh'n wir bummeln«. Sogar der »Shanghai Express« mit Marlene Dietrich rollte siegreich durch unser hakenkreuzbeflaggtes Land.

1937 kriegte Eduard Duisberg es sogar fertig, STAN & OLLIE in die Berliner »Scala« zu holen, »Dick und Doof« persönlich! Und der Schweizer Bandleader Teddy Stauffer konnte im selben Jahr bei der Plattenfirma Telefunken an die vierzig Swingtitel aufnehmen, die noch amerikanischer waren als der Kaugummi, der damals bei uns aufkam.

Auf dem Gebiet der Unterhaltung konnte sich also noch allerhand Volksmeinung durchsetzen, und zwar konträr! Da mußten sogar die Nazis zurückstecken.

[...]

II
Swing Boys! Swing Girls!

Aus dem Tagebuch

Ein zwangloser Hot Club Leipzig (HCL) bildete sich an den Blue Monday-Treffen in diversen Wohnungen um das mit der Aufziehkurbel zu bedienende Koffergrammophon. Jeder servierte seine spezielle Schellack Hot Music auf dem Plattenteller. Man hörte, lauschte, palaverte, gestikulierte über das Aktuelle in der Hotszene bei Bier/ English Tea. Mitte der Dreißiger starteten wir zu Berliner Swingeinsätzen mit dem Chrysler, Opel Olympia, DKW ins »Delphi«, »Sherbini Club«, »Femina«, »Ciro«, »Quartier Latin«, »Dorett«. – Kaleidoskopisch strahlten die dreißiger Jahre unsägliche Highlights auf uns alle herab:

1928 August	Central Theater Leipzig, Sam Wooding und seine weltberühmten Chocolate Kiddies
1932 Juli	Palladium London, Louis Armstrong, zum 1. Mal in Europa
1934 Juli	No. 1 Rhythm Club London, Carlo Krahmer, »Tiger Rag«-Special-Collector
1935 Februar	Turin, Louis Armstrong mit Orchestra
1936 Juli	Geyer-Horst Leipzig, Carlo Krahmer, wahboard und Gerry Cane, alto } beide aus London = jam session
1937 Juli	Moulin Rouge Weltausstellung Paris, Le spectacle complet du Cotton Club Show de New York – Teddy Hill & his Cotton Club Orchestra mit John (Dizzy) Gillespie, trp.
1937 August	Palladium London, Teddy Hill Orchestra and Cotton Club Show als Varieté-Akt [Nachtrag]

1938 12. August Mtg.	Hot Evening at Ucko's Wahren – *Es riecht nach Krieg*
14. August Mttw.	*Verdunkelungsübung!*
19. August Mtg.	At Ucko-Wahren, good ol' good ones geplayed
29. August Dtg.	Vier-Mächte-Besprechung: Chamberlain – Daladier – Mussolini – Hitler
3. Oktober Mtg.	At Dreamy-Hot – 23.00 kam Ucko dazu
10. Oktober Mtg.	At Ucko-Wahren
23. Oktober Stg.	At Ucko-Wahren, Dreamy-Hot Abschiedsabend. Er fährt wieder nach Konstantinopel. Der Abend war ein vollends gereifter Höhegipfel!
11. November Frtg.	Meeting bei Youngster Teddie, Hardenberchpiepe. Hots jagten aus dem vollbusigen, aufgehängten Loudspeaker, daß die eingefleischtesten Fans von den Sitzen gerissen wurden. Anschl. Bierkeller (BK), Fleischergasse, Joe knetet das biergeölte Klavier bis zur letzten Saite durch bis 3^{00}. 2^{00} Gratulationscour dem Joe zum 33. Birthday
15. November Dtg.	Gala-Monstre-Swing-Concert & Tobabend mit Orch. Crassos im »Römischen Haus«. Matador Joe im Swing-Dance, Piano-Getrommle & Gackertrumpet. Alle erschlottern von Kopf bis Fuß, rasten über Bohner-Parkett wie zuckende grelle Blitze. Diese Nacht war ein verzücktes Swing-Scherzo. Ende 3^{00} früh!

Hot Club Leipzig 1935, v. u. n. o. Fiddlin' Joe, Hot Ibsen, Hot Geyer, Fats

21. November Mtg.	Meeting bei Teddie mit 19 Swingern. Die Wände wackelten, der Putz bröckelte. Die Garderobe riß aus der Verankerung. Die Goethewohnung glich einem brodelnden Wurstkessel, wüteten in den Tasten, u. a. mit einem out of this world: »St. Louis Blues« – Anschl. Mandeln im BK abgeduscht.
29. November Dtg.	At Teddie mit 2 Swing-Griechen & Hot-Meute. 23^{00} Abmarsch ins 3 Kings. Abschiedsabend der Kapelle Balaban, die gleich 2mal den Tiger & Copenhagen übers Parkett rasen ließ.
5. Dezember Mtg.	»Entmenschter Abend« at Teddie's Goethepapabehausung. Das schlug dem Swing-Faß den Boden aus. Der Kitt knallte aus der Umrahmung. Anschl. Röm. Haus.
10. Dezember Sbd.	Aquarium – 2.30
12. Dezember Mtg.	In der Hardenberchpiepe qualmten wiederum die Socken durch.
19. Dezember Mtg.	Aquarium-Gehocke
20. Dezember Dtg.	Hot-Treffen im BK. Gegen 22 Einzug der Swingsters bei Anagnostopulos (Poststr.). Ein schier unsäglicher Weineevening. Georgie & Joe pochten in die Tasten.

1939 zog herauf!

2. Januar Mtg.	Red Nichols Session at Hot Geyer. Anschl. Ratsherrenstüb'l mit Joe & Rhythmschütter.
8. Januar Stg.	Sonderzugfahrt Berlin: »Femina« Lecuana Cuban Boys. Nightclubfinger dominierte. Ins »Dorett« zu G. Hertzog & jam-band.

Hertzog auf Flügel stehend gebla-
sen. Joe brüllte den »Tiger«-
Chorus. Schütterfürst raufte vor
Wonne das Futter aus dem
Jackett. 22.30 Rückfahrt aus der
Swingmetropole.

9. Januar Mtg. Von Anagnostopulos ins Pavillon
Ende 1939 flog in den GEYER-HORST, LEIPZIG, der vorläufig letzte MELODY MAKER, SWING MUSIC, Wochen-
edition, 25 000 copies per week, –
Kriegsbeginn: 3. September 1939 –

> Fiddlin' JOE = Wehrmacht   } beide bis
> Hot Geyer = LuftNachrichten } Kriegsende

Geheime Staatspolizei
Staatspolizeileitstelle Hamburg
II G 441/41

Hamburg, den 13.11.1940
 Geheime Staatspolizei – Staatspolizeileitstelle Hamburg/B. Nr. II G
 An die Gemeindeverwaltung der Hansestadt Hamburg – Schulverwaltung
 Hamburg Dammtorstraße 25
 … Im Zuge der Ermittlungen gegen staatsfeindlich eingestellte Cliquen innerhalb der sogenannten Swing-Jugend wurde der Schüler
Hans-Joachim Scheel … von Zeugen als Hauptperson der Clique und
als fanatischer Vertreter für deren Belange bezeichnet. Weiter wurde
u. a. behauptet, daß er an verschiedenen Hausfesten teilgenommen
und selbst derartige Hausfeste veranstaltet haben soll.
 Scheel wurde bei einer staatspolitischen Aktion gegen die obenbe-
zeichneten Cliquen am 21.10.40 in Polizeihaft genommen. Die Vernehmung des Scheel hat ergeben, daß er im März 1940 an dem von
der Polizei aufgelösten Tanzabend der Swing-Jugend im Curiohaus
teilgenommen hat, obwohl er damals erst 16½ Jahre alt war. Wegen

der Teilnahme an diesem Tanzabend hat Scheel eine Polizeistrafe von RM. 20.– zahlen müssen. Ferner wurde seine Mutter wegen Verletzung der Aufsichtspflicht mit einer Polizeistrafe von RM. 10.– bedacht.

Scheel hat daraus jedoch keine Lehren gezogen, sondern sich unmittelbar nach diesen Vorfällen einer Clique innerhalb der Swing-Jugend angeschlossen und jede Gelegenheit benutzt, sich mit diesen Jugendlichen zu treffen. Wie sehr er sich zu der Clique hingezogen fühlte, geht daraus hervor, daß er während seiner Ferien nach Timmendorf fuhr, wo er Angehörige der Clique anzutreffen glaubte. Hier hat er sich dann sofort der sogenannten »Jumbo«-Clique angeschlossen, die bereits in Timmendorf eine Zusammenkunft im Café L'Arronge, Dammmtorstraße, verabredete und dort später wegen ungebührlichen Benehmens Hausverbot erhielt.

Nach seinen eigenen Angaben hat Scheel an zwei Hausfesten teilgenommen und auch selbst drei Hausfeste veranstaltet, davon zwei in Abwesenheit seiner Mutter. Sie dauerten bis in die späten Abendstunden. Bei der schriftlichen Einladung zu einer derartigen Veranstaltung am 6. 10. 40 lud Scheel ausdrücklich zu einem »Hot«-Fest ein, um angeblich mehr Anklang zu finden. Bei fast allen Hausfesten wurde Bier und auch Schnaps ausgeschenkt und nach englischer Schallplattenmusik u. a. Swing getanzt. Unsittliche Handlungen sollen bei den Hausfesten, an denen Scheel teilgenommen bzw. die er selbst veranstaltet hat, nicht vorgekommen sein. Allerdings sollen sich die einzelnen Pärchen geküßt haben.

Im schriftlichen Verkehr mit Jugendlichen wird Scheel verschiedentlich mit »Swing-Boy« angeredet und in vielen Fällen ist Post an ihn mit »Swing-Heil« unterzeichnet. … Über die politische Einstellung der Cliquenangehörigen gibt Scheel bei seiner Vernehmung an, daß er sie nicht für staatsfeindlich halte, die Jugendlichen sich jedoch in ihrer persönlichen Freiheit beschränkt fühlen und daher einen Ausgleich suchen. Er selbst bejaht den Staat angeblich und betont, daß er bis zu seiner Festnahme seinen Dienst in der Hitler-Jugend verrichtet hat.

Scheel sieht ein, daß seine bisher gezeigte Haltung den Auffassungen der heutigen Zeit nicht entspricht.

Ob Scheel geeignet ist, weiterhin einer höheren Schule anzugehören, muß der dortigen Haltung überlassen bleiben.

Nicht so – sondern so

Als ich meine Eltern in Old Eimsbüttel besuchte, kam ich durch die Straße Ophagen. Alles Neubauten, gar nicht wiederzuerkennen, wie es einmal aussah, bis auf einige Ausnahmen. Hier wohnte früher Heini Eichelmann, ein Bekannter aus der Berufsschule. Er war ein großer Swingheini und Anhänger von Meg Tevelian und seinem kleinen Tanzorchester. Nebenbei kreuzte er einmal meinen Weg, als ich noch bei Sportmann in der Seilerstraße boxte. Er war ein großer, hagerer, knochiger Kerl, der – wie man sagte – es mehr in den Armen hatte als im Gehirn. Ich habe trotz allem von ihm gelernt, wie man einen trockenen ansatzlosen Punch ausführt. Heini hatte schon oft Schwierigkeiten mit der Streifen-HJ gehabt. Sein Bild hing eines Tages im Schaukasten am Nagelsweg aus, wo der Jungbann 76 von Hamburg seinen Sitz hatte. Man hatte ihm auf dem Foto seine langen Haare ins Gesicht gekämmt. Auf der anderen Seite des Schaukastenbildes war ein HJ-Junge zu sehen mit einem akkuraten kurzen Haarschnitt. Dazu die Untertexte: »Nicht so – sondern so!« Darunter waren noch BDM-Mädchen beim Trachtentanz abgebildet. Heini sagte immer zu mir: »Sollen die uns doch unsere Platten in Ruhe in Parks und am Strand abdaddeln lassen. Wenn die so einen Raspelpony tragen wollen, ist es ihre Sache. Ich trage meine Peitsche« (langer Haarschnitt). Sie schoren ihm eines Tages den Schopf. Er lief eine ganze Zeit mit Baskenmütze herum.

Doch wir rächten uns. Einige dumpfe Aufschläge, ein Aufklatschen in den Isebeckkanal, ein Aufschrei. Es war ganz fair: zwei gegen zwei. Aber der Haß und die Übung machten uns stark. Von der Hansteinbrücke flogen zwei Führer der Streifen-HJ in den Isebeckkanal. Es war eine ganz durchdachte Handlung. Heinis Schellacks hatte man im Kaifu (Kaiser-Friedrich-Ufer-Badeanstalt) kassiert und in seiner Anwesenheit zerschlagen. Ich war an diesem Tag nicht dabei gewesen, erklärte mich aber sofort bereit, seinen Racheplan mit auszuführen.

Dann hauten wir ab aus dieser Gegend. Heini Eichelmann bedankte sich bei mir. »Tut mir leid um deine Platten, Heini!« – »Macht nichts, Gunter. Denk an Hans und Sophie Scholl«, sagte er, als er sich von mir verabschiedete und dann verschwand. Ich konnte damals mit diesen Namen noch nichts anfangen.

In der Berufsschule versuchte ich, ihm, so gut es ging, zu helfen, weil er in einigen Fächern sehr schwach war. Er war nicht dumm, aber manchmal lag es ihm nicht so. »Bemühe dich nicht, es hat keinen Zweck, das geht nicht in meinen Schädel«, sagte er oft. Aber wenn ich bei ihm zu Hause war, und er legte Meg Tevelian auf, dann leuchteten seine Augen, und er war hundertprozentig bei der Sache. Er hatte fast alle Platten, und er vermachte mir eine seiner besten, weil er zwei davon besaß: »Flamingo«. Leider ging sie mir bei unserer Ausbombung verloren. Er selbst bewohnte mit seiner Mutter in Ophagen eine kleine Wohnung. Der Vater war gefallen. Wegen seiner ewigen Differenzen mit der Streifen-HJ bekam er frühzeitig einen Einberufungsbefehl. Dem brauchte er aber nicht mehr zu folgen. Im August 1942, beim großen Bombenangriff, ging sein Wohnhaus in Flammen auf. Nachbarn erzählten später, bei dem Versuch, seine gehbehinderte Mutter zu retten, habe es ihn erwischt. Er allein hätte es immer geschafft.

Verrückte Idee von mir. Am liebsten würde ich neben dem Straßenschild Ophagen eine Pallas-Platte zur Erinnerung aufhängen.

HARRY STEPHENS

aus: Swing bedroht das Dritte Reich

Am Morgen des 3. September fuhr ich zum Luxusappartement meines alten Freundes Hrand Boudaghian. Er war Präsident der Iranischen Handelskammer und zudem ein reicher Geschäftsmann, der sich für verschiedene europäische Länder interessierte. Während eines späten Frühstücks hörten wir in den BBC-Nachrichten die Ansprache des Premierministers Chamberlain, die keinen Zweifel daran ließ, daß sich England im Krieg mit Deutschland befand. Für die meisten von uns war das ein Schock, denn wir hatten dem Wunschdenken nachgegeben, noch einmal so eine politische Meldung wie den 1938er »Peace in our Time«-Schnitzer zu erleben. Doch der Krieg war plötzlich Wirklichkeit. Als Eigentümer eines britischen Passes fühlte ich mich in der Falle, aber Hrand erklärte mir, daß 1914 alle feindlichen Ausländer 72 Stunden Zeit hatten, das Land zu verlassen. Wir klammerten uns also an die Hoffnung, die Nazis würden ähnlich vornehm mit solchen Ausländern umspringen. So planten wir an diesem schicksalhaften Morgen, daß ich den nächstmöglichen Zug nach Kopenhagen nehmen sollte, wo Hrand über Geld verfügte.

Ich packte eine große Tasche, traf ein paar Verabredungen auf den letzten Drücker und reservierte mir einen Platz für den Nachtzug nach Kopenhagen. Der Zug erreichte die Grenzstadt Flensburg gegen Mitternacht. Er war voll von amerikanischen Touristen, die über Dänemark nach Hause fuhren. Ich war der einzige britische Reisende, und bei der Paßkontrolle wurde ich höflich gebeten, in eine Richtung zu gehen, welche, das brauche ich wohl nicht zu erwähnen, die falsche war. Ein Einwanderungsoffizier fuhr mich mit dem Auto zum örtlichen Gefängnis und erklärte mir, daß die Gestapo sich morgen früh gern mit mir unterhalten würde, um herauszufinden, ob sie mich meine Reise fortsetzen lassen könne. Als sich die Zellentür hinter mir schloß, in dieser ersten Nacht des zweiten Weltkrieges, brach alles in mir zusammen. Ich hatte damals aber überhaupt keine Vorstellung vom Ausmaß der Veränderungen, der Dramen und Leiden, die der Krieg meinem zukünftigen Leben und dem meiner Familie, Verwandten und Freunden, den Swings, bringen sollte. Nicht in unseren wildesten Vorstellungen hätten wir die außergewöhnlichen Begebenheiten der nächsten drei Jahre voraussagen können.

Am ersten Tag des Krieges, der 5 Jahre und 8 Monate dauern sollte, bekam ich eine erste Ahnung von der düstersten Seite Nazideutschlands. Die gefürchtete Geheime Staatspolizei, besser bekannt als Gestapo, war verantwortlich für beinahe alles, was das Land vom Rest der westlichen Zivilisation während dieser fragwürdigen Jahre unterschied. Es war Montag, der 4. September, als ich zwei Offizieren der Gestapo in ihrem Flensburger Hauptquartier gegenübergestellt wurde. Zu meiner anhaltenden Verwunderung waren sie höflich und entschuldigten sich sogar für meine Inhaftierung. Sie boten mir eine Zigarette an, die ich ablehnte, und stellten mir einige Fragen über meine Reise nach Kopenhagen. Es waren angemessene Fragen, weil der Krieg erklärt war und ich in Aktivitäten des britischen Geheimdienstes hätte verstrickt sein können. Es wurde festgestellt, daß ich der einzige britische Bürger war, der versucht hatte, das Land an diesem Tag zu verlassen. Dabei gab es ungefähr 300 Briten, die am 3. September in Deutschland weilten oder es bereisten, aber keiner von ihnen hatte Gleiches versucht. Ich weiß das, weil dann jeder von ihnen aus politischen Gründen verhaftet worden wäre und ich sie später hätte treffen müssen.

Während die Gestapo ihre Nachforschungen über meine Zeit in Hamburg anstellte, verblieb ich in Flensburg im Gefängnis. Zwei Monate wartete ich dort auf eine Entscheidung, bis ich schließlich von denselben zwei Offizieren, allerdings viel weniger höflich, informiert wurde, daß die Gestapo in Hamburg entschieden hätte, mich in ein Internierungslager für britische Staatsbürger auf der Wülzburg, einem alten, mit Mauern umgebenen Schloß südlich von Nürnberg, zu schicken. [...]

Der Sommer 1940 war für uns ereignislos. Wir konnten die BBC nicht empfangen und hatten auch keine Experten im Lager, die uns einen Empfänger aus eingetauschten Teilen hätten bauen können, wie es im späteren Verlauf des Krieges häufig der Fall war. Das nötige Zubehör wäre gegen Tee, Kaffee und Schokolade von deutschen Soldaten zu bekommen gewesen. Wir mußten uns also mit den deutschen Nachrichten begnügen, welche voraussagbar waren und jeden Tag die Berichte über die Verwüstung von London und Südengland wiederholten.

Gegen Ende Oktober wurde ich in das Büro des Unteroffiziers gerufen, und zu meinem Erstaunen wurde mir mitgeteilt, daß ich nach Hamburg zurückkehren könne, mich allerdings zweimal wöchentlich bei der örtlichen Polizei zu melden hätte. Im Falle der Nichteinhaltung dieser Bedingung würde ich umgehend wieder in das Internierungslager eingeliefert werden. Ich konnte mein Glück kaum fassen und wußte zu dieser Zeit noch nicht, daß ich besser geblieben wäre, wo ich war!

Ich kehrte also zurück zu meinen Geschäften, und Hamburg war aufregend wie immer; ob nun Krieg war oder nicht, das Alltagsleben beeinflußte er nur unmerklich. In der zweiten Nacht nach meiner Rückkehr ging ich mit meiner Freundin aus der Nacht zuvor ins »Tarantella«, um sie für die Erneuerung meines Glaubens ans andere Geschlecht zu belohnen. Es war eine entzückende Nacht in meinem alten Stammlokal; wir aßen einen großen Hummersalat, dem folgte »Baked Alaska«, mein Lieblingsnachtisch, und mit einer Flasche Dom Perignon spülten wir nach. Es war wie in guten alten Zeiten, das Quintett spielte einige meiner Favoriten aus den Dreißigern, wie z. B. »Organgrinder Swing«, »Harlem«, »Goody Goody« und »Flat Foot Floogy«. Wären die jungen Swings dagewesen, hätten sie ein Fest feiern können. So kam es, daß wir im Beisein einer Handvoll älterer Swings, die regelmäßig im »Tarantella« zu finden waren, meine Rückkehr aus dem Exil im Stil, den ich gewöhnt war, feierten. Es war ein toller Tag, oder eher eine tolle Nacht, und ich hatte das Gefühl, daß eine neue Zeit anbrach, möglicherweise weil der Krieg sich erhitzte und letztendlich keiner von uns unberührt blieb.

Nun beginnt eine nichterzählte Geschichte des zweiten Weltkrieges, doch es ist keine Geschichte über Heldentum und Eroberung, über Angriffe und Sabotage, obwohl einige Leser, was Heldentum angeht, anderer Meinung sein mögen. Entscheiden Sie selbst!

Die Sache fing an, als ich auf einer Feierlichkeit der Senior-Swings eine intelligente junge Frau traf, die sich mir als freie Journalistin vorstellte. Ihr Name war Inga Bicker, und sie behauptete, mit einem jungen britischen Offizier aus den Truppen Ihrer Majestät, zu dem sie seit Kriegsbeginn den Kontakt verloren hatte, verlobt zu sein. Sie haßte die Nazis und war, soweit ich wußte, ein Neueinsteiger in den Reihen der Senior-Swings. Es war immer sehr anregend, mit ihr zu plaudern, und eines Tages fragte sie mich bei einem Essen auf einer Privatparty, wie meine Pläne aussähen, nachdem ich nun aus dem Internierungslager entlassen sei. Ob ich plante, Deutschland über die Schweiz nach England zu verlassen? Ich erklärte ihr, daß ich nichts lieber täte, mich aber das Risiko, von den Schweizern interniert zu werden, eher abschreckte. Sie stimmte mir, das Risiko betreffend, zu und begann, mich in ihre Pläne einzuweihen. Sie hatte vorzügliche Verbindungen zu ein paar Offizieren der »Abwehr«. Inga erklärte, daß diese Offiziere das Naziregime verachten und unter gewissen Umständen sehr hilfreich sein könnten. Sie meinte, wenn jemand erfolgreich von der »Abwehr« rekrutiert worden sei, könne er die »Abwehr« benutzen, um auf leichtem Wege das Land zu verlassen. Ich fand, das sei eine sehr interessante Idee, über die ich nachdenken würde. Die Vorstellung, Deutschland bequem und relativ sicher verlassen zu können, sagte mir sehr zu und verlangte ernsthafte Erwägung.

In den Wochen, bevor ich Inga Bicker traf, hatte ich das Glück, unter den Senior-Swings einige neue Freunde zu finden. Ein intelligenter Jurastudent machte mich mit seinem Freund Askari Darroudi, einem jungen iranischen Geschäftsmann aus einer reichen Familie, bekannt. Wolfgang Stolzenburg, der Jurastudent, und ich kamen regelmäßig in Darroudis Luxusappartement zum Essen zusammen; wir hörten Jazzplatten und schütteten unsere von Ekel erfüllten Herzen über alles aus, was mit Nazideutschland zu tun hatte. Stolzenburg fragte mich, ob es möglich wäre, ihn später der »Abwehr« zu empfehlen, denn er war ernsthaft besorgt, möglicherweise zum Kriegsdienst eingezogen zu werden. Er hoffte, daß ihn die Rekrutierung bei der »Abwehr« vor dem Schlimmsten, dem Kampf unter dem Hakenkreuz, bewahren würde. Ich versicherte ihm, zu tun, was ich könne, wenn ich erst selbst angenommen sein würde, was noch keineswegs sicher war.

Am folgenden Tag traf ich Inga zum Essen im »Vier Jahreszeiten«, wo die Kost gut war wie immer, und sagte ihr, daß ich interessiert wäre, ihren Bekannten von der »Abwehr« kennenzulernen. Bevor ich tiefer ins Reich der internationalen Geheimdienstaktivitäten und -intrigen eintauche, will ich für einen Moment zum Leben der jungen Swings im Kriegsdeutschland zurückkehren. Nach der Entlassung wurde mir schnell klar, daß die Swingbewegung weit davon entfernt war, sich aufzulösen, wie man unter den neuen Bedingungen vielleicht vermutet hätte; sie war im Gegenteil noch aktiver und auffälliger geworden.

Diesen jungen Leuten gefiel es mehr als je zuvor, sich auf ihre besondere Art zu kleiden, ihre unmilitärischen Haarschnitte zur Schau zu stellen und den Jungfernstieg rauf und runter zu flanieren, zum Hohn der »Nazis im Krieg« mit ihren Uniformen, Militärkapellen und Liedern über »Bomben auf Engeland«. Um die Sache auf die

Spitze zu treiben, organisierte mein alter Freund John Ritt-
scher auch noch ein großes Swingfestival im Curio-Haus,
einem großen Tanzsaal, das – wen überrascht's – mit Verhaftungen und Verhören durch die Gestapo endete. Zum
erstenmal griffen die Behörden ein, obwohl es in diesem
Stadium eine lokale Angelegenheit blieb, die die Alarmglocken in Berlin noch nicht läuten ließ. Trotzdem: der
Vorfall im Curio-Haus war die Wasserscheide im Leben der
Hamburger Swings, und es war eine glückliche Fügung,
daß ich bei der Veranstaltung nicht dabeisein konnte, sonst
wäre ich als Besitzer eines britischen Passes ganz sicher in
Schwierigkeiten geraten. Ich hatte jetzt andere und wich-
tigere Dinge zu erledigen, war aber unter den jungen
Swings anerkannt. Ich besuchte einige ihrer Privatparties,
welche die große Öffentlichkeit des Curio-Haus-Festivals
mieden. Auf diese Art ging ich nur ein geringes Risiko ein,
zumindest dachte ich das zu dieser Zeit. Einige Wochen
später bekam ich einen Anruf von einem Herrn, der sich
als Dr. Bensmann vorstellte und mich ins Hotel Vier Jahreszeiten zum Essen einlud. Wir sollten uns um 12.30 Uhr
in der Lobby treffen; er behauptete, er würde mich ohne
größere Schwierigkeiten erkennen. Und wirklich: als ich
die mir vertraute Lobby betrat, erhob sich ein gutgekleide-
ter Herr aus einem antiken Sessel, kam ohne zu zögern auf
mich zu und stellte sich vor. Ich war erfreut und erleichtert, einen sichtlich kulturvollen Menschen zu treffen, und
wir hatten eine angeregte Konversation bei einem Drink,
bevor wir aßen. Hauptsächlich unterhielten wir uns über
dieses erstklassige Hotel, seine Möbel und Bilder und
natürlich über die gute Küche und die vorzüglichen
Weine. Nach dem Essen, wir hatten geräucherten Lachs,
wandten wir uns dem Geschäftlichen zu.

Dr. Bensmann war Marineoffizier in Bremen. Er hatte
bereits während des ersten Weltkrieges zum deutschen
Geheimdienst gehört und wurde mit Kriegsbeginn zur
»Abwehr geholt«. Im Zivilleben war er ein reicher Geschäftsmann in der Ölindustrie. Wir fanden mehr Ge-
meinsamkeiten, als ich ihm erzählte, daß mein Vater Di-

rektor und Teilhaber der Leopold Engelhard Zigarettenfabrik in Bremen war und ich an einer von Bremens besten Adressen, Osterdeich 140, geboren wurde, von wo
aus man auf die Weser schauen konnte. Er wiederum behauptete, sich entsinnen zu können, meinen Vater in den
zwanziger Jahren getroffen zu haben, was uns, egal ob
es stimmte, einander näherbrachte. Er wußte alles über
meine Swingverbindungen, meine anglophilen Beziehungen und meine Sicht auf die Nazihierarchie. Zu meinem Erstaunen machte er mir schon bei diesem ersten
Treffen klar, daß er keine hohe Meinung von der gegen-
wärtigen Regierung und der Nazipartei habe und sich
eher seine Hand abhacken lassen würde, als sie zum
Hitlergruß zu erheben. Wie ich noch herausfinden sollte,
war das nicht ungewöhnlich für »Abwehr«-Offiziere. Bei
unserem ersten Treffen hatte Inga mir ähnliches erzählt.
Während unseres Gesprächs schoß mir durch den Kopf,
daß Inga Dr. Bensmann über meine politische Haltung informiert haben mußte, denn aus Polizeiakten kann er sein
Wissen nicht bezogen haben, sonst hätte man mich wohl
kaum aus dem Internierungslager entlassen. Es war etwas
verwirrend, und ich muß ergänzen, daß Dr. Bensmann,
übrigens Jurist, nicht Mediziner, an anderer Stelle klar-
machte, ein guter deutscher Patriot zu sein, die man-
gelnde Sympathie für die Nazis tat dem auch keinen Abbruch. Für mich bedeutete das, mich zunächst vorsichtig
zu verhalten und abzuwägen, was ich sagte und wie ich
reagierte. Das gemeinsame Essen war nichts weiter als ein
Vorstellungsgespräch, und es würde noch einiges passieren müssen, bevor eine Entscheidung fiel. Bei Erfolg
würde ich mit der »Abwehr«-Einheit 1 zu tun haben, die
auf aktive Spionage spezialisiert war. »Abwehr«-Einheit 2
kümmerte sich um Sabotage und Einheit 3 um feindliche
Geheimdienste. Mit anderen Worten: Sollte ich akzeptiert
werden, würde ich aus dem Land geschickt, möglicherweise mit einem Sender, genau so, wie Inga und ich es be-
sprochen hatten. Soweit lief alles nach Plan. Ich war mehr
als zufrieden mit Dr. Bensmanns freundlicher und sympa-

thischer Annäherung und war erleichtert nach meiner ersten Begegnung mit einer Welt, über die ich überhaupt nichts wußte. Als wir uns schließlich trennten, warnte er mich, daß es einige Wochen dauern könnte, bis ich wieder von ihm hörte, denn in Fällen wie meinem müsse er natürlich seine Vorgesetzten konsultieren. Er ahnte nicht, daß ich meine Leute ebenso konsultieren würde.

Falls der Leser den Eindruck bekommt, daß Hamburg während des Krieges eine Stadt voller Oberflächlichkeit, Frivolität und Unbekümmertheit vor einem Hintergrund aus Tod, Zerstörung und Leiden war, ist das nur ein sehr ungenaues Bild. Wenn solches in Grenzen existierte, so nur, weil die Stadt bisher von schweren Bombardements und anderen Auswirkungen des Krieges verschont geblieben war. Das Klima des Zusammenlebens war eher mit schwarzer Magie zu vergleichen als mit Glück und Lebendigkeit.

Für mich war es eine bisher unbekannte Erfahrung, auf die ich gut hätte verzichten können, obwohl ich gestehen muß, daß die Zeit auch interessant und auf unbeschreibliche Art erheiternd war. In Situationen wie dieser ist es schwierig, die tieferen Gefühle genau zu analysieren, und ich kann nur hoffen, mir wird vergeben, wenn es mir manchmal nicht gelingt, die komplizierte und leicht mißverständliche Atmosphäre Hamburgs im ersten halben Jahr des Krieges darzustellen.

Um es noch einmal zu sagen: Die Swings, jung und alt, spielten eine entscheidende und schillernde Rolle bei den karnevalistischen Untertönen Hamburgs in dieser Zeit. Sie brachten Kleidung und Musik ein, und sie forderten die aufgezwungene Bevorzugung von feldgrauen Uniformen heraus durch ihre unmilitärischen Paraden am Jungfernstieg, wo sie swingten, statt im Gänsemarsch zu gehen, ein in der Tat sehr gefährlicher Rhythmus.

Als ich in den kommenden Monaten mit meinem »Eden-Hut« und einem ordentlich zusammengerollten Regenschirm die berühmte Promenade entlangging, bemerkte einmal jemand, das sei, als wenn ein deutscher SS-Offizier mitten im Krieg in voller Uniform den Piccadilly runterliefe.

Im nachhinein scheint es mir, daß wir Swings einiges aufs Spiel setzten. Ich bin nicht sicher, was meine Swingfreunde getrieben hat, diese Götter herauszufordern, sie hätten es eigentlich besser wissen müssen. In meinem Fall denke ich, daß ich durch das Treffen mit Dr. Bensmann ermutigt gewesen sein muß und instinktiv geglaubt habe, irgendwie durch ihn und seine Vorgesetzten geschützt zu sein, wenn etwas schiefgehen sollte.

Während ich darauf wartete, von der »Abwehr« zu hören, nahmen die verschiedenen Formen der Unterhaltung in Hamburg eher zu als ab. Auf einer der vielen Parties traf ich einen 16jährigen Swing, Harry Meyen, dessen Vater, Willy Meyen, eine große Revue im Stile der Ziegfeld Follies im Flora-Theater leitete. Die Revue hatte in der »Scala« in Berlin begonnen und reiste nun durchs Land. Harry lud mich ein, mit ihm die erste Vorstellung zu besuchen, und ich sagte erfreut zu. Während der Pause nahm Harry mich mit hinter die Bühne, um mich seinem Vater und natürlich den Mädchen vorzustellen. Erstaunliche Schönheiten, alle mit dem typischen Berliner Akzent, der in mir Vorkriegserinnerungen an diese aufregende Stadt auslöste. Nach der Show lud Harry vier der Mädchen zu einem Drink in mein Appartement ein. Die Vorstellung war um 23 Uhr beendet, und ich rief noch zwei Freunde, darunter auch Wolfgang Stolzenburg, meinen »committee«-Kumpel, an, damit wir uns um Mitternacht bei mir träfen. So wurde unsere eigene Bühne für eine erinnerungswürdige Kriegsparty hergerichtet, die nicht nur bis zum Morgengrauen, sondern die nächsten zwei Wochen andauerte, so lange, wie die Show in der Stadt war. Ich denke, man wird mir verzeihen, daß ich dieses zweiwöchige Festival der Schönheit nicht im Detail beschreibe, außer daß ich noch bemerken möchte, daß die Zahl der Besucher jede Nacht wuchs. In den kommenden Monaten traf ich Harry Meyen öfter auf Partyrunden, die andauerten, auch nachdem unsere Berlinschönheiten bereits abgereist waren. Damals wußte ich noch nicht, daß Harry eines Tages selbst ein berühmter Theaterregisseur und der Mann von Romy Schneider werden sollte. Es sah aus, als wenn es Harry schon in jungen Jahren vorbestimmt war, von schönen Frauen umgeben zu sein.

Als das auf ausländische Filme spezialisierte Kino Hamburgs war das »Waterloo« zweifellos der Favorit der Swings. Obgleich während des Krieges keine britischen Filme gezeigt werden durften, liefen doch weiterhin ausländische, sogar ein paar amerikanische, wenn ich mich richtig erinnere. Als ich eines Tages ins »Waterloo« ging, war ich überrascht, von Axel Springer zum Platz begleitet zu werden. Seit den guten alten Tagen im »Tarantella« hatte ich ihn nicht gesehen, und er erzählte mir, daß er den Filmprojektor bediene und aushelfe, wo er nur könne, um das »Waterloo« während des Krieges am Leben zu halten. Er hatte großes Glück gehabt, daß er aus Gesundheitsgründen nicht eingezogen worden war, nun genoß er in Hamburg als ungebundener Seniorswing das Leben, so gut es ging. Im Gegensatz zu uns jüngeren, tollkühnen Swings bevorzugte er weniger provokante Aktivitäten, unsere, so hatte er erkannt, provozierten Ärger. Es wird gesagt, daß Axel Springer nach dem Krieg einmal zu seinen geringen Anti-Nazi-Aktivitäten bemerkt habe, er sei nicht zum Helden geboren. Ich bin mehr oder weniger überzeugt, daß auch die meisten anderen Swings nicht zu Helden geboren waren, nur waren einige eben vorsichtiger als andere.

Die jüngeren Swings trafen sich jetzt an der Dammtor-Haltestelle im eleganten Teil des Stadtzentrums, unweit vom »Tarantella« und nur einen Steinwurf von ihrem beliebten Eislauffeld im Park »Planten und Blomen« entfernt. Die Bahnhalle ersetzte »Tante Lo«, vor allem wegen ihrer zentralen Lage und Nähe zum Eislauffeld. Das »Condi« und das Café L'Arronge waren immer noch Favoriten unter Swings aller Altersklassen, die etwas älteren hingegen zogen sich mehr und mehr auf private Parties zurück, wo sie unbeobachtet waren und mehr Spaß hatten. Sie trafen sich oft im Alsterpavillon, dem »Tarantella« oder dem »Vier-Jahreszeiten-Keller«, wenn es bereits spät in der Nacht war, und machten dann auf ihren Parties weiter.

Das Leben ging also weiter während des Krieges, manchmal in der überraschendsten und unerwartetsten Form. Wenn irgend etwas von dem Geschilderten in den BBC-Nachrichten gemeldet worden wäre – vorausgesetzt, die BBC hätte diese Informationen gehabt –, die Menschen hätten es nicht geglaubt. [...]

Es ist kein Geheimnis, daß im September 1941 eine beträchtliche Zahl von Swings verhaftet und nach Fuhlsbüttel geschickt wurde. Ich war unter ihnen und brauche wohl nicht zu betonen, daß ich am Boden zerschmettert, aber irgendwie auch überrascht war. Wo waren Dr. Bensmann und sein »großer weißer Vater« in Bremen oder Berlin? Zugegebenermaßen hatte ich seit unserem Gespräch vor ein paar Monaten nichts von ihm gehört, aber mir war versichert worden, daß diese Art von Verspätung unter diesen Umständen ganz normal wäre. Nun hatte sich mit meiner Inhaftierung alles schnell und dramatisch verändert, und für mich konnte das nur eins bedeuten: Ich war mit meinem Plan, die »Abwehr« für meine eigenen Zwecke zu nutzen, gescheitert. Mir war klar, daß ich mich auf dem Weg zurück in ein Internierungslager oder Schlimmeres befand. Als feindlicher Ausländer konnte ich kaum etwas anderes erwarten, zumal ich jetzt als »auf der politisch falschen Seite stehend« identifiziert worden war, und das in einem Land, in dem die Hamburger Swings als Bedrohung von Sicherheit und politischer Stabilität galten, wie furchtbar das auch klingen mag.

Bevor ich meine Gedanken ordnen konnte, fand ich mich in einer Zelle wieder. Gemeinsam mit einem anderen Gefangenen, der mit der Swingbewegung nichts zu tun hatte, wartete ich die weitere Entwicklung ab. Nach zwei oder drei Tagen wurde ich zu einem kurzen Verhör ins Stadthaus gebracht, einem Bürohaus, welches der Gestapo als Basis im Hamburger Raum diente. Man fragte mich, ob ich ein Mitglied der Swings sei, und ich erwiderte wahrheitsgemäß, daß es eine solche Organisation gar nicht gäbe, gestand aber, daß ich viele Freunde unter den Hamburger Swings hatte. Dann fragte ich nach dem Grund meiner Inhaftierung und erfuhr, daß mein Name an verschiedenen Stellen in Verbindung mit Swing gefallen wäre und daß man mich für einen der Rädelsführer hielte. Allerdings räumte die Gestapo ein, daß in diesem Kontext nichts Spezifisches über mich bekannt wäre und daß sie andere Gefangene über mich befragen wollten, bevor sie sich eine Meinung bildeten. Wie bei meinen ersten Gestapoverhören 1939 in Flensburg waren meine Befrager bemerkenswert höflich und behandelten mich eher wie einen Gefangenen einer finsteren politischen Macht. Ich wurde dann nach Fuhlsbüttel gebracht, wo ich zwei weitere Monate ohne irgendwelche Verhöre verbrachte. Während dieser Periode hatte ich keinen Kontakt mit anderen Swings, wir wurden bewußt getrennt gehalten. Obgleich das eine Zeit voller Ängste war, verlief sie doch relativ ereignislos.

Gegen Ende Oktober wurde ich noch einmal zum Stadthaus gebracht, allerdings trug ich dieses Mal meine eigenen Sachen, was bedeutete, daß ich wohl nicht nach Fuhlsbüttel zurückkehren würde und statt dessen erneut Internierung oder gar Konzentrationslager zu erwarten hatte. Ich war sehr nervös und konnte die Entscheidung kaum erwarten, denn die Art des Lagers entschied über Leben und Tod.

Im Stadthaus angekommen, wurde ich ins Wartezimmer gebracht, wo sich die Gefangenen gewöhnlich vor und nach Verhören aufhielten. Ungefähr zwei Stunden später holte mich jemand ab und brachte mich zu einem Büro, das ich vorher noch nicht gesehen hatte. Ich wurde einem älteren Offizier vorgestellt, den ich nicht kannte, und während ich vor seinem Schreibtisch stand, murmelte er etwas wie »Swings wären eine Schande fürs Dritte Reich« und daß ich unterschreiben müsse, in Zukunft nicht auf irgendeine Art mit der sogenannten Swingjugend Umgang zu haben. Nachdem ich dieses bedeutende Dokument unterzeichnet hatte, knurrte er mich an, daß ich entlassen sei. Ich konnte mein Glück nicht begreifen, konnte kaum glauben, daß ich, ein feindlicher Ausländer, zum zweitenmal mitten im Krieg entlassen worden war.

Ich verließ das Stadthaus durch den Haupteingang, ging die Große Bleichen entlang und genoß die frische Oktoberluft, genau wie im Jahr zuvor, als ich aus dem Internierungslager kam. Ich war auf dem Weg nach Hause, um, Krieg oder nicht, dort weiterzumachen, wo ich vor 8 Wochen unterbrochen worden war. Wieder einmal schmeckte das Leben süß: ich war FREI und LEBENDIG! Sehr lebendig sogar. Auf dem Wege in meine Junggesellenbude dachte ich ständig über mein unerwartetes Glück nach. Warum war ich entlassen worden? Hatte Dr. Bensmann etwas damit zu tun? Wieder zu Hause, erledigte ich ein paar Anrufe und fand schnell heraus, daß alle Swings, die man im September verhaftet hatte, innerhalb der letzten Tage, nachdem sie dasselbe Papier wie ich unterzeichnet hatten, auf freien Fuß gesetzt worden waren.

Aus dem Englischen von Stefan Maelck

K.-Inspekteur des HJ-Streifendienstes.
Hamburg, 8. 2. 1940

NSDAP. Hitler-Jugend; Gebiet Hamburg
K.-Inspekteur des HJ-Streifendienstes.
Hamburg, am 8. 2. 1940
An den Führer des Gebietes Hamburg; Gebietsführer Kohlmeyer
Hamburg, Nagelsweg 10
Betrifft: Eine am 3. 2. 1940 im Kaiserhof in Altona durchgeführte Streife

Auf Grund einer durch die Gebietsführung an die Geheime Staatspolizei gemachten Meldung wurde am Sonnabend, dem 3. 2. 1940, im Kaiserhof in Altona eine Streife in Zivil durchgeführt, bestehend aus dem Pg. [Parteigenosse, d. Verf.] Schnitzler von der Gestapo, dem Geff [Gefolgschaftsführer, d. Verf.] Wöhnert und mir. Um 20 Uhr 15 waren wir im Kaiserhof und begaben uns zum Fest des Post- und Reichsbahnsportvereins, da hier auf Grund von einem Jg. gemachten Meldung »das Treffen der Hamburger Swing-Jugend« stattfinden sollte. Während der bis 23 Uhr dauernden sportlichen Vorführungen wurden jedoch keinerlei Anzeichen dafür festgestellt, daß hier nach den Vorführungen obiges Treffen stattfinden sollte, zumal der Saal größtenteils von älteren Personen angefüllt war. So wurde auch beim anschließenden Tanz keine Person gesehen, die nicht ordentlich tanzte.

Nach diesen Feststellungen verließen wir den Raum. Hierbei fiel uns eine Glastür auf, die verschlossen war, hinter der aber Schatten von Personen zu sehen waren, woraus man schließen konnte, daß dort noch eine Veranstaltung stattfand. Nach etwas Suchen gelangten wir dann durch die Garderoben in diesen Raum.

Der Anblick, der sich uns hier offenbarte, war ein erschütternder. Es waren ca. 500 Personen anwesend, wovon nicht eine einzige über 22 oder 23 Jahre alt gewesen sein mag. Auf dem Flügel der Kapelle sah ich bei meinem Eintritt ein Schild mit der Aufschrift: »Swing erbeten!«. Ein vor »Erbeten« stehendes Kreuz ließ darauf schließen, daß das Schild einmal »Swing verbeten« hieß. Nach 5 Minuten wurde das Schild entfernt, da sich inzwischen im ganzen Raum herumgesprochen hatte, daß jemand von der Gestapo anwesend sei. Der Anblick der etwa 300 tanzenden Personen war verheerend. Kein Paar tanzte so, daß man das Tanzen noch als einigermaßen normal bezeichnen konnte. Es wurde in übelster und vollendetster Form geswingt. Teilweise tanzten zwei Jünglinge mit einem Mädel, teilweise bildeten mehrere Paare einen Kreis, wobei man sich einhakte und in dieser Weise dann weiter gehüpft wurde. Viele Paare hüpften so, indem sie sich an den Händen anfaßten und dann in gebückter Stellung, den Oberkörper schlaff nach unten hängend, die langen Haare wild im Gesicht, halb in den Knien mit den Beinen herumschleuderten. Bei manchen konnte man ernsthaft an deren Geisteszustand zweifeln, derartige Szenen spielten sich auf der Swingfläche ab. In Hysterie geratene Neger bei Kriegstänzen sind mit dem zu vergleichen, was sich dort abspielte. Als von der Kapelle einmal eine Rumba gespielt wurde, geriet die ganze Tanzfläche in eine wilde Ekstase. Alles sprang wild umher und lallte irgendeinen englischen Refrain mit. Bezeichnend ist, daß fast ausschließlich ausländische Tanzmusik gespielt wurde. Durch das Mikrofon wurde von dem »Kapellmeister«, der ebenfalls höchstens 21 Jahre alt ist und einen regelrechten Bubikopf trägt, oder von einer Chanson-Sängerin nur englisch gesungen.

Obwohl, wie schon erwähnt, sich innerhalb weniger Minuten herumgesprochen hatte, daß die Gestapo anwesend war, wurde hiervon kaum Kenntnis genommen. Hieraus kann man ersehen, wie frech und sicher sich diese Elemente fühlen. Es wurde in tollster Weise weiter geswingt. Auch als einer der Veranstalter, der ca. 18 Jahre alt ist, von Pg. Schnitzler eindringlich aufgefordert wurde, hiergegen einzuschreiten und auch wiederholt darauf einige ermahnte, wurde sich hierum ebenfalls nicht gekümmert.

Der äußerliche Eindruck, den sämtliche anwesenden männlichen Personen machten, war denkbar schlecht. Es waren ausschließlich vollendete »Tangoboys« anwesend mit dem berüchtigten langen Haarschnitt. Von einigen jungen Leuten wurde ein Bubikopf getragen, der an der Seite allerdings nach hinten zurückgekämmt wurde. Während des Swings wurden die Haare dann nach vorn geworfen, so daß sie ins Gesicht hingen. Es wurden keine Zeichen der Gliederungen getragen, dagegen diverse Abzeichen von Clubs und Vereinen. Für die charakterliche Bewertung der Anwesenden ist typisch, daß englische Musik mit englischem Gesang gespielt wurde, wo unsere Soldaten gegen England im Felde stehen. Es wurde sich vorwiegend auf englisch, manchmal auch französisch unterhalten. Wie schon erwähnt, war keine der anwesenden 500 Personen über 23 Jahre alt, der weitaus größte Teil wird den Jahrgängen 22 und 23 angehört haben, wie auf Grund vorgenommener Stichproben festgestellt wurde. Es wurden von mir lediglich 3 Angehörige der HJ festgestellt, wovon einer von dem Fest des Post- und Reichsbahnsportvereins herübergekommen war, und zwei Angehörige des Jahrgangs 1924, die von Lehrkollegen dorthin mitgebracht worden waren. Getanzt haben diese drei nicht. Überhaupt fielen sie schon auf, da sie einen einigermaßen ordentlichen Haarschnitt trugen. Ich zog sie auch auf Grund ihres äußeren Erscheinungsbildes auf, da sie überhaupt nicht in diese Clique hineinzupassen schienen. Wie die übrigen jungen Leute alle aussahen, mag schon die Tatsache zeigen, daß ich kurz nach meinem Eintritt hörte, wie jemand eine Gruppe warnte: »Vor-

Verbotsschild der Reichskulturkammer

sicht, Gestapo und Gebiets-Streifendienst sind da. Erkennt ihr sofort, sehen typisch aus, kurzer Haarschnitt.«

Unter den Anwesenden waren mehrere Ausländer; so wurde von mir ein italienischer Staatsbürger festgestellt, Jahrgang 24, der in widerlichster Form geswingt hatte, sich jedoch durch keinerlei Ausweise legitimieren konnte.

Es wurde ein Eintrittsgeld von RM 74.– erhoben. Während des Abends wurde für die Kapelle gesammelt. An einen großen Teil der Anwesenden sind Einladungskarten ergangen, wovon ich eine beifüge. Diese Tatsache, und daß dieses nicht der erste »Lustige Abend« war, lassen vermuten, daß irgendeine Organisation dahintersteckt.

Die anwesenden weiblichen Personen waren dementsprechend. Welchen Eindruck dieser gesamte Laden machte, mag auch daraus hervorgehen, daß ein anwesender SS-Mann von der Waffen-SS mir sagte: »Ich staune nur, ich muß morgen wieder nach Prag, aber was ich hier gesehen habe, werde ich so leicht nicht vergessen können. Traurig, daß es heute so etwas in der Heimat gibt.«

Der Geff. Wöhnert mußte bereits gegen 24 Uhr gehen, um seinen letzten Zug noch zu erreichen. Ich selbst blieb mit Pg. Schnitzler bis

1 Uhr 30 dort. Als wir in die Straßenbahn stiegen, um nach Hause zu fahren, war diese gefüllt mit Personen, die auch von dieser Veranstaltung kamen. Es herrschte hier ein tolles Geschrei. Die Weiber saßen auf den Schößen der Jünglinge und es wurde sich englisch unterhalten. Dort sah ich auch einen Jüngling, der nach englischer Mode einen gedrehten Regenschirm bei sich trug. (Bei 15 Gr. Kälte).

Es ist wirklich traurig, daß es heute in Kriegszeiten noch derartige Elemente gibt, die die nachzuahmen versuchen, gegen die wir im Kriege stehen. Es ist ein erschütternder Anblick, wenn man sieht, daß dieser Teil der Jugend, der noch im HJ-Alter ist, sich hier derartigen Ausschweifungen hingibt und ausgerechnet die Engländer nachzuahmen versucht, wahrscheinlich, um »vornehmer« zu erscheinen. Zugleich stellt die Clique eine Gefahr für unsere HJ dar, da erwiesenermaßen versucht wird, Jugendliche mit hineinzuziehen, die diesen Kreisen nicht angehören, um für den nötigen »Nachwuchs« zu sorgen.

Der K.-Gebietsinspekteur für den SD im Gebiet Hamburg
Schult – Gefolgschaftsführer

UWE STORJOHANN
Ohne Tritt im Lotterschritt

Würde ich gefragt werden, welches Ereignis aus dem Sommer 1941 mir am nachhaltigsten in Erinnerung geblieben ist, fiele die Antwort leicht. Es war das Gastspiel des holländischen Attraktionsorchesters John Kristel im Alsterpavillon am Hamburger Jungfernstieg. Die Siegesfanfaren dieses Sommers spuken bis heute als musikalischer Ballast im Gedächtnis, Resultat monatelanger, massiver Beschallungsattacken. Hineingewachsen in ein Volk von gleichgeschalteten Rundfunkhörern, sah auch ich im Volksempfänger ein alltägliches Begleitrequisit. Jeder Volksgenosse hatte, auf vorgeschriebener Welle, gefälligst Anteil zu nehmen an den »gewaltigen Vernichtungsschlägen gegen die bolschewistischen Horden« im Osten, an dem gigantischen Zahlenspiel mit versenkten Bruttoregistertonnen im U-Boot-Krieg gegen England. Eine »verbogene Figur«, wer sich an Stelle der Kriegshelden vom Schlage eines Rommel, Dönitz oder Mölders andere Idole suchte, solche wie John Kristel!

Mynheer Kristel kam im August 1941 für ein Monatsgastspiel als Nobody an die Alster und ging drei Wochen später, von der Gestapo vorzeitig abgeschoben, als »King of Swing vom Jungfernstieg«. Seine Auftritte waren begleitet von regelrechten Hot-Ekstasen. Unter den Swingcliquen verbreitete sich die Sensation: »Im Alsterpavillon spielt eine Wahnsinnsband!«

Das betraf sicherlich nicht die musikalischen Fähigkeiten des Orchesters – es war der Enthusiasmus für den live kreierten, unverfälschten anglo-amerikanischen Swingsound. Die Erinnerung daran genügt, um sofort ins Präsens zu verfallen. Ich bin wieder Untersekundaner, in den Flegeljahren, trage einen grauen, auswattierten, zweireihigen Yorkshire-Flanellanzug, Kreppsohlen unter den Schuhen, die Strickkrawatte zu einem Mini-Windsorknoten gebunden. Damit bin ich hinlänglich als Swingboy ausgewiesen. Im Alsterpavillon sind wir unter uns, jeder zwar in seiner Clique, aber die Cliquen vereint das gleiche Feeling, die gleiche Liebe zu Hot und Jazz, die gleiche Verachtung für Hitlerjugend und braune Uniformen. Am Nachmittag bei John Kristel dabeizusein ist Ehrensache. Abends ist es zu gefährlich. Wir sind alle erst vierzehn, fünfzehn, höchstens sechzehn Jahre alt – und die nach Kriegsausbruch verschärften Jugendgesetze verbieten Unterachtzehnjährigen so ziemlich alles, was Spaß macht. Genaugenommen ist uns der Alsterpavillon ohne Begleitung Erwachsener auch nachmittags verboten, aber wir bilden uns ein, daß die Kontrollen lascher sind.

John Kristel und seine Crew haben keine Ahnung von deutscher Tanz- und Unterhaltungsmusik. Inspiriert von Nat Gonella, Harry Roy und Co., kennen sie nur Arrangements der anglo-amerikanischen Swingwelt. Ich wippe, wackle, zucke neben »Eton-Jackie« und »Lord Heitmann« mit John Kristel um die Wette, bei einer Zeche von einsachtzig pro Nase – so viel kostet das Stammgericht: Rotkohl und Kartoffeln plus Getränk, gefärbtes Bontjewasser, aber *nightclub-like* serviert, mit langem Strohhalm. Am Nebentisch sitzt eine Clique, die sich – von allen bewundert – ihr eigenes Tischtuch mitgebracht hat: *stars and stripes*, das Sternenbanner – noch sind die USA neutral. Dennoch: eine unverhüllte Provokation! Wir wissen, wie die Naziführung über unseresgleichen denkt.

Die *Hamburger Gaunachrichten* – Verlautbarungsorgan der NSDAP, Gau Hamburg – haben unter der Überschrift »Das gesunde Volksempfinden ist gegen Dad und Jo« zur Hetzjagd aufgerufen. Normalerweise ist so ein Blatt nicht unsere Lektüre (»nicht mal mit der Feuerzange«, würde Lord Heitmann sagen), dieser gedruckte Geifer jedoch macht im Sommer 1941 die Runde. Die Bloßstellung des Swingboys, der so gar nicht dem NS-Ideal des windhundflinken, lederzähen, kruppstahlharten deutschen Jungen entspricht, beginnt schon mit dem ersten Absatz:

»Sonntagmorgen auf dem Bahnhof Kellinghusenstraße, jener denkwürdige Sonntag des 22. Juni, an dem der Krieg gegen die Sowjets begann. Es war ein großer, aber auch ein ernster Tag, das sah man allen Menschen an, nur nicht einer Schar von halbwüchsigen jungen Leuten. Auffallend ihre Aufmachung, herausfordernd ihr Getue! Unbekümmert wurde ein Koffergrammophon in Betrieb gesetzt, und zu den Mißtönen eines englischen Foxtrotts schlenkerten die Jünglinge und Dämchen mit den Armen, zuckten mit den Füßen, ließen auf den Einspruch eines älteren Volksgenossen nur ein höhnisches Gelächter hören … Wo dem Volksempfinden so frech die Stirn geboten wird, da kann und muß das Volk zur Selbsthilfe greifen … Diese verbogenen Figuren müssen mit ihrer krummen Haltung, ihrem ganzen lächerlichen Gehabe geradegeklopft werden, wo sie sich sehen lassen. Wir wollen unsere Straßen, unsere Lokale jedenfalls sauberhalten von diesen Erscheinungen. Sauberkeit ist, wie ge-

gen so manche andere Seuche, das beste Vorbeugungs-
mittel auch gegen diese anglo-jüdische Pest ...«

Zum Glück für uns wird die unverhohlene Aufforderung zur Lynchjustiz von der Hamburger Bevölkerung
ignoriert. Die Ablehnung unseres *way of life* beschränkt
sich in der Öffentlichkeit auf das übliche Spießbürgerge-
kläffe. »Swing-Heini« und »Tango-Bubi« sind die gängig-
sten Beschimpfungen. Um so mehr droht Gefahr von Partei, HJ-Führung und Gestapo. Bis hinauf zu allerhöchster
Stelle dringt die Kunde von der »anglo-jüdischen Pest« in
Hamburg. Am 26. Januar 1942 übersendet der Reichsführer der SS, Heinrich Himmler, seinem »lieben Heydrich«,
Leiter des Gestapo-Hauptamtes, einen Bericht, den ihm
der »Reichsjugendführer Axmann über die Swingjugend
in Hamburg zugesandt hat«. Es folgen genaue Anweisun-
gen, wie das Problem zu lösen sei:

»Alle Rädelsführer männlicher und weiblicher Art, unter den Lehrern diejenigen, die die Swingjugend unterstützen, sind in ein Konzentrationslager einzuweisen.
Dort muß die Jugend erst einmal Prügel bekommen und
zur Arbeit angehalten werden ... Nur wenn wir brutal
durchgreifen, werden wir ein gefährliches Umsichgreifen
dieser anglophilen Tendenz ... vermeiden können.«

Eine Schülerin der Hamburger Kunstschule, fünfzehn
Jahre alt wie ich, zeigt sich im Alsterpavillon als wahre
Meisterin des »Wie du mir, so ich dir«. Ihre Karikaturen
zu dem Enthüllungsartikel aus den *Gaunachrichten*, gestal-
tet im Stil eines NS-Propagandaplakates und mit einem
nachgemachten Gestaposiegel versehen, gehen von Tisch
zu Tisch, von Hand zu Hand. Nur die Musik im Alsterpavillon ist lauter als das Gelächter. Doch die Gestapo sorgt
dafür, daß solche Heiterkeitsmomente immer seltener
und die Schreie der Geprügelten mit jedem Tag häufiger
werden. Eine Probe ihrer Macht gibt sie an einem der letzten Augusttage 1941.

Als die heißesten Nummern aus dem John-Kristel-Re-
pertoire den Alsterpavillon an diesem Nachmittag in eine
brodelnde Swingarena verwandeln, bin ich nicht dabei.

Doch wie es gewesen ist, erfahre ich genau: Am Ende ihres Hamburger Gastspiels wollen es die Hotter aus Holland noch einmal wissen – und die Swings sind außer Rand und Band. Boys und »Babies« treiben ihre Idole mit synkopischen Bewegungen zu immer schrägeren, verrückteren Stopftrompetenkapriolen, Posauneneruptionen, Klarinettenjumps, Saxophonrasereien, Schlagzeugkanonaden an ... »Go on, John! Swing that music!«

Da schnappt die Gestapo zu.

Jeder Fluchtversuch ist zwecklos, die Ausgänge sind bewacht, der Pavillon umstellt. Wer unter achtzehn ist und ohne Begleitung eines Erziehungsberechtigten, wird festgenommen. »Jungen nach rechts, Mädchen nach links!« – und ab ins Stadthaus! Die Band darf ihre Instrumente einpacken und nach Amsterdam zurückkehren. Mit den Opfern der Razzia verfährt die Gestapo nach bewährtem Muster. Mitläufer werden eingeschüchtert, sogenannte Rädelsführer »spezialbehandelt« und auf unbestimmte Zeit aus dem Verkehr gezogen. Das bedeutet für die meisten: Florida.

»Florida«, so heißt in Swingkreisen das Polizeigefängnis Fuhlsbüttel (nicht zu verwechseln mit dem »Kolafu«, dem Konzentrationslager Fuhlsbüttel). Im Bootshaus Wendel an der Außenalster, auch ein Swingtreff, werde ich mit Horrorgeschichten gefüttert. »Habt ihr schon gehört, den Siggi haben sie aus Florida entlassen. Erst haben sie ihm drei Vorderzähne ausgeschlagen, dann die Rübe zerquetscht, dann zwei Rippen geknackt, und dann mußte er unterschreiben, daß er gut behandelt worden ist.«

Zwei Namen machen immer wieder die Runde: Der »lange Paul«, gefürchteter Schläger der SS-Wachmannschaft im Stadthaus an der Bleichenbrücke, dem Sitz der Hamburger Gestapo-Leitstelle, und der »Fuchs«, alias Kriminalrat Hans Reinhardt, ein SS-Sturmbannführer, der im Gestapo-Hauptquartier die Verhöre leitet. Namen, die den einen das Gruseln lehren und den anderen das Hassen. Ich gehöre zu denen, die blaß um die Nase werden

und Mühe haben, den Unbeeindruckten zu spielen, mit-
zulachen, wenn Eton-Jackie, Tommy oder der Lord cool
den neuesten Spruch zum besten geben: »Erst bricht der
Lange Paul dir alle Knochen – dann kommst du beim
Fuchs auf allen vieren angekrochen – der macht aus dir
Frikassee – und aus deinem Schwanz Haschee – da pfeift
dir aus dem Hinterteil – der allerletzte Furz: Swing Heil!«
Jeder Vers, jede Geschichte macht die Gefahr bewußter, in
der wir schweben. Und immer wieder die naive Frage:
Warum lassen uns die Nazis nicht zufrieden? Wenn sich
einige von uns auch manchmal wie Rebellen vorkom-
men, im Grunde sind wir harmlos, unpolitisch. Wir wer-
fen keine Steine, legen keine Bomben, verteilen keine
Flugblätter, wir hören nur Musik. Wir rufen nicht nach
Bürgerrechten, wollen kein System beseitigen – und doch
fühlt sich das System von uns bedroht. Niemand motzt –
auch in geheimer Runde nicht – gegen Totalitarismus und
Einparteienherrschaft.

Wir verweigern uns nur dem stupiden Marschieren
nach den ewig gleichen Ritualen, dem rohen Gekloppe
vormilitärischer Wehrertüchtigungsspiele; doch davon abgesehen lassen auch wir das Dritte Reich als Schicksal walten. Die meisten von uns kennen die Worte Opposition und
Widerstand nur vom Hörensagen – *noch*.

Mein Weltbild ist um diese Zeit, 1941/42, in totaler Un-
ordnung. Ich würde Wesentliches unterschlagen, wenn ich
nur meine Ängste erwähne. Ich habe auch ein schlechtes
Gewissen. Auf der einen Seite die Abneigung gegen Zwang,
Drill und Heldenbeweihräucherung, auf der anderen Seite
jedoch das mahnende Gefühl: Du bist ein Deutscher, und
was du gegen Deutschland tust, ist Unrecht. Alle Erwachsenen um mich herum denken so und handeln danach:
Eltern, Verwandte, Lehrer. Und Hitler, sagen sie, das ist
der Mann, den uns die Vorsehung geschickt hat – das *ist*
Deutschland. Im Kreise der Swings erzähle ich natürlich
nichts von meinen Skrupeln, erst später erfahre ich, daß andere die gleichen Gewissensnöte plagten.

Die Anlässe sind meistens lächerlich. Ein bekannter

Swingtitel ist »The flat foot floogie«. In unserer Clique wird er mit Begeisterung gesungen, besonders wegen des Refrainschlusses, indem wir das englische »floy doyce« in ein vierfaches »treu deutsch« abwandeln. Ich habe dabei jedesmal ein mulmiges Gefühl im Magen. »Treu« und »deutsch« sind Wörter mit Heiligenschein wie »Reich« oder »Vaterland«. Wer sich darüber lustig macht, verletzt hochhehre Gefühle. Trotzdem singe ich mit, sogar noch etwas lauter als die anderen. Der Drang, mich loszulösen aus der Umklammerung der Verbote und Prinzipien, ist stärker als alle Skrupel. Eines Abends im Februar 1942, als wir laut Jugendgesetz längst von der Straße sein müßten, reitet uns auf dem Nachhauseweg vom Alsterpavillon der Teufel.

»Ohne Tritt im Lotterschritt!« kräht »Eton-Jackie« und hopst im Swingtrott voran, mit dem linken Fuß auf dem Kantstein und dem rechten auf der Fahrbahn, den Regenschirm mal als Krückstock, mal nach Slapstickart als geschultertes Gewehr benutzend. Wir in Hinkeformation, den »Flat foot floogie« auf den Lippen, hinterher. »Treu deutsch, treu deutsch, treu deutsch.«

Passanten bleiben stehen. Empörte Kommentare. »Daß ihr euch nicht schämt! Draußen liegen unsere Jungs im Dreck, und ihr führt euch hier auf wie die Judenschnösel!« Ein anderer wünscht uns den russischen Winter an den Hals. Nur eine ältere Dame nimmt uns in Schutz. »Laßt den Kindern doch das bißchen Spaß. Die sind als nächste dran. Wer weiß, wie lange sie noch ...« Den Rest des Satzes übertönt ein schriller Pfiff. Streifen-HJ gesichtet! Wir preschen nach links und rechts auseinander, nutzen die Verdunkelung und kommen alle unbeschadet nach Hause. Ich bin noch lange wach. Die Worte der alten Dame gehen mir nicht aus dem Kopf. »Wer weiß, wie lange sie noch ...« Das hat mich getroffen.

Bis zu diesem Abend habe ich in meiner kleinen Pennälerwelt gelebt, die seitenlangen Gefallenenanzeigen in den Tageszeitungen übersehen, die Gefahr, daß auch ich, vielleicht in einem Jahr schon, so ein Todeskandidat im grauen Rock sein würde, ignoriert. Mir ist, als habe mir jemand mit einem Ruck den Kopf aus dem Sand gezogen – und ich nehme mir vor, alles daranzusetzen, diesen Krieg zu überleben. Ich will, verdammt noch mal, dabeisein, wenn irgendwann einmal der Tag kommt, an dem man zur Musik von John Kristel laut mithotten kann, ohne Angst, daß es womöglich Kopf und Kragen kostet.

Ich stelle mein Verhalten darauf ein, streiche das Wort »Ehrlichkeit« von der Liste erstrebenswerter Tugenden. Wer wie der Swingboy Günther D. auf die Gestapofrage nach dem Grund für sein renitentes Treiben unverblümt antwortet: »Weil ich ein freier Mensch sein will«, hat die letzte Chance auf einen Rest von Freiheit verspielt. Spätestens im Sommer 1942 wird es auch dem Naivsten klar, wie die Staatsgewaltigen mit gleichschaltungsunwilligen Jugendlichen verfahren: Volksgerichtshof, Knast mit anschließender KZ-Verwahrung oder Frontbewährung in einem Strafbataillon. Es ist nicht notwendig, daß solche »anglo-jüdisch verpesteten« Typen den Krieg überleben. Swingboys sind nach Ansicht eines Hamburger gerichtsmedizinischen Gutachters »haltlose, willensschwache Psychopathen mit erheblichen Defekten auf ethisch-moralischem Gebiet«. Dem sechzehnjährigen Oberrealschüler Alfred D. wird von seinem Schulleiter »erbbiologische Minderwertigkeit« bescheinigt: »Gilt unter seinen Klassenkameraden als Jude und Schacherer.« Alfred D. und fünf andere Jungen seiner Swingclique werden zu Gefängnisstrafen zwischen vier Monaten und dreieinhalb Jahren verurteilt.

Geleitet von dem Gedanken, »nur nicht in die Mühlen des Staatsterrors zu geraten«, lerne ich zu schwindeln, ohne rot zu werden, entwickle die hohe Kunst der Verstellung bis zur Perfektion.

Unsere Systemverweigerung endete spätestens mit dem Zugriff des »Heldenklaus«. Das Wort der alten Dame – »Wer weiß, wie lange sie noch …« – erfüllte sich schneller, als wir 1941/42 ahnten. Anderthalb Jahre später trug kaum einer von uns mehr Kreppsohlen und Regen-

Alsterpavillon mit Binnenalster

schirm, und statt »Flat foot floogie« hieß es: »Ein Lied, drei, vier! Es ist so schön Soldat zu sein« – sofern es sich nicht schon ausgesungen hatte.

Nach nationalsozialistischer Überzeugung waren wir keine guten Deutschen. »Von einem Rassebewußtsein konnte bei der betont internationalen Einstellung aller keine Rede sein«, schrieb ein gewisser Hans-Herbert Krüger 1944 in seiner Dissertation, mit der er an der Hamburger Universität den juristischen Doktortitel erwarb. Wir waren keine guten Deutschen, weil wir den »Ehrendienst für Führer, Volk und Reich« ... »nur als eine drückende Beschneidung der persönlichen Freiheit und als üble Schikane (empfanden)«, wie Krüger weiter mißbilligend vermerkte.

Auch das ist richtig. Und weil es überlebensnotwendig war, so etwas vor dem Heer der Denunzianten, Fanatiker und Opportunisten zu verbergen, haben wir frühzeitig gelernt, Heuchelei, Zynismus und Lüge als Verteidigungs-

112

waffen zu gebrauchen. Wir waren zu frühreif, um »gute Deutsche« zu sein.

Eher, gründlicher und nachhaltiger als die meisten anderen Jungen und Mädchen unserer Generation haben wir gelernt, wie der Apparat des »Großen Bruders« in einem totalitären Staat funktioniert. Wer zu den Swings gehörte oder sich in ihrem Umkreis bewegt hat, ist für alle Zeit allergisch gegen angemaßte Autorität. Den Swingrhythmen aber sind wir durch ein halbes Jahrhundert verbunden geblieben. In einer Zeit der Alpträume, Verstörungen und Verfolgungsängste war ich dem Gefühl von Lebensfreude, weiter Welt und Freiheit nie so nahe wie damals bei John Kristel im Alsterpavillon.

CHARLOTTE HEILE

Die Rolle

Also ich wurde im Mai 1942 verhaftet. Ich war damals 16 Jahre alt und seit einem Jahr an der Hansischen Hochschule für bildende Künste. Papa war ein anerkannter Journalist gewesen, bevor ihn die Nazis als Chefredakteur beim Norddeutschen Rundfunk NORAG 1934 rauswarfen, weil er Freimaurer war. Er arbeitete jetzt für Hinrich Springers »Altonaer Nachrichten«. Die Springers waren keine Nazis, und es lag ihnen daran, für ihr beliebtes Familienblatt einen liberalen Mann einzustellen. Mama verdiente nach Papas Berufsverbot als kaufmännische Angestellte und zeitweise sogar als Straßenbahnschaffnerin dazu. Vermutlich ist auch die Loge zum Ölzweig in Bremen hilfreich gewesen.

Und eines Morgens in aller Herrgottsfrühe standen diese zwei Gestapo-Beamten vor der Tür in ihren Mänteln aus falschem Leder, das Lederol genannt wurde und gräßlich nach Desinfektionsmittel roch. Mama blickte mit ihren einsachtundsiebzig auf die etwas kürzer geratenen Männer herunter. In solchen Augenblicken war sie unvergleichlich, rauschte in ihrem wallenden Morgenrock durch die Wohnung, beschimpfte mich: »Stell dich nicht so an«, schimpfte über die Störung.

»Wo ist die Rolle, wo ist das Ding?« schrien die beiden von der Gestapo nun herum.

Meine »Rolle« war für einige Wochen das Gesprächsthema im Alsterpavillon gewesen. Und alle amüsierten sich köstlich darüber, wie lächerlich ich die Gestapo gemacht hatte. So etwas rächt sich. »Die Rolle« war ein Plakat von Reißbrettgröße, das zusammengerollt unter dem Arm irgendwohin getragen wurde, um es möglichst oft auszurollen und ansehen zu lassen. Die Idee dazu entstand, als jener Artikel aus den »Hamburger Gaunachrichten« in der Hansischen Hochschule kursierte: »Das gesunde Volksempfinden ist gegen Dad und Jo«. Er handelte von abartig aussehenden und sich ebenso gebärdenden Jugendlichen, die auf dem Bahnsteig Kellinghusenstraße ihr Koffergrammophon in Betrieb gesetzt und »zu den Mißtönen eines englischen Foxtrotts« mit den Armen geschlenkert und mit den Füßen gezuckt hatten. Am Ende hieß es ganz offen, daß »das Volk« gegen solche »verbogenen Figuren mit ihrer krummen Haltung« zur Selbsthilfe greifen müsse. Solch ein übles Pamphlet war eine Herausforderung. Zuerst hatte ich die Idee, dann eine Skizze, und schließlich wurde in der Hochschule ein Plakat daraus.

»Wo ist die Rolle?« schrien die Männer. Ständig stellte sich Mama zwischen die Möbelstücke und die Gestapo-Leute, weil sie überzeugt war, daß kein Fremder die Sachen der Familie anfassen dürfe. Dabei hatte sie selbst »die Rolle« zwischen den Sofakissen versteckt.

Zu dieser Zeit war ich jemand in der Szene. Man kannte mich, spätestens seit der »Rolle«. Bei uns zu Hause hat es nie Swing gegeben. Zu Hause bin ich ausschließlich mit Opern- und Ballettmusik gefüttert worden. Papa saß zu

oft und zu gern am Klavier und spielte und sang. Manchmal stand Mama daneben und stieß zu seinen Melodien
schrille Töne aus. Jazz-Klänge gab es nur gelegentlich
bei Tante Hilde, die gar nicht dem entsprach, was sich
Großmutter unter einer Tochter vorstellte, oder – solange
das noch erlaubt war – vom Koffergrammophon in Nach-
bars Garten. Erst 1941 erwachte meine Liebe zum Swing.
Eine Kommilitonin an der Hochschule wurde meine
Freundin. Ich war groß und hatte eine unbändige Locken-
mähne, sie war von winziger Gestalt. Man nannte uns Pat
und Patachon. Und Patachons Schwester kannte einen
Marinefähnrich, der ihr die schönsten Jazz-Platten aus
Frankreich mitbrachte – sehr seltene Stücke. Wir schau-
kelten an so manchem Nachmittag im idyllischen Garten
von Patachons Eltern unsere Hängematten zum Swing.

Wer den Swing liebte, landete irgendwann im Alsterpavillon. Was nicht heißen soll, daß man die »Clique«, so
hießen wir, dort gern gesehen hätte. Denn aus Geldman-
gel verzehrte unsereins gerade mal eine Limonade für
RM 0,45, und die wurde über den ganzen Nachmittag
gestreckt. Die Kellner machten oft lange Gesichter. Wir
aber fanden, daß der Alsterpavillon gerade die richtige
Umgebung für uns war, mit seinen schauderhaften roten
Plüschsesseln, dem roten Teppich, dem Glitzerkram an
den Säulen und Lüstern und natürlich mit den Swing-
bands. An die John-Kristel-Band aus Holland erinnere
ich mich besonders gut. Mindestens ebenso wichtig war
aber unser – Styling würde man heute sagen: Kleider
aus den ersten Häusern der Stadt, wenn man es sich leisten konnte; auffälliges Make-up, cyclam-lila Lippenstift,
Marke Kasana, ein absolut krasser Gegensatz zu Hitlers
Frauenideal, das für unsere Begriffe etwas kernseifig
wirkte. Die Swingboys hielten das ganz genauso: wie lang
das Jackett des Sowieso ist, ob es Schlitze an den Seiten
hat, ob dieser oder jener Schuhe mit Kreppsohlen trägt,
konnte man da erfahren, Garderobengespräche, unwahr-
scheinlicher Tiefgang.

Die Gestapo wußte ziemlich genau, wer dazugehörte.

Wenn wir geahnt hätten, wie bierernst sie unsere Spinne-
reien nahmen, hätten wir vermutlich manches unterlas-
sen, hätte ich wahrscheinlich meine »Rolle« nicht gemalt,
hätte sie zumindest nicht überall mitgeschleppt. Weil ich
es doch getan hatte, mußte ich nun mit zum Gestapo-
Hauptquartier ins Stadthaus kommen. Mama bestand
darauf, daß sie mich begleiten müsse. Sie zwang die Ge-
stapo-Männer, auf sie zu warten. Ziemlich lange und ausgiebig machte sie sich fein, inklusive Make-up. Und am
Ende noch der kleine Schleierhut, wie er damals modern
war. Ich durfte vom Gestapo-Hauptquartier nicht wieder
mit zurück nach Hause. Statt dessen jeden Tag Verhöre.
Zwei Beamte im Wechsel; für mich hießen sie »der Liebe«
und »der Böse«. Nach den Verhören Abtransport mit der
Grünen Minna ins Gefängnis Fuhlsbüttel. Zelle 67. Das
war ein Schreck: nicht, daß ich die Zelle mit zwei andern
Mädchen teilen mußte, aber daß auch das Klo in der Zelle
drin war; keine Trennwand, kein Vorhang. Ich traute
mich nur nachts im Finstern, und selbst da zog ich mir
noch meine Decke über. Andere waren weniger empfind-
lich. Nach drei Wochen war der Spuk Gott sei Dank zu
Ende. Vermutlich habe ich meinen Part als Naive und Be-
schränkte so glaubhaft gespielt, daß sie mich laufen-
ließen. Bald darauf kam ein Schreiben. Mein Bleiben auf
der Hansischen Hochschule war nicht mehr erwünscht.
Ich galt als »verwahrlost«.

UWE STORJOHANN

Bomber und BBC

Höre ich heute Swingmusik, ist es mir, als sei die Zeit
stehengeblieben. Ich bin wieder sechzehn, siebzehn
Jahre alt; Schüler der Bismarck-Oberrealschule an der
Bogenstraße in Hamburg-Eimsbüttel. Es sind die Jahre

1941/42/43. Die großen Kriegsschauplätze sind noch weit entfernt: in Rußland, Afrika – für uns daheim nur gegenwärtig in den Deutschen Wochenschauen. Und das Schreckliche, das Grauen – Trümmer, Ruinen, zerstörte Städte, zerbombte und verbrannte Erde –, das betrifft dort in den Propagandabildern immer nur die andere Seite, den »entmenschten« Feind, nicht uns. Wir wiegen uns in Sicherheit, beschützt von unseren »unbezwingbaren Waffen«, von der Flak zum Beispiel, die in und um Hamburg herum aufpaßt, daß uns nichts passiert, wenn die Sirenen heulen und alles in den Luftschutzkeller flüchtet. Fliegeralarm!

Für mich eine Gelegenheit, Musik zu hören.

Meine Musik.

In einer Ecke des Eßzimmers, links neben der Tür, steht das Radio – der Volksempfänger. Noch ist er auf die Drahtfunkverbindung mit der Luftabwehr-Befehlszentrale Hamburg eingestellt. Flakbunker, Rotherbaum. Von dort kommen die Luftlagemeldungen.

»Bomberverbände im Anflug auf den Großraum Hamburg!« Der Sprecher, ein hoher SS-Führer, sagt es wie ein Weihnachtsmann, der am Heiligabend die artigen Kinder beschert. »Onkel Baldrian« nennen ihn die Hamburger. Er warnt die Bevölkerung, indem er sie gleichzeitig zu beruhigen versucht. Aber bei jedem gelingt es ihm nicht. Aus dem Treppenhaus höre ich die Zappelstimme unseres Nachbarn Gatermann. »Bomberverbände Bomberverbände! Anflug Hamburg, Anflug Hamburg! Lotte komm, Lotte komm, Lotte komm! Müssen runter, müssen runter, müssen runter!«

Ich warte, bis er mit Frau, Tochter und dem Überlebensgepäck die vier Treppen zum Luftschutzkeller hinunterschnauft; horche dann nach oben, wo in einer ausgebauten Dachwohnung die Jablonskis wohnen: er ein Goldfasan, Zellenleiter der Partei – und nicht ungefährlich, besonders, wenn er betrunken ist. Ist er zu Hause, übernimmt er sofort nach dem Alarm das Kommando in der Familie. An diesem Abend bleibt es still. Also ist er unterwegs.

Parteidienst mit anschließendem Kneipenbesäufnis, Gott sei Dank! Frau und Sohn Jablonski sind ungefährlich. Sie stehen mit dem Alten auf Kriegsfuß, hassen alles, was ihm teuer ist, folglich auch die Nazis. Ich atme auf. Die Luft ist rein. Und trotzdem: meine Hände sind schweißnaß. Natürlich hab' ich Angst. Ich habe immer Angst, wenn ich es tue, wenn ich den Zeiger auf der Skala des Volksempfängers langsam nach links drehe ... bis zu dem Punkt, den ich mit pochendem Pulsschlag suche.

Jeder in Deutschland weiß es: Sein Gerät auf dieses Zeichen einstellen und ertappt werden, das bedeutet: Zuchthaus bzw. Konzentrationslager – für einen Fünfzehnjährigen wie mich auf alle Fälle Straf-HJ –, Demütigungen, Schikanen, kahlgeschorener Kopf und Extra-Schleifeinheiten auf unbestimmte Zeit.

BBC London – das ist die Stimme des Feindes, der »jüdisch-bolschewistischen Verschwörung«!

Und nun höre ich einen feindlichen Sender – und das nicht zum erstenmal. Aber ich höre ja keine Nachrichten, was von England kommt, ist sowieso gelogen, sagen alle, und ich wage nicht, daran zu zweifeln ... Noch nicht – nein, keine Nachrichten, nur Musik.

Ich rücke ganz dicht an den Lautsprecher, inhaliere jede Synkope wie eine Droge; fühle mich für einen Augenblick herausgelöst aus der verhaßten Welt des täglichen Gleichschritts, der Kriegsfanfaren und der lähmenden Kriegsangst; weiß mich in heimlicher Verschwörung mit mindestens zwei Klassenkameraden, die jetzt vermutlich wie ich am Radio sitzen und sich in der engen Welt der eigenen vier Wände auflehnen gegen die totale Reglementierung – ein unbeschreibliches Gefühl!

»Pennsylvania Six-Fivethousand« – ich höre den Titel an diesem Abend zum erstenmal. Der Empfang ist wie sonst nur selten. Kein Nazi-Störsender funkt seinen Pfeif- und Zischsalat dazwischen. Ich höre wie in Trance, bis die Flak zu ballern anfängt und meine Mutter die Eßzimmertür aufreißt: »Uwe, komm jetzt aber! Wir sind wieder mal die Letzten! Böhmke hat sich schon beschwert, daß

wir immer die Letzten sind.« Böhmke ist unser Luft-
schutzwart, Gemüsehändler Böhmke, Parterre rechts. Ich
presse mich noch ein Stück näher an den Lautsprecher
heran, krieche fast in ihn hinein, will den Titel unbedingt
zu Ende hören. Schultern, Arme und Füße zucken im
Swingrhythmus. Was um mich herum vorgeht – Flak-
feuer, meine Mutter –, nehme ich kaum wahr. Aber
meine Mutter ist hartnäckig und ärgerlich:

»Nun stell das schreckliche Gedudel endlich ab …«, und
dann, mit einer Stimme, die Angst, Mißtrauen und Entsetzen verrät:» Was ist das überhaupt für ein Sender? Du hörst
doch keinen ausländischen Sender? Wenn das einer anzeigt, das kann uns Kopf und Kragen kosten! Das ist doch
keine deutsche Musik … also ich versteh' dich nicht!«

Meine Mutter läßt nicht locker. Ich spüre, wie es sie
quält, ihren lieben Jungen nicht im Einklang mit ihrem
Weltbild zu wissen – und dann die Angst, daß eine Bombe
fällt. Sie entsinnt sich ihrer Erziehungsaufgabe. Mein Vater ist seit ein paar Monaten im Kriegseinsatz, weit weg in
Ungarn, drückt auf den Abstellknopf des Radios und bug-
siert mich durch den Korridor zum Treppenhaus. Im Eil-
schritt geht es hinunter in den Keller. Über die feindliche
Musik wird nicht mehr gesprochen. Aber ich beschließe,
meine Mutter langsam daran zu gewöhnen.

RUDOLF LORENZEN

Als ich noch ein Tangojüngling war

Damals trug ich Lackschuhe und weiße Kragen schon am
Vormittag. Das lange, pomadige Haar lag mir glatt am
Kopf, in der Mitte gescheitelt. Dazu übte ich einen müden
Blick aus halbgeschlossenen Augen, so als lohne es sich
nicht, in den Tag zu sehen. Den Kopf leicht geneigt, be-

gegnete ich einer rohen Welt, die mich »Tangojüngling« nannte.

Tangojünglinge, zu meiner Zeit, waren geschmäht. Den Ton gaben andere an, kurzbehoste und singende Jungen, die in Reihen marschierten. Ihr Zuhause war der Sportplatz. Doch meine Welt war nicht das Draußen, sondern das Drinnen, meine Zeit nicht der Tag, sondern der Abend.

Ich war ein Kaufmannslehrling, aber nach Büroschluß wurde ich eine Blume der Nacht. In einem Tanzclub saßen wir zusammen, rauchten viel und tanzten wenig. Doch dann bevorzugten wir Slowfox und English-Waltz. Tango war schon zu rustikal – so dekadent waren wir. Eigentlich trugen wir unseren Namen zu Unrecht. Wenn ich mich gelegentlich bequemte, eine der jungen Damen aufzufordern, legte ich etwas in meinen Blick, als würde ich für den Tanz bezahlt. Bei langgezogenen Schritten blickte ich über die Schulter der Dame irgendwohin ins Nichts. Hatte ich einige Male getanzt und meine zwanzig Zigaretten geraucht, verließ ich den Club mit über die Schulter gelegtem fliegendem Mantel, so als erwarte mich vor der Tür mein Wagen, und begab mich in eine Bar. Der Bardame gab ich die Hand. Es war eine Ehre, recht viele solcher Damen zu kennen, und wenn jemand morgens in der Handelsschule sagte: »Lizzy ist jetzt im ›Regina‹«, so war das eine größere Sensation, als hätte jemand gesagt: »Gestern hat der Führer die Tschechoslowakei erobert.«

In der Bar tat ich mich nicht mit großen Gebärden hervor, ein Herr wie ich trat leise auf. Ich hatte meinen festen Platz am äußersten Ende der Bar. Dort saß ich auf dem Hocker, den Rücken müde an die Wand gelehnt, und sagte nur leise: »Bitte, Lizzy, wie immer.« Es war schön, wenn die Bardame noch wußte, was ich vor einer Woche getrunken hatte. Ich nippte an meinem Cocktail und machte ein Gesicht, als sei es eine Zumutung, hier den Abend verbringen zu müssen. Ich spielte den Einzelgänger, dem die Frauen langweilig geworden waren und der es vorzog, die Einsamkeit an der Bar als das kleinere Übel zu wählen. Ich spielte den jungen Mann mit Geld, der nicht mehr verzehrte, weil die Getränke dieser Bar so miserabel waren, und ich spielte den Turniertänzer, der niemals tanzte, weil die kleine Tanzfläche und das Publikum dieser Bar seinem Können nicht angemessen waren.

Die Zeche ließ ich mir quittieren, als müsse meine abendliche Pflicht steuerlich anerkannt werden. Bevor ich jedoch nach Hause kam, vernichtete ich die Quittung. Hätte mein Vater einen Zettel bei mir gefunden: »2 Manhattan = RM 2,40«, hätte er gesagt: »Du wirst noch einmal in der Gosse enden!«

In der Gosse zu enden, war nicht mein Ziel, aber doch, ein wenig »herunterzukommen«. Der Schlager vom armen Gigolo hatte mich verwundet. Mein Vorbild war Willi Forsts »Bel ami«. Ich beneidete andere Jünglinge, die sich mit einem Barmixer oder Schlagzeugmann duzten. Wenn Rosita Serrano ein Gastspiel gab, gingen wir nicht so sehr ihretwegen hin, sondern um die begleitende Kapelle Kurt Hohenberger zu hören. Wir liebten die dezenten Rhythmen mehr als Gesang. Tanzmusik gar mit Gesang – das war eher etwas für den Jahrmarkt! Sang der Pianist »Sie will nicht Blumen, will nicht Schokolade«, ließ ich die Bemerkung fallen, dies sei eigentlich der englische Foxtrott »O Joseph, Joseph«. Damit machte ich Eindruck.

Einmal im Jahr leisteten wir uns einen Spaß. Am Sonntagnachmittag fuhren wir hinaus aufs Land, um auf schlechtem Parkett eines Dorfgasthauses Polka zu tanzen. Wir waren sehr lustig. Abends im »Regina« erzählte ich dann der Lizzy: »Tolles Amüsement gehabt, heute nachmittag!«

Von der Dame, die ich nach Hause brachte, verabschiedete ich mich mit einem Handkuß und mit Worten wie etwa: »Wie konnten Tappes nur einen Akkordeonspieler nehmen! Bin noch ganz krank davon.« Aber am nächsten Morgen im Büro sagte ich beiläufig zu einem anderen Lehrling: »War gestern mit Trude bei Tappe. Um ein Uhr war Schluß, um fünf Uhr war ich zu Haus. Gar nicht so übel, die Trude …« Dann gähnten wir beide auffällig und sahen auf unsere nikotingelben Finger. »Dieses verfluchte

Nachtleben! Man müßte mal wieder so richtig ausschlafen«, sagten wir.

Als ich siebzehn war, hatte ich mich so weit »runtergelebt«, daß ich ein Senior der Tangojünglinge wurde. Ich tanzte Turnier mit einer verheirateten Frau, die hatte einen alten Mann von achtundzwanzig. Die goldene Turniernadel mit den Initialen der Tanzschule, die wir nach einem Sieg in der höchsten Klasse verliehen bekommen hatten, trug ich von nun an täglich und offen am Rockaufschlag, da, wo andere ihr Sport- oder Parteiabzeichen trugen oder die kleine Ausführung des Eisernen Kreuzes aus dem ersten Weltkrieg.

Mehrere junge Damen legten nun Wert darauf, sich mit mir im »Regina« zu zeigen. Dort duzte ich inzwischen den Kellner, ich duzte auch Lizzy, nannte sie: »Meine Liebe ...« Andere Jünglinge ahmten mich nach: Wenn ich einen Ohio bestellte, bestellten sie auch einen Ohio. Wenn ich sagte: »Schlagbaß und Gitarre ist genug«, dann sagten sie: »Ja, ja, bloß kein Schlagzeug.«

Als ich achtzehn wurde, kamen immer mehr Soldaten ins »Regina«. Eine andere Welt war das. Sie sprachen laut und duzten Lizzy gleich. Das hatte bei mir zwei Jahre gedauert! Und wenn sie auf dem winzigen Parkett tanzten, machten sie kleine, schurrende Schritte. Sie schienen wie die Vorboten einer schrecklichen Zeit: Überall diese unansehnlichen Menschen mit dem kahlen Hinterkopf und den kleinen, schurrenden Tanzschritten – man war nirgends mehr sicher vor ihnen.

Wir letzten Tangojünglinge zogen uns in den Luftschutzkeller des Tanzclubs zurück. Dort tanzten wir heimlich Lambeth-Walk, schon den Gestellungsbefehl in der Tasche. Solange es ging, nahmen wir die »große Zeit« nicht zur Kenntnis und betrachteten uns als nicht im Krieg befindlich.

Am letzten Tag, ehe ich nach Polen mußte, ging ich zu meinem Friseur. Seit drei Jahren hatte er mich frisiert, »ganz persönlich«, auch wenn er mit der vielen Pomade nicht einverstanden war. Ich bat ihn, mir heute keinen

Mittelscheitel zu ziehen, sondern den Scheitel ganz nach links zu verlegen. So hatte ich es bei den Soldaten gesehen, und ich nahm an, mit diesem Linksscheitel künftig am wenigsten aufzufallen. »Und vor allem bitte: Das Haar kürzer«, sagte ich. »Wird auch höchste Zeit!« meinte er. Tangojünglinge waren aus der Mode gekommen. Mit mir, damals, ging eine große Epoche zu Ende.

FRANZ HEINRICH

Lights out

Das Jahr der Olympischen Spiele, 1936, wurde für mich (allerdings aus anderen Gründen) wieder zu einem Wendepunkt. Die Mittelschule lag hinter mir, und da mein Vater Besitzer einer Drogerie war, wurde ich zu einem seiner Kollegen in Berlin-Neukölln in die Lehre geschickt. (Meine Wünsche, entweder Musiker, Journalist oder Schriftsteller zu werden, fanden keine Gegenliebe bei meinen Eltern, die der Meinung waren, ich solle lieber einen »ordentlichen« Beruf ergreifen.)

Mit dem monatlichen »Lehrgeld« von zehn Mark, das im zweiten Lehrjahr verdoppelt und im dritten verdreifacht wurde, ließen sich allerdings keine großen Sprünge machen. Selbst wenn ich auf Kino und Zigaretten verzichtete, reichte mein »Einkommen« im ersten Lehrjahr monatlich nur für vier Brunswick- oder fünf Imperial-Platten. Imperial, mit dem Untertitel »The King of Records« versehen, war gerade als das teure Etikett der Kristall-Schallplatte auf den Markt gekommen und hatte mit einer »Swing-Serie« begonnen. Finanzieren konnte ich meinen immer größer werdenden Bedarf an Schallplatten nur durch Nebeneinkünfte, so durch Leserbriefe an Zeitungen und Zeitschriften, die damals je nach ihrer Länge pauschal mit fünf oder zehn Mark honoriert wurden, eine inzwischen leider wohl allgemein abgeschaffte nette Gepflogenheit. Und sonntags stand ich in den Sommermonaten, mit Kittel und Käppi weißgekleidet, in einem Erfrischungskiosk am Treptower Park, was meine Plattensammlung monatlich nochmals um vier oder fünf Neuerscheinungen bereicherte.

An schönen Sommersonntagen fuhren häufig Gruppen junger Leute mit Koffergrammophonen an den Wannsee – der »Swing Club Berlin« und die »Instrumental Vocalists« machten da keine Ausnahme. (Das Koffergrammophon wurde selbstverständlich so aufgestellt, daß sein Deckel den Plattenteller gegen die Sonnenstrahlen abschirmte; denn die direkte Bestrahlung wäre auch den Schellackplatten nicht gut bekommen.) Eine Scheibe, die bei derartigen Ausflügen immer dabeisein mußte, war die Brunswickplatte mit Armstrongs 1934er Pariser Aufnahme von »Tiger Rag« und »St. Louis Blues«. Als wir einmal den »Tiger Rag« auf dem Teller hatten, kam eine andere Gruppe junger Badegäste auf uns zu, ebenfalls mit einem Koffergerät ausgerüstet, das sie neben uns aufbauten. »Versuchen wir's doch mal zusammen«, sagte der Apparatbesitzer und legte die gleiche Platte auf. Und dann bemühten wir uns, die beiden Geräte durch Austarieren der Geschwindigkeitsregler »synchron« zu bekommen. Noch während dieses Experimentes kam eine dritte Gruppe – ebenfalls mit einem Koffergrammophon und wiederum mit der so populären Brunswickplatte ... Es war gar nicht so einfach, bei drei Geräten den Gleichlauf herzustellen. Aber wir erzielten eine Lautstärke, die wir alle als hinreißend empfanden (und bei den heutigen Rock-, Beat- und Discofans so gern kritisieren).

In jenen Jahren wurde ein deutscher Plattensammler zur legendären Figur. »Hast du schon gehört? In Leipzig hat sich ein Sammler, den sie ›Hot Geyer‹ nennen, auf ›Tiger Rags‹ spezialisiert. Er soll 96 verschiedene Aufnahmen davon besitzen!« Ob diese Zahl stimmte, weiß ich nicht, da ich den mit diesem Spitznamen belegten Kurt

Michaelis nie persönlich kennenlernte. Aber seine 96 »Tiger Rags« waren damals in Berliner Jazzkreisen (und sicherlich auch anderswo) vielbewunderte Fama. Meine damaligen zehn Versionen dieses Titels erschienen mir dagegen selbstverständlich recht armselig.

Im Sommer 1939 machte ich die erste Urlaubsreise meines Lebens: mit »Kraft durch Freude« vierzehn Tage für 90 Mark inclusive Frühstück nach Warnemünde. Je zwei Personen mußten sich ein Privatquartier teilen; selbstverständlich (oder leider) nach Geschlechtern getrennt, versteht sich. Während der Eisenbahnfahrt hatte ich mich mit einem etwa Gleichaltrigen angefreundet, der musikalisch »auf meiner Linie« lag. Gemeinsam bezogen wir also ein Quartier. (Das Frühstück war zeitentsprechend mager: pro Person zwei Scheiben Brot, Vierfruchtmarmelade und Blümchenkaffee; tatsächlich sah man in der gefüllten Tasse die Blümchen am Tassenboden!)

Selbstverständlich erwartete ich in Warnemünde keine musikalischen Sensationen. Die Vergnügungsmöglichkeiten beschränkten sich, von Ruderpartien auf der Ostsee abgesehen, auf ein scheunenähnliches, trostloses Tanzlokal mit Musik letzter Güte und einen Tanzpavillon am Strand, in dem die Musiker wenigstens ihre Instrumente beherrschten.

Eines Tages saßen mein Zimmergenosse und ich auf der kleinen Terrasse des Strandhotels und leisteten uns – für 1,35 Mark pro Portion – jeder einen Eiskaffee. Plötzlich horchten wir auf. Aus dem Hotelinnern erscholl Musik – keine Kaffeehausmusik, keine Tanzmusik, sondern Hot-Jazz in reinster Form. Wie auf Kommando ergriffen wir unsere Gläser und eilten, so schnell es die geziemende Hotelatmosphäre zuließ, durch die Empfangshalle. Die Musik kam aus einem Saal, dessen Tür offenstand. Wir gingen hinein – und blieben wie angewurzelt stehen. Der Saal war gefüllt mit Männern in den sattsam bekannten braunen Uniformen sowie mit Damen in festlicher Kleidung. Von allen Wänden hingen Hakenkreuzfahnen herab. Und geradezu unwirklich in dieser Umgebung er-

klang dazu die Musik einer in einer Ecke placierten Jazz-
gruppe unter Leitung eines exzellenten Hotgeigers, die gerade den »Tiger Rag« in den Raum jagte. Unaufgefordert,
aber auch ungehindert, setzten wir uns an einen der zahlreichen Tische, schon um unsere Gläser abzustellen, damit wir die Hände zum Applaus frei hatten.

Nachdem sich der Beifall gelegt hatte, erhob sich mit
strahlendem Lächeln ein Uniformierter mit viel Lametta
und ergriff, als wieder Ruhe eingekehrt war, das Wort.

»Liebe Parteigenossen und -genossinnen«, begann er,
»es freut mich, daß das Musikprogramm Ihren herzlichen
Beifall findet. Wir haben uns auch redlich bemüht, eine
dem heutigen Ereignis würdige musikalische Umrah-
mung zu beschaffen. In einem nahe gelegenen Badeort
fanden wir diese engagierten jungen Musiker, die bereit
waren, ihren heutigen freien Tag zu opfern, um unserer
Festlichkeit die klingende Krone aufzusetzen ...«

Ich weiß nicht, ob die Partei-Ortsgruppe Warnemünde
dort gerade ihr zehnjähriges Bestehen feierte oder was
auch immer der Anlaß zu dieser Versammlung gewesen
sein mochte; damals interessierte es mich nicht, und
ich werde es wohl auch nie erfahren. Ich hatte nur
Augen und Ohren für die herrliche Combo, die weiterhin
mit »Some Of These Days«, »Dinah«, »Sweet Georgia
Brown« und anderen Jazz-Classics das produzierte, was
dem braunen Boß als »würdige musikalische Umrah-
mung« einer Parteifestlichkeit erschien. Vielleicht war es
die Anwesenheit eines Geigers, die die Musik in seinen
Ohren »deutsch« klingen ließ. Allein dieses musikalische
Erlebnis, das lange in mir nachklang, gab der Warne-
münde-Reise für mich schon Wert.

Nach dem Ende des Krieges, wohl Anfang 1946, besuchten meine Frau und ich eine »Bunte Veranstaltung«
im heute nicht mehr existierenden Rundbau des Zirkus
Busch am Bahnhof Zoo. Nach verschiedenen »Nummern« – Komikern, Parterreakrobaten und Zauberkünst-
lern – betrat eine kleine Musikgruppe den Innenraum.

»Ist das eine Überraschung!« flüsterte ich meiner Frau

ins Ohr. »Den Geiger kenne ich; es ist derselbe, den ich 1939 zufällig in Warnemünde gesehen und gehört habe!« Es war Helmut Zacharias, dessen Name mir bis dahin kein Begriff war (hatte ich mich doch aus überheblicher Geringschätzung während des Krieges nur sehr wenig um die deutschen Plattenproduktionen gekümmert).

HEINRICH KUPFFER

Jazzmusik und Fliegerbomben 1941–1942

Um Ostern 1941 kam ich nach Berlin. Da ich für den Kommiß zu jung war, lebte ich dort noch mehr als ein Jahr, bis sie auch mich holten. Die Reichshauptstadt bot durchaus kein einheitliches Bild. Sie wirkte keineswegs als graue, gleichgeschaltete Metropole, sondern bildete den Rahmen für eine Vielfalt an Subkulturen. Ich war auf mich selbst gestellt und mußte zusehen, wie ich in die Stadt hineinwachsen konnte. Meine Eltern lebten getrennt, mein Vater in Berlin, meine Mutter in einer anderen Stadt. Aus familiären und Platzgründen wohnte ich möbliert in einer kleinen Pension in Wilmersdorf. Diese bestand aus einer ehemals herrschaftlichen Wohnung, die nun zimmerweise an junge Leute vermietet wurde. In meiner Neugier darauf, zu erfahren, was so los war und wie man so lebte, lernte ich bald drei ganz verschiedene Ausprägungen des vom Kriege gezeichneten Berlin kennen, die miteinander überhaupt nichts zu tun hatten. Meine Grunderfahrung war, daß kein Mensch sich für mich interessierte. Ich bewegte mich ohne jede Kontrolle völlig unbehelligt und wurde, obwohl minderjährig, nirgends »erfaßt«. Für einen wie mich gab es keinen Raster – und dies mitten im Kriege im Zentrum der Nazimacht.

Das erste Berlin, in das ich geriet, war das Berlin meiner Familie und meiner Verwandten. Mein Vater lebte allein, ebenso wie ich. Auch seine Existenz hatte sich mit der Zeit normalisiert. Er fuhr jeden Tag mit der U-Bahn in sein Büro am Landwehrkanal. Sein Alltagsleben hatte mit dem meinen keine Berührung; von dem, was ihn persönlich beschäftigte, wußte ich wenig; er konnte sich kaum um mich kümmern, rechnete aber auch nicht damit, daß dies noch nötig sei. Immerhin traf ich ihn oft und besprach dann mit ihm außer den laufenden privaten Dingen auch die politische und militärische Situation. Mein Vater und meine Berliner Verwandten waren hinsichtlich des weiteren Kriegsverlaufs skeptisch, obwohl wir Deutschen ja bis dahin nur gesiegt hatten. Im erweiterten Familienkreis wurde offen gesprochen. Man tauschte aus, was man gerüchteweise oder auch über ausländische Sender gehört hatte. Niemand glaubte daran, daß der Krieg schon bald zu Ende sein könnte. Im Gegenteil: Man spürte, daß die dicksten Brocken erst noch kommen würden.

Ein ständiges Thema bildete die Judenfrage, wenn auch das Ausmaß der Katastrophe noch nicht abzusehen war. Mein Onkel hatte eine jüdische Frau, deren unverheiratete Schwester ebenfalls noch in Berlin lebte. Als Frau eines arischen Mannes war meine Tante nicht unmittelbar gefährdet, aber ihre Schwester mußte den gelben Stern tragen. Ich sah sie manchmal, wenn sie abends in der Dunkelheit zu Besuch kam. Das weitere Schicksal dieser jüdischen Verwandten konnten wir damals nur ahnen; aber wir hatten keinen Zweifel daran, daß sich etwas Unheilvolles zusammenbraute. Erst nach dem Kriege erfuhr ich, daß die Schwester meiner Tante in einem KZ umgekommen war. Ich sah Judensterne in bestimmten nördlichen Stadtvierteln gelegentlich auch auf der Straße. Man munkelte, die Berliner Juden seien dort im Umfeld ausgewählter Reviere in einer Art Ghetto zusammengefaßt worden. Obwohl ich so etwas immer wieder hörte, weiß ich heute kaum noch, was ich seinerzeit dabei empfand. Jedenfalls hat es mich nicht so tief bewegt, daß ich

Tag und Nacht daran gedacht hätte. Natürlich hatten wir unter Verwandten und Freunden keinen Zweifel an der Verwerflichkeit des Regimes im ganzen. Aber gerade wegen dieser ohnehin gegnerischen Grundeinstellung fielen einzelne Eindrücke nicht mehr so ins Gewicht, sondern bestätigten nur, was man ohnehin wußte oder sich doch bereits gedacht hatte.

Wieso wurde ich beim Anblick von Judensternen nicht von Grund auf erschüttert? Warum war ich nicht empört? Wie konnte ich weiterhin nachts ruhig schlafen? Ich weiß es nicht, ich kann es dir nicht erklären. Aber es muß damit zusammenhängen, daß die Freiheit nicht auf einmal stirbt, sondern nach dem Salamiprinzip. Im übrigen schliefen doch alle anderen auch, vermutlich ebenso ruhig – das war ja das Erstaunliche. Ich hatte die Absurdität, Gefährlichkeit und Unmenschlichkeit der Naziherrschaft als eine chronische Tatsache von klein auf »gelernt« und mich daran gewöhnt, damit zu leben. Einerseits fühlte ich mich durchaus als inoffizielles Mitglied einer Gruppe von gleichgesinnten Regimegegnern, andererseits wollte ich aber auch mein eigenes Dasein führen. Im Klartext: Ich war 17 Jahre alt und wollte etwas erleben. Das Zentrum meiner Erfahrung war nicht identisch mit dem meiner Eltern und Verwandten. Aber auch sie lebten ja immer weiter. Die allgemeine, durch Naziherrschaft und Krieg bestimmte Kulisse gab den Hintergrund ab, aber auf der Bühne selbst agierte doch jeder als Einzelperson und verhielt sich so, wie er es für richtig hielt oder wie es sich für ihn ergab. Ich sah das auch bei meinen Verwandten. Manchmal fuhr ich zu meiner Großmutter Richtung Osten, vorbei an den nicht enden wollenden Schrebergartenkolonien zwischen Rummelsburg und Mahlsdorf. Menschen im Schrebergarten, jeder einzeln im engen Geviert vor sich hin werkelnd, aber dennoch dem Nachbarn zum Verwechseln ähnlich – lebten wir nicht alle so? Obwohl wie auch immer bedroht, bestellte dennoch jedermann sein Gärtchen.

Was mich mit meiner Familie und den Freunden meiner Eltern verband, war konkret die politische Gesinnung, allgemein der Hintergrund des Bildungsbürgertums. Ich glaubte, ebenso wie meine Eltern, an den »Geist« und an die »Wahrheit«. Ich war davon überzeugt, es müsse außerhalb der bekannten Religionen etwas Unsterbliches geben, das auch die Nazis nicht zerstören konnten. Aber ich kann nicht gerade behaupten, daß mich dieser Gedanke ständig beschäftigte. Vielmehr hatte ich das Gefühl, mein Leben habe noch gar nicht richtig angefangen, und ich müsse nun zunächst einmal mitnehmen, was die Stadt mir zu bieten hatte. Was tut man, wenn man allein ist, aber nicht allein bleiben will? Solche naheliegenden Interessen ließen die metaphysische Gesamtorientierung zurücktreten. So war das. Wenn dir einer erzählt, er sei in seiner Jugend reinen Herzens gewesen, dann sei mißtrauisch!

Das zweite Berlin, das ich kennenlernte, war die Swingszene. Hier gewann ich schnell Kontakt, denn ich hörte, wenn ich nur ein bißchen die Ohren spitzte, die mir schon bekannte Jazzmusik wieder und traf Leute, die sich dafür ebenso begeisterten wie ich. Da brachte ich aus dem Internat schon die richtige Vorbildung mit. Der Swing bot auch mitten im Kriege ein Medium der Kommunikation, die zwar oberflächlich blieb, aber für abendlichen Bummel und freie Wochenenden nützlich war. Auch hier galt, daß sich darin keine politische Gesinnung ausdrückte, das wäre viel zu hoch gegriffen. Aber der Swing fungierte, wie schon im Internat, als Hintergrundmusik für einen äußerlich zur Schau getragenen Lebensstil, zu dem auch halblange Haare mit besonderem Fassonschnitt sowie fast bis zu den Knien reichende doppelreihige Jacketts gehörten. Der Stoff konnte, den Zeitumständen entsprechend, mies sein – worauf es ankam, war der Schnitt. Nur nicht so aussehen wie treudeutsche Jünglinge und zackige Hinterwäldler. So schlenderten die Mitglieder der Szene, betont lässig, abends über den Kurfürstendamm, zwischen Soldaten, Nutten, Polizisten und »normalen« Bürgern; so standen sie in den Türen der Musiklokale und machten

130

Mädchen an; so schritten sie mit selbstgeschnittenen Jazz-platten zur nächsten Party.

Für diese großstädtische Subkultur fand der Krieg faktisch gar nicht statt. Jedenfalls tat sie so. Ihre Mitglieder, die sich schon von weitem erkannten, traten auf, als ob HJ, BDM, SA und Uniformen überhaupt nicht existierten, und blieben dabei auch völlig ungeschoren. Wurde dieser oder jener aus der Szene doch eingezogen, so jammerte er vor allem darüber, daß er jetzt seinen gepflegten unmilitärischen Haarschnitt opfern mußte. Swing und Mädchen, das waren die bevorzugten Gesprächsthemen, nicht etwa Krieg und Politik. Wer Jazz suchte, wurde leicht fündig. Von Insidern bevorzugt wurde der »Groschenkeller« in der Kantstraße, ein enges urgemütliches Kellerlokal, wo sich das jüngere Publikum um einen Pianisten sammelte, der den ganzen Abend spielte. Manchmal gab es eine Polizeirazzia, aber daraus folgte nichts, der Betrieb lief ungestört weiter. In den »Groschenkeller« verirrte sich kein »Bürger«. Hier traf sich nur die Szene, ebenso wie bei »Arndt« am Olivaer Platz. An solchen Treffpunkten erfuhr ich, wie andere junge Leute meines Alters lebten, Schüler und Studenten, aber auch Berufstätige, wenn sie einen günstigen Job gefunden hatten, der sie wenigstens für eine Weile in Berlin festhielt.

Wer etwas »aufreißen« wollte, ging ins »Delphi«, damals ein riesenhafter Tanzschuppen, allerdings meist ohne Tanz. Im »Delphi« spielten deutsche und ausländische Orchester vor begeisterten Zuhörern, die bald völlig vergaßen, daß sie nur Limonade oder Kaffee-Ersatz zu trinken bekamen. Nahm die Musik einen swingähnlichen Charakter an, dann tobte das junge Volk und begann in Saalnischen, auf Treppenabsätzen und vor den Toiletten Swing zu tanzen, obwohl das verboten war. Nur gelegentlich wurde während der ersten Kriegsjahre das Tanzen in öffentlichen Lokalen erlaubt, aber nicht Swing, versteht sich, sondern nur »deutsche« Tänze. Viele Angehörige der Szene besaßen amerikanische und englische Jazzplatten. Sie wurden teils noch unter dem Ladentisch

131

an Bekannte verkauft, teils gingen sie im Schwarzhandel von Hand zu Hand. Einmal hörte ich bis in die frühen Morgenstunden bei einem Freund Platten aus seiner reichhaltigen Kollektion. Seine Favoriten waren Lionel Hampton und Fats Waller. Als wir genug hatten, ging ich rhythmisch beschwingt, in bester Stimmung, zu Fuß – weil nichts mehr fuhr, mehrere Stunden lang – über den Nollendorfplatz und durch die nächtlichleere Motzstraße nach Hause.

Auch die Insider gammelten nicht, sondern mußten natürlich irgendwo arbeiten. Es war ja immerhin Krieg. Wer trotzdem manchmal schon vormittags Zeit hatte, traf sich im Automatenrestaurant »Quick« am Zoo in der Joachimsthaler Straße. Man hatte sich immer etwas zu erzählen, obwohl man sich überhaupt nicht näher kannte, sondern nur auf der zu nichts verpflichtenden Basis der Swingszene miteinander umging. Vor allem blieb ausgespart, was man über die Nazis dachte. Aber auch ganz abgesehen davon waren menschliche Beziehungen damals ohnehin viel unverbindlicher als heute; oder scheint das nur so, sind sie vielleicht auch heute ganz unverbindlich? Zur Szene gehörten übrigens auch einige Ausländer, die damals in Berlin recht zahlreich waren. Ein ganzer Schub war aus dem Baltikum gekommen und wurde eingebürgert, nachdem die Selbständigkeit der baltischen Länder erloschen war. Andere stammten aus westlichen Ländern, die noch nicht oder nicht mehr im Krieg mit Deutschland lagen, und gingen in Berlin irgendeinem Job nach, zum Beispiel als Korrespondenten oder Musiker.

Ein besonderes Kapitel waren die Schwulen. Sie hielten sich, wenn sie an den Treffpunkten der Szene auftauchten, mit ihrer Veranlagung keineswegs zurück, sondern machten sich ziemlich offen – »Leih mir doch mal deinen Füllfederhalter« – an unerfahrene Jungen heran. Auch ich wurde manchmal als Objekt solcher Aktivitäten ausersehen, konnte aber meine »Bewerber« immer rechtzeitig abschütteln. Einmal kam ein Greis von mindestens vierzig mit mir in mein Zimmer, um es sich anzusehen,

Vorgarten des Delphi-Palasts

weil er eine neue Unterkunft suchte und gehört hatte, ich wolle ausziehen. Aber das war nur ein Vorwand. Kaum hatten wir die Tür hinter uns zugemacht, startete er eine zweifellos zielstrebige, aber dilettantisch ausgeführte Attacke. Da ich körperlich stärker war als er, konnte ich ihn jedoch mühelos auf Distanz halten. Man gewinnt mit der Zeit Routine. Ich erklärte ihm freundlich, daß in diesem Punkt bei mir nichts zu holen sei. Das akzeptierte er resignierend, murmelte eine Entschuldigung und machte sich davon. Sie gehörten ebenso zur Szene wie der Swing, wurden dort teils belächelt, im ganzen aber doch achselzuckend toleriert.

Als drittes Berlin erlebte ich das Berlin der normalen arbeitenden Bevölkerung. Die Swingszene war ja nur ein kleiner Ausschnitt, sie reichte etwa vom Lehniner Platz bis zum Wittenbergplatz, einschließlich einiger Nebenstraßen. Ich bekam eine Stellung als Praktikant in einer großen Firma, um die Zeit bis zu meiner Einberufung einigermaßen »sinnvoll« zu überbrücken. Unser Bürohaus lag im Norden, am Rosenthaler Platz, also in einer Gegend, die Berliner aus den westlichen Stadtteilen allenfalls aus beruflichen Gründen aufzusuchen pflegten. Ja ja, die Mauer stand schon damals, allerdings unsichtbar. Meine Kollegen im Büro gehörten natürlich nicht der Szene an, sondern dem in der Stadt verwurzelten Mittel- und Kleinbürgertum aus Steglitz oder Treptow, Schöneberg oder Köpenick.

Unsere Arbeit bestand im wesentlichen aus dem Heraussuchen, Zusammenstellen und Vergleichen von Zahlen für Export und Import, aus dem Aufstellen von Tabellen oder der Formalkorrektur von Manuskripten. Manchmal mußte ich auch mit einer Kollegin zum Statistischen Reichsamt am Alexanderplatz, um Zahlen zu überprüfen und spezielle Unterlagen einzusehen. Ich hatte zwar den ganzen Tag zu tun, gewann aber nie das Gefühl, meine Arbeit sei so dringend notwendig, daß meine Abteilung ohne mich nicht mehr weiterkäme. Es ging, so viel begriff ich, um wirtschaftliche Planungen in den besetzten Ostgebieten, aber auch um Handelsbeziehungen zu den noch »freien« Ländern Osteuropas. Daß unser Betrieb für die Kriegswirtschaft ziemlich wichtig war, wurde allgemein erzählt, aber Genaueres wußten nur die höheren Sachbearbeiter und Abteilungsleiter. Es interessierte mich auch nicht besonders. Immerhin hörte ich im Büro zum erstenmal den Namen Auschwitz. Es hieß, daß wir dort einen Zweigbetrieb mit ausländischen Zwangsarbeitern einrichteten. Aber das blieb Gerücht, niemand ging näher darauf ein oder stellte unvorsichtige Fragen.

Unter den Mitarbeitern im Hause waren, wie mir schien, fast keine Nazis. Selbstverständlich wurde niemals über Politik gesprochen, aber welche Gesinnung herrschte, spürte man doch an der gesamten Atmosphäre. Die Chefs waren hochqualifizierte, sachlich denkende Manager. Bei den unteren Chargen, zu denen ich gehörte, wurde mit durchschnittlichem Fleiß gearbeitet, korrekt und loyal, aber zunächst noch nicht in Überstunden und, soweit ich sah, ohne besonderes Engagement für die »Sache«. Das Pflichtbewußtsein hatte, besonders wenn es auf den Feierabend oder auf das Wochenende zuging, seine klaren Grenzen. Durchweg herrschte im Büro ein ungezwungener, kameradschaftlicher Ton. Zu reden gab es ja auch über die Dinge aus dem Alltagsleben genug. Man hielt ein Schwätzchen, erzählte sich vom neuesten Kino- oder Theaterbesuch, traf telefonisch seine Verabredungen und rüstete sich für ein paar Stunden unbeschwerter Freizeit. Die Kollegen meiner Abteilung gingen miteinander um, als ob es weder Nazizeit noch Krieg gäbe. Steckten sie wie der Vogel Strauß den Kopf in den Sand? Keineswegs, sie überblickten das Gelände voll, sahen aber weit und breit keinen Anlaß, anders zu leben, als man eben normalerweise lebt. Auch dies mitten im Krieg.

Enger befreundet war ich mit einem Sachbearbeiter für Statistik, der mit mir im selben Raum saß. Er war älter als ich, aber selbst noch ein jüngerer Mann um die Dreißig. Dieser erzählte fast ausschließlich von seinen Mädchenbekanntschaften; berichtete, wie er gestern abend bei »Teske« am Wittenbergplatz oder heute früh in der S-Bahn wieder etwas Neues aufgerissen hatte; welche Strategie er beim nächstenmal einschlagen könne; daß er morgen zum Kino verabredet sei und danach wieder eine prächtige »Nummer schieben« werde. Auch die anderen plauderten viel von ihren persönlichen Bekanntschaften und darüber, was sie so in der Freizeit taten. Der eine hatte ein Kanu in Tegelort, der andere ein Segelboot auf dem Müggelsee. Die Geschichten, die sich darum ranken ließen, reichten aus, um sich zu verständigen, denn mehr wollte man eigentlich auch gar nicht wissen. Selten sprach man über persönliche Interessen, soweit sie über die leicht kommunizierbaren gängigen Hobbys hinausgingen; noch seltener über Bücher, nie über Politik. Das Leben im Umfeld des Büros verlief ganz normal. Ich hatte nicht einmal das Gefühl, daß die Kollegen wichtige Dinge, die sie beschäftigten, aus umsichtiger Taktik verschwiegen. Nein, eher konnte man annehmen, daß sie auch unter gewandelten politischen Verhältnissen kaum anders gesprochen hätten. Es war eben nicht so, als bestünde stillschweigend Übereinkunft darüber, bestimmte Themen auszusparen und sich für den Alltagsgebrauch zu verstellen. Das Gegenteil ist richtig: Sie verstellten sich nicht, sie waren wirklich so.

Ein beliebtes Thema im Büro brachten die nächtlichen Luftangriffe. Man sprach darüber etwa so wie über einen Hagelschlag oder eine Schädlingsplage im Garten. Solche Angriffe erfolgten in dieser Zeitspanne noch relativ selten. Die ersten Bomben fielen zwar schon, aber irgendwie nahm man das, wenn nicht gerade das eigene Haus getroffen wurde, nicht ganz so ernst, fast mehr als eine Art Abenteuer. Wenn es nachts Alarm gab, gingen wir in den Keller und warteten. Dauerte der Alarm mindestens zwei Stunden, dann durften wir eine Stunde später ins Büro kommen. Kein Wunder also, daß die Zeitdauer, nicht etwa der Sachschaden, im Zentrum des Interesses stand.

Etwa einmal im Monat hatten wir im Büro Luftschutzdienst, immer zwei weibliche und zwei männliche Kollegen zusammen. Jeder bekam für seinen »Einsatz« eine Flasche Rotwein und fünf Mark. Wir saßen die halbe Nacht zusammen, tranken unseren Wein, tanzten nach mitgebrachten Platten Swing, plauderten und amüsierten uns. Zu tun gab es nichts. Wahrscheinlich sollten wir angesichts der wichtigen Akten im Hause Anwesenheit markieren und bei etwaigen Bombenschäden rettend eingreifen. Aber es passierte nie etwas, und wir hatten das Gefühl, es könne auch gar nichts passieren. Die jungen Kolleginnen, die ich vom Büro und vom Luftschutzdienst kannte, konnten zwar Swing tanzen, gehörten aber einem ganz anderen Typ an als die Mädchen aus der Szene. Die einen hießen Fräulein Krüger, Fräulein Schneider, Fräulein Krause, Fräulein Lehmann; die anderen Blackie, Teddy, Micky, Coca. Sie lebten in derselben Stadt, wohnten vielleicht nur wenige Kilometer voneinander entfernt, aber begegneten sich nie und kannten, wie ich heraushörte, die jeweils andere Welt überhaupt nicht.

Als ich im Büro anfing, war ich erst 17 Jahre alt, aber meine Jugendzeit war mit dem Abitur vorbei. Ich trat als junger Erwachsener auf und wurde selbstverständlich überall mit »Sie« und mit »Herr« angesprochen. Auch mit Gleichaltrigen ergab sich das »Du« keineswegs automatisch. Meine Umwelt bestand aus jungen Leuten, aber nicht aus Jugendlichen, weil es so etwas damals gar nicht gab. Wer kein Kind mehr war, trug Schlips und Anzug. Wenn man mit einem Mädchen ausging, war klar, daß man sie »ausführte«, für sie bezahlte und sie auch wieder nach Hause brachte. Ausgehen war, auch wenn man sich schon ganz gut kannte, eine gesellschaftliche Veranstaltung, keine gemeinschaftliche Unternehmung. Vielleicht klingt dir das heute verwunderlich – aber jeder hält das für normal, woran er gewöhnt ist.

So lebte ich – mehreren Kreisen zugehörig, aber von keinem ganz absorbiert. Zweifellos gab es noch zahlreiche andere Kreise, zu denen ich keinen Zugang hatte: Funktionäre und Oppositionelle, Offiziere und Zwangsarbeiter, Politiker und Kriminelle, Hautevolee und Proletariat. Die riesige Stadt umfaßte sie insgesamt und existierte als Aggregat aller dieser Gruppen mitten im Kriege ganz normal weiter. Die Menschen sprachen meist nicht deswegen nie über Politik, weil sie sich tarnen wollten, sondern weil Politik ohnehin in ihrem durchschnittlichen Leben nicht vorkam. Mit wem ich auch umging: Ich spürte weder Kriegshysterie noch Nazibegeisterung, weder brennendes Interesse für politische oder militärische Fragen noch finstere Entschlossenheit zu Kampf, Arbeit, Entbehrung, Opfer; weder Gemeinschaftsgefühl noch borniertes Feindbild; weder direkte Überwachung noch zielgerichtete Indoktrination. Die Hauptstadt des Landes, das den Krieg angezettelt hatte, funktionierte wie im Frieden. Was im geheimen an Demütigungen, Gewaltakten, Verhaftungen, Deportationen, Liquidierungen, aber auch an konspirativen Handlungen und Widerstandsversuchen vorging, schob man weg, selbst wenn man es zuweilen ahnte; man nahm es nicht nur nicht zur Kenntnis, sondern, was viel bemerkenswerter ist: Es hätte, selbst wenn es zur Kenntnis genommen worden wäre, kaum eine Rolle gespielt.

GÜNTER DE BRUYN

Saint Louis Blues

Die Tagesangriffe, die die 8. US-Luftflotte ab Anfang März 1944 auch gegen Berlin richtete, erlebte ich nicht mehr mit. Am 12. Februar, einem Sonnabend, konnte ich die inzwischen von Bomben demolierte Flakstellung als Zivilist verlassen; am Dienstag, dem 15., trat ich zur Neuuniformierung wieder an.

An der Greifswalder Straße, in der Nähe des S-Bahnhofs, der damals den Namen Weißensee führte, befindet sich eine in den dreißiger Jahren entstandene Wohnsiedlung, die wohl an mittelalterliche Wehrhaftigkeit erinnern soll. Die um zwei Innenhöfe herumgebauten Wohnblöcke mit Satteldächern, deren Ecken durch zwecklose Rundbogenlauben verstärkt sind, geben sich nach der Allee zu trutzig, halb als Burg, halb als Kaserne; die mächtige Straßenfront hat keine Türen, nur in der Mitte eine rundbogige Einfahrt, eine Art Burgtor, mit Wappen geziert. Die heute begrünten Höfe sind in meiner Erinnerung kahl: zwei Exerzierplätze, getrennt durch die vom Tor herkommende Straße, auf der Führer des Reichsarbeitsdienstes in ihren häßlichen Uniformen standen und Pappschilder hielten, auf denen Zahlen die Abteilungen angaben, denen man zugeordnet war. Die Siebzehnjährigen, die den Hof füllten, waren als Neurekrutierte an den Kartons, die sie trugen, leicht zu erkennen; sie unterschieden sich aber von den normalen Militär-Neulingen, die sich den unbekannten Gewalten in scheuer Ängstlichkeit nahen, durch Selbstsicherheit und eine renitent wirkende Arroganz. Die vielen Hunderte, die zur zweiten Hälfte des Jahrgangs 1926 gehörten, waren alle Berliner und hatten als Luftwaffenhelfer gedient. Den als dumm und parteitreu geltenden Arbeitsdienstführern, die aus Ostpreußen kamen und die verachteten Hakenkreuzarmbinden trugen, fühlten sich die Großstädter und Oberschüler weit überlegen, und sie hielten es als kampferprobte Krieger für eine Zumutung, diesen Halbsoldaten untergeben zu sein. Einige, die sich bei der Flak schon Orden erworben hatten, trugen diese demonstrativ auf ihren zu klein gewordenen Mänteln und Jacken. Prahlend und lachend stand man in Gruppen beisammen, ignorierte die Führer und begrüßte Bekannte mit lautem Hallo. Als die ersten Kommandos zur Aufstellung in Reih und Glied mahnten, stellte man sich erst taub und ließ die Führer sich heiser brüllen, bewies dann aber militärische Erfahrung, indem man den Befehl nicht verweigerte, sondern unendlich langsam befolgte, so daß die nervös werdenden Führer, die die Haufen umschwärmten, die Zögernden schoben und zerrten, worauf diese in ruhigem Ton sagen konnten: der Vorgesetzte habe kein Recht, den Untergebenen anzufassen, es sei denn, er frage vorher um die Erlaubnis dazu.

Long Pat hatte versprochen, in seinem englischen Reiseanzug zu kommen, und er machte damit Sensation. Ich hatte ihn nie gemocht, seiner Angeberei wegen, doch hatte mir das Selbstbewußtsein, mit dem er seine Spleens pflegte, auch imponiert. Er war, glaubte man seinen Geschichten, schon Beglücker vieler Frauen gewesen, und nicht nur in den Nachtbars der Friedrichstraße, sondern auch, was bezweifelt wurde, mit Teddy Stauffer bekannt. Von Herrenanzügen und Sexualpraktiken konnte er deshalb ausführlich berichten, sein Hauptthema aber war der Jazz. Der missionarische Eifer, den er auf diesem Gebiet zeigte, wurde im Laufe des Flakjahres immer ausgeprägter, weil er erfolgreich war. Mit dem Koffergrammophon zog er am Abend von Stube zu Stube und führte die Perlen seiner Plattensammlung der ständig wachsenden Zahl seiner Anhänger vor. Rhythmisch zitternd, mit verklärten Gesichtern, manchmal den Schlagzeuger imitierend, umstand man den schwarzen Kasten und pfiff oder summte die Melodien mit. Das Rauschen, Kratzen und Krächzen störte den Genuß so wenig wie Pats Ausrufe, mit denen er ankündigte, daß jetzt gleich Louis Armstrongs Trompete wieder einsetzte oder Ella Fitzgerald in »A Tisket, A Tasket« ihre Stimme aus tiefster Tiefe zu unerreichbar scheinender Höhe hob. Daß diese Klänge, als Negermusik verteufelt, offiziell unerwünscht waren, erhöhte nur ihren Reiz. Der Batteriechef, der sich an einem heißen Sonntag im Sommer, als das Grammophon im Schatten der Scheinwerferstellung lärmte, leutselig unter die Swingfreunde mischte, fragte nur lächelnd, ob sie nicht wüßten, daß die Musik des Feindes verboten sei, und kümmerte sich nicht weiter darum. Dr. Neumann, der natürlich gelehrt reagierte, konnte über die ersten Ragtime-Bands in den Südstaaten und über den Siegeszug des »Saint Louis Blues« (der den Äthiopiern 1935 in ihrem unglücklichen Kampf gegen die Italiener sogar als Kriegshymne gedient hatte) referieren, und er erinnerte daran, daß die preußischen Offiziere im Koalitionsfeldzug gegen das revolutionäre Frankreich gern die Marseillaise gesungen hatten – eine Abschweifung, deren Anspielungsreichtum ich erst später begriff. Ein Propagandafilm, der gegen die amerikanischen Plutokraten hetzte, wurde von Pat mit den Worten: Den müßt ihr euch anhören! empfohlen, weil die abstoßenden Bilder von jüdischen Börsenjobbern und Kriegsgewinnlern mit originalem Jazz unterlegt worden waren. Pat hatte Kid Ory und Duke Ellington, Bix Beiderbecke und Count Basie genau identifiziert.

Diese und andere Jazzkoryphäen waren auch in einem Aufsatz Long Pats vertreten, den er nicht für den Schul-, sondern den Militärunterricht geschrieben hatte. Die Taktik der Luftabwehr war wieder einmal geändert worden; für einen eifrigen Leutnant hatten wir ein Unterrichtsprotokoll anfertigen sollen; und Pat hatte eine Dichtung daraus gemacht. Statt die neue Taktik (die darin bestand, die Flugzeuge nicht direkt zu bekämpfen, sondern zwischen sie und ihr Ziel eine Feuerzone, den sogenannten Balken, zu legen) von ihrem Urheber her darzustellen, schilderte er, wie der Feind darauf reagierte, und der hörte auf Namen wie Bob, Ted oder Joe. Fünf Männer, zwei Schwarze drunter, die nachts in ihrem schweren Bomber Kurs auf die Reichshauptstadt nehmen, hören Jazz von Radio Beromünster und rufen sich nicht nur die Städte, die sie überfliegen, sondern auch die Namen der Bandleader und der Solisten zu. »Begin The Beguin« ertönt, wenn sie den Rhein überfliegen; über Hannover müssen sie sich, während der »Tiger Rag« rast, der deutschen Jäger erwehren; das Berliner Funkmeßsystem erfaßt sie, als sie von einer Siegesfeier mit Benny Goodmans Big Band auf dem Neuköllner Hermannplatz träumen; und wenn sie ins Balkenfeuer der Flak geraten, stürzen sie unter den Klängen von »When The Saints Go Marchin' In« ab.

Ich war, wider Willen, vom Jazz nicht weniger fasziniert als die andern, mochte es aber nicht wahrhaben, weil mir die Masse der Jazzfreunde mißfiel. Um meine Ablehnung zu begründen, entwickelte ich eine Theorie, die besagte: Jazz könne tatsächlich begeistern, aber er wende sich an Triebe und Sinne, ich aber sei mehr für Vernunft. In der Hitze der Diskussion verstieg ich mich einmal zu einer Formulierung, für die ich damals ausgelacht wurde und derer ich mich heute noch schäme; ich behauptete nämlich, nachdem ich den rauschhaften Zustand, den Jazz erzeuge, verurteilt hatte: Dann schon lieber den Hohenfriedberger Marsch!

Der lange Pat also, der alle Welt überragte, obwohl er, um sich kleiner zu machen, den Rücken krümmte, erschien an diesem trüben Wintermorgen auf dem Stellplatz des Arbeitsdienstes tatsächlich als englischer Lord. Das karierte Jackett, aus dessen Tasche die Rennzeitung ragte, fiel lang über karierte Knickerbocker; die karierte Ballonmütze hatte er fief in die Stirn gezogen; und auch sein Köfferchen war kariert. Um seinem Auftritt die rechte

Wirkung zu geben, war er verspätet erschienen. Schon hatten die Abteilungen sich formiert und waren zu einem Karree zusammengestellt worden, an dessen offener Seite der Chef des Ganzen, ein Oberstfeldzeugmeister, sich anschickte, eine Rede zu halten, da trat, elegant ein Spazierstöckchen schwingend, der lange Pat auf den Plan. Als habe er von militärischen Umgangsformen nicht die geringste Ahnung, wollte er nach höflichem Guten Tag! und Entschuldigen Sie bitte, mein Herr! von dem Obersten wissen, ob er hier richtig wäre beim Arbeitsdienst. Und als er angebrüllt wurde: er solle die Knochen zusammenreißen und sich anständig melden, war er beleidigt und sagte: Man habe ihn auf dem Postwege hierher gebeten, und obwohl er Dringenderes vorgehabt habe, sei er gekommen, aber wenn er diesen rüden Ton höre, bereue er das. Auf den Befehl zum Hinlegen wollte er wissen, wozu das nötig sein solle, setzte dann aber sein Köfferchen ab, holte die Rennzeitung aus der Tasche und breitete sie, unter Hinweis auf seinen Anzug, sorgfältig am Boden aus.

Mit dem Erfolg seines Auftritts war der Lange zufrieden. Man lachte auch noch, als er sich endlich an den rechten Flügel bequemte, und hörte dem schreienden Führer nicht zu. Der beendete rasch seine vorbereitete Rede und ließ sich zu Haßtiraden auf die Berliner und die Studierten hinreißen. Als er dabei immer vulgärer wurde, ertönte, von den hinteren Reihen ausgehend, ein durch die geschlossenen Lippen gepreßtes Summen, das sich zum Brummen steigerte und schließlich zum Schreien wurde, in dem die Drohungen untergingen und der Redner zum Darsteller eines Stummfilms wurde, bis er es aufgab und den Abmarsch befahl. Wäre die Meuterei nicht so ziellos gewesen, hätte sie sich nach diesem Erfolg noch steigern können, so aber ebbte sie langsam ab. Als auf dem Marsch durch die Greifswalder Straße zum Güterbahnhof ein Lied verlangt wurde, versuchte Pat, den »Saint Louis Blues«, dem er einen Text von Conrad Ferdinand Meyer untergelegt hatte, anzustimmen, aber da nur wenige diesen kannten, klappte das nicht so recht. Als wir drei Tage später, müde, hungrig und durchgefroren, in Rastenburg (Ostpreußen) aus den Güterwagen stiegen und bei zwanzig Grad Kälte den Marsch nach einem Ort namens Niedersalpkeim antraten, dachte man nur noch an warme Suppen und richtige Betten, nicht mehr an Rebellion.

Pat ist mir beim Eintreffen im Barackenlager aus den Augen geraten. Erst nach dem Krieg, zwischen den Ruinen der Friedrichstraße, habe ich ihn zufällig wiedergetroffen. Nach seinem eleganten Anzug zu urteilen, ging es ihm gut. Er habe, erzählte er mir, eine phantastische Anstellung im Ostsektor gefunden, wo er einen vergnügten Lenz lebe, weil seine Chefin den besten Teil seines Körpers zu schätzen wisse. Genaueres konnte ich nicht erfahren, da er es eilig hatte. Man wartete in den »Rheinterrassen« auf ihn.

Opposition im Medium der Klänge

Albert Mangelsdorff im Gespräch mit Bert Noglik

Biographisches über Albert Mangelsdorff kann man in Jazzlexika, in diversen Büchern und Interviews nachlesen. Prägende Erlebnisse bewogen ihn bereits Anfang der vierziger Jahre, sich für den Jazz zu entscheiden – als Beruf und Berufung. Und das in einer Zeit, in der Jazz offiziell verfemt wurde.

Der Posaunist Albert Mangelsdorff, eine der zentralen Persönlichkeiten des Jazz in Deutschland seit den fünfziger Jahren, lernte zunächst Violine bei einem Onkel in Pforzheim. Über diesen Weg hoffte er, Anschluß an den Jazz zu finden, ohne seine musikalischen Neigungen damals bereits zu offenbaren. Nach anderthalbjährigem Unterricht wurde der Onkel zum Militär eingezogen. Zuvor gelang es noch, Albert Mangelsdorff am Frankfurter Konservatorium anzumelden. Doch das Kriegsjahr 1944 ließ keinen Lehrbetrieb mehr zu. Zur Fabrikarbeit dienst-

verpflichtet, begann Mangelsdorff in seiner knapp bemessenen Freizeit, autodidaktisch Gitarre zu spielen. Im Zeitraum von 1940 bis 1945 formte sich seine musikalische Mentalität – eine Musizierhaltung, der er bei aller Wandlung im Stilistischen bis in die neunziger Jahre treu geblieben ist. Es liegt nahe, passierte aber relativ selten, Albert Mangelsdorff nach seinen Erfahrungen in jenen Jahren zu befragen. Nach einem Konzert sitze ich ihm in einer kleinen Garderobe gegenüber. Er wirkt angestrengt, aber keineswegs erschöpft, läßt sichtliches Interesse am Thema erkennen und vergißt gar, daß er eigentlich mit den Kollegen essen gehen wollte.

Der Versuch einer Rückblende. Das Jahr 1940. Albert Mangelsdorff war damals 12 Jahre alt. Sein älterer Bruder Emil brachte die ersten Jazzplatten mit ins elterliche Haus nach Praunheim, einem Vorort von Frankfurt. Welche Faszination ging damals von dieser Musik aus?

Albert Mangelsdorff: Als ich die ersten Platten hörte, die Emil mitbrachte, lief es mir den Rücken herunter. Da war bereits zu Beginn ein unmittelbar körperlicher Affekt. Hinzu kam, daß ich schon etwas musikalisch war, das also von der Melodik und vom Ausdruck her gut mitbekam. Vom ersten Augenblick an hat mich diese Musik gepackt.

Hast du das auch, was das Gefühl anbelangt, als eine Gegenwelt zum Militärischen im damaligen Deutschland empfunden?

Albert Mangelsdorff: Ganz gewiß. Es wirkte entgegengesetzt zu dem, was man sich vorwiegend hat anhören müssen – Marschmusik und die Lieder, die damals gesungen wurden. Da mein Elternhaus sowieso antifaschistisch orientiert war, empfand ich das als künstlerischen Ausdruck dessen, was man dem Nazismus entgegensetzen konnte.

Hatte der kleine Kreis, der sich um deinen Bruder, Horst Lippmann und Carlo Bohländer und andere scharte, primär ein musikalisches Interesse am Jazz, oder wurde die Musik damals bereits als eine Art jugendlicher Subkultur begriffen?

144

Albert Mangelsdorff: Sicher hat beides eine Rolle gespielt. Über die Musik haben sie sich gefunden, sind sie zusammengekommen. Aber da war keiner dabei, der mit den Nazis etwas im Sinn gehabt hätte.

Aus diesem Kreis ist dann 1941 der Hot Club Frankfurt hervorgegangen ...

Albert Mangelsdorff: Horst Lippmann hatte die Verbindungen, er war eine treibende Kraft, schaffte ausländische Schallplatten und Jazz-Zeitschriften herbei, die dann unter den Freunden herumgingen. Weder Emil noch ich konnten Englisch, aber wir haben versucht, etwas herauszulesen über Duke Ellington, Count Basie und Satchmo. Horst Lippmann hat dann auch selbst ab und an ein kleines Blatt erarbeitet, in dem Jazznachrichten standen und das in unserem Kreis zirkulierte. Carlo Bohländer war zwar damals beim Militär in Gießen, kam aber an den Wochenenden immer nach Frankfurt und hat es dann durch Hungern geschafft, auf ein solches Untergewicht zu kommen, daß sie ihn vom Militär entlassen haben.

Ihr habt ja damals nicht nur Jazz hören, sondern recht bald auch Jazz spielen wollen. Nun war seinerzeit weder an Jazzschulen noch an Unterrichtswerke zu denken. Habt ihr die Musik anhand von Platten transkribiert oder versucht, nach dem Gehör zu spielen?

Albert Mangelsdorff: Transkribiert wurde wohl kaum. Man hat vor allem von den Platten nach dem Gehör gelernt, was natürlich einige Begabung voraussetzte.

Ging, was den Jazz anbelangt, der Haupteinfluß damals von den Schallplatten oder vom Hören der sogenannten »Feindsender« aus?

Albert Mangelsdorff: Am wichtigsten waren die Schallplatten. Anfang der vierziger Jahre gab es noch nicht so viel Jazz in den sogenannten »Feindsendern« zu hören. Am Radio saß man vor allem wegen der Nachrichten – mein Vater jede Nacht und ich natürlich dabei. Wegen der Musik habe ich die Sender dann erst später, ich schätze ab

1943, gehört, als zwischen den Nachrichten sehr viel Jazz lief – vor allem Glenn Miller, aber auch Duke Ellington und Count Basie.

Euer Kreis war damals bereits vergleichsweise »puristisch« orientiert – nicht so sehr an swingender Unterhaltungsmusik, sondern am schwarzamerikanischen Jazz ...

Albert Mangelsdorff: Ja, Musiker wie Roy Eldridge oder Lester Young waren für uns die Hauptfiguren.

War euch die Gefährlichkeit bewußt, »Feindsender« zu hören?

Albert Mangelsdorff: Durchaus. Es hätte genügt, daß einen irgend jemand dabei erwischt und anzeigt, um von der Gestapo verhört bzw. verhaftet zu werden. Andererseits gab es in der Siedlung, in der meine Eltern wohnten, kaum Nazis. Ich habe dann aber auch in der Zeit, in der ich bei meinem Onkel in Pforzheim wohnte, und ab dem Sommer 1944 wieder in Frankfurt ständig »Feindsender« gehört.

Welche Sender waren das in den letzten Kriegsjahren?

Albert Mangelsdorff: Neben BBC gab es einen Soldatensender Calais und einen Soldatensender Atlantic – beide von Amerikanern betrieben.

Wer sich nur wenig mit der Geschichte des Dritten Reiches beschäftigt hat, nimmt mitunter an, Jazz wäre generell verboten gewesen. Doch es gab, beispielsweise in Frankfurt, zumindest bis in die ersten Kriegsjahre hinein, in großen Kaffeehäusern wie dem Schumann-Café und dem Café Regina jazzinspirierte Unterhaltungsmusik zu hören.

Albert Mangelsdorff: Dabei mußte man sich allerdings vorsichtig bewegen. Obwohl vorwiegend amerikanische Stücke gespielt wurden, hat man diese nie englisch angesagt. Für amerikanische Titel wurden deutsche Übersetzungen gefunden – der »Tiger Rag« verwandelte sich beispielsweise in den »Schwarzen Panther«. Es war tatsächlich so, daß in Frankfurt damals noch Big Bands spielten – Swing-Bands aus Belgien, Holland und Schweden, die durchaus dem damaligen Standard entsprachen. Big Bands wie die von Arne Hülphers aus Schweden, von John Kristel oder von Ernst van't Hoff aus Holland machten wirklich gute Swingmusik und hatten auch einige Solisten dabei, die wunderbare Chorusse spielten. Mein Bruder Emil hat mich damals mitgenommen, obwohl ich vier bis fünf Jahre zu jung war, um dort hineingelassen zu werden. Da ich, ziemlich hoch aufgeschossen, älter wirkte und mir außerdem einen Anzug von Emil anzog, bin ich diesbezüglich nie kontrolliert worden.

Was für ein Publikum hat sich damals in diesen Cafés versammelt?

Albert Mangelsdorff: Wenn ich mich richtig erinnere, waren das vorwiegend ganz junge Leute, die sich enthusiastisch für die Musik interessierten. Viele, gerade was die Clique um meinen Bruder anbelangt, kannten sich untereinander.

Nach dem, was ich gehört habe, waren das nicht etwa kleine Nischen, sondern, was die Cafés anbelangt, Treffpunkte für hundert bis zweihundert Besucher.

Albert Mangelsdorff: Ganz gewiß. Und auch die »Rokoko-Diele« in der Kaiserstraße, wo Emil und seine Freunde auftraten, war immer brechend voll mit jungen Leuten. Natürlich mußte man höllisch aufpassen, weil immer wieder der HJ-Streifendienst kontrollieren kam. An den Ausgängen waren daher von uns Aufpasser postiert, die sofort gewarnt haben, wenn Gefahr im Anzug war. Dann sind erst einmal die ganz jungen Leute, die unter achtzehn – das war, glaube ich, das Mindestalter – verschwunden. Außerdem wurde die Musik ein bißchen umgestellt, damit sie nicht zu jazzig klang.

Wo hat sich der Kreis um deinen Bruder getroffen, um zu proben?

Albert Mangelsdorff: Das war im Lokal von Horst Lippmanns Eltern, das vormittags geschlossen war. Dort fanden auch im kleinen Kreis der Musiker die privaten Jam Sessions statt.

Hatte das für die Beteiligten politische Untertöne?

Albert Mangelsdorff: Auf jeden Fall. Jeder war sich dessen bewußt, daß es sich um eine konspirative Sache handelte.

Dein Bruder ist damals von der Gestapo inhaftiert worden …

Albert Mangelsdorff: Er war gute zwei Wochen total verschwunden. Wir wußten nicht, wo er ist, und meine Eltern waren in allergrößter Sorge. Auch seine Freunde hatten keine Ahnung, wo man ihn hätte finden können. Die Gestapo versuchte, aus ihm etwas über den konspirativen Charakter der Jazzbewegung herauszubekommen. Nach zwei Wochen tauchte Emil wieder auf und hat uns – damals jedenfalls – nichts über Haft und Verhöre erzählt. Man hat ihm wahrscheinlich die größten Auflagen gemacht und angedroht, was passieren könnte, wenn er anderen davon etwas mitteilte.

Es heißt: Nirgendwo war man so sicher, nicht von den Nazis unterwandert zu werden, wie in Jazzkreisen. Ich vermute, das hängt auch damit zusammen, daß die Nazis einfach nicht an diese Mentalität herankamen, sich demzufolge auch gar nicht tarnen und einschmuggeln konnten.

Albert Mangelsdorff: Das war wohl so, aber das schließt nicht aus, daß es hin und wieder doch eine Ausnahme gegeben hat. Ich erinnere mich, daß Emil einmal einem jungen Mann, der in diesem Kreis verkehrte, einen Rat gab, wie er sich dem Wehrertüchtigungslager entziehen könne. Dieser junge Mann hat meinen Bruder verraten. Ich weiß nicht, ob man es aus ihm herausgeholt oder ob er es freiwillig erzählt hat – jedenfalls hatte das zur Folge, daß Emil viel früher zum Militär eingezogen wurde, als das normalerweise der Fall gewesen wäre. Seine Rückstellung aufgrund des Musikstudiums wurde sofort aufgehoben; er kam zum Arbeitsdienst, zur Front und kehrte erst 1949 aus russischer Kriegsgefangenschaft wieder nach Hause zurück.

Wie ging es weiter, nachdem dein Bruder Emil 1943 zum Militär eingezogen worden war?

Albert Mangelsdorff: Die Gruppe der Musiker, die sich mit dem Jazz befaßte, wurde immer kleiner. Ich hatte kaum mehr Möglichkeiten, Verbindungen zu halten. Carlo Bohländer ist allerdings hin und wieder bei meinen Eltern aufgetaucht. Wir wohnten in einem Vorort. Durch die Bombenangriffe waren die Straßenbahnen nicht mehr benutzbar, es bereitete Schwierigkeiten, überhaupt in die Stadt zu kommen.

Von 1944 an seid ihr dann jeweils an den Wochenenden aufs Land geflohen.

Albert Mangelsdorff: Ja, vor allem, um uns dem HJ-Dienst zu entziehen. Unzählige junge Leute sind damals immer wieder mit dem Zug in den Taunus gefahren. Man fuhr eine halbe bis eine Stunde. Kronberg war der Zielbahnhof. Von dort aus wanderten die vielen kleinen Gruppen in den Taunus. Wir waren eine Gruppe von etwa acht Jungen und Mädchen. Einige spielten Gitarre, und ich habe bei diesen Ausflügen angefangen, mich auf der Gitarre zu versuchen. Unsere Gruppe war im Unterschied zu den anderen sehr stark jazzorientiert. Das hing nicht nur mit mir und auch nicht mit dem Kreis meines Bruders zusammen. Wir haben Lieder gesungen, aber auch gepfiffen und gesummt, was wir so an amerikanischen Stücken kannten. Und diesbezüglich war ich nun derjenige, der das meiste mitbrachte. Andererseits haben wir unsere Lieder auch selbst gemacht – einer steuerte die Texte bei, und ich erfand jazzige Melodien dazu. Was den Jazzeinfluß anbelangt, bildete unsere Gruppe eine Ausnahme. Die anderen sangen meist Lieder, die aus der Weimarer Zeit stammten, Wandervogel-Lieder und ähnliches.

Deinen Schilderungen entnehme ich, daß es sich bei diesen Taunus-Wanderungen um eine Massenbewegung von Jugendlichen handelte.

149

Albert Mangelsdorff: Absolut. Es waren Tausende von jungen Leuten, die auszogen, um sich vor dem sonntäglichen HJ-Dienst zu drücken. Man kann sich das heute gar nicht mehr vorstellen. Die Ausflügler verteilten sich am Tag über den ganzen Taunus und trafen sich dann an den verschiedenen Wanderzielen in einer Reihe von Kneipen. In jeder Ecke saßen Gruppen, die abwechselnd ihre Lieder sangen. Nach vier Dünnbier – das war kein richtiges alkoholhaltiges Bier mehr – konnte man dann auch Apfelwein trinken, dem tapfer zugesprochen wurde und der seine Wirkung nicht verfehlte. Ich kann mich noch gut erinnern, daß wir manchmal ganz schön bezecht aus dem Taunus nach Hause zurückkehrten.

Spielte damals auch die Erotik eine Rolle?

Albert Mangelsdorff: Wie überall unter Jugendlichen. Wir hatten alle auch unsere Freundinnen dabei.

Wenn es so viele waren, die sich den Verpflichtungen durch die Nazis entzogen, liegt es doch nahe anzunehmen, daß die Gestapo oder die HJ diese Bewegungen obersvierten ...

Albert Mangelsdorff: Das haben sie versucht, obwohl sie nie die Wirkung erreichten, die sie beabsichtigten. Einerseits verteilten sich die Gruppen weiträumig; andererseits waren sie auch körperlich gut beisammen. Einmal hat uns eine Gruppe von acht oder zehn Streifendienstlern der Hitlerjugend verfolgt. Wir versuchten zunächst, ihnen durch schnelleren Gang zu entfliehen. Als das nicht gelang, kam es zu einer Schlägerei, was des öfteren vorkam. Wir haben quasi gewonnen und die HJ-Leute in die Flucht geschlagen.

Ihr nanntet euch damals »Edelweißpiraten«. Was hatte es damit auf sich?

Albert Mangelsdorff: Um uns nach außen kenntlich zu machen, trugen wir umgeschneiderte HJ-Uniformen. Die schwarze Bluse mit dem charakteristischen Zuschnitt wurde auseinandergenommen. Wir entfernten die Knöpfe und setzten dafür Reißverschlüsse ein. An den Ärmel hefteten wir dieses Edelweißabzeichen. Das war ein kleines Stoff-Emblem, das – glaube ich – ursprünglich von den Gebirgsjägern stammte und das es zu kaufen gab.

Laß uns in diesem Zusammenhang noch einmal auf den Jazzkreis zu sprechen kommen, dem auch dein Bruder Emil angehörte. Gab es da, wie in fast allen jugendlichen Subkulturen, auch bestimmte Kodizes in Form von Moden oder Habitus?

Albert Mangelsdorff: Ja, und zwar nicht zuletzt inspiriert durch Artikel und Abbildungen im »Völkischen Beobachter«, in denen über Jazz hergezogen wurde. Unter einem Foto der Hände von Benny Goodman las man »Verbrecherhände«; andererseits sah man junge amerikanische Jazzfans abgebildet, sogenannte »Zoot Suiters«. Die hatten ganz bestimmte enge Röhrenhosen an und weite Jacketts, dazu lange, hängende Uhrketten und anderes. Das wurde nachgemacht. Wenn wir das nicht im »Völkischen Beobachter« gesehen hätten, wäre keiner von uns auf die Idee gekommen. Die Nazis wollten mit solchen Berichten Abscheu vor der »Nigger-Juden-Musik« verbreiten, erreichten bei uns aber genau das Gegenteil. Solche Seiten aus dem »Völkischen Beobachter« wurden von einigen geradezu wie Reliquien aufbewahrt.

Ich war ganz erstaunt zu erfahren, daß beispielsweise dein Bruder Emil lange Haare trug, um sich von militärischem Aussehen bewußt zu unterscheiden. Wenn es stimmt, daß ihm damals zwangsweise die Haare geschnitten wurden, kommen mir düstere Parallelen in den Sinn.

Albert Mangelsdorff: So etwas kam in jenen Jahren häufig vor: gewaltsames Kürzen der Haare. Die Haartracht war auch ein gewisses Erkennungszeichen der Leute, die in den Jazzkreisen verkehrten. Selbst ich lief damals, bereits als Zwölf- bis Dreizehnjähriger, mit längeren Haaren herum.

Alles zusammengenommen, entsteht bei mir der Eindruck, daß seinerzeit eine weithin übersehene oder mittlerweile vergessene oppositionelle Jugendbewegung entstand …

Albert Mangelsdorff: Ganz gewiß handelte es sich um eine solche Bewegung, auch wenn der Ausdruck »Swing-Jugend«, unter uns jedenfalls, nicht bekannt war.

Wußtet ihr von der »Swing-Jugend« in Hamburg, gab es Verbindungen zwischen den Städten?

Albert Mangelsdorff: So weit ich mich erinnere, waren wir im wesentlichen auf uns allein gestellt.

Wurde der Druck der Nazis auf die Jazzkreise in den letzten Kriegsjahren drakonischer?

Albert Mangelsdorff: Ich glaube, obwohl ich etwas abgeschnitten war, daß die Repression ein wenig nachließ – einfach, weil es weniger Aktivitäten gab. Die »Rokoko-Diele« war irgendwann zerbombt, damit ging diese Geschichte zu Ende. Später haben sich die Jazzleute im »Wappenhof«, das war ein ziemlich verrufenes Lokal, eine Kaschemme, in der Altstadt getroffen. Ich war ein paarmal da. Musiker wie Carlo Bohländer oder der Pianist Louis Freichel, der verwundet aus dem Krieg zurückkam und sich dem Jazzkreis wieder anschloß, tauchten dort auf. Ich hatte den Eindruck, daß sie dort relativ unbehelligt waren – schon deshalb, weil sich in eine solche Kaschemme ohnehin kaum jemand traute.

Wurde damals noch Tanzmusik gespielt? Gab es noch Swing-Orchester?

Albert Mangelsdorff: Das war nach dem Frühjahr 1944 alles vorbei. Danach war sowieso alles zerbombt, auch die Cafés, in denen früher Swingmusik gespielt wurde.

Die meisten Männer waren ja wohl im Krieg. Ich kann mir kaum vorstellen, daß man in dieser Atmosphäre noch entspannen oder ausgehen wollte …

Albert Mangelsdorff: Die paar Male, die ich beispielsweise im »Wappenhof« war, boten mir ein gänzlich anderes Bild als das, was ich beispielsweise von der »Rokoko-Diele« in Erinnerung hatte. Während man in der »Rokoko-Diele«

seinerzeit kaum Platz zum Stehen fand, saßen im » Wappenhof« nur ein paar Leute an den Tischen herum. In einer Ecke spielten die Musiker. Es war eine gänzlich andere Situation: die meisten jungen Leute wurden damals bereits mit sechzehn Jahren eingezogen, und rundherum stand schon alles in Trümmern.

Mir erscheint es ohnehin schwierig nachzuempfinden, wie in so schweren Zeiten die sinnliche Expressivität des Jazz zum Symbol eines Lebensstils werden konnte.

Albert Mangelsdorff: Jazz stand ja für uns nicht nur als Symbol für Lebensfreude. Jazz stand für Freiheit und damit im Gegensatz zu dem, was da oben war. Leute, die mit den Nazis nichts zu tun haben wollten, haben sich im Jazz – sagen wir einmal – abstrakt artikuliert.

Jazz, nicht als Unterhaltungsmusik, sondern als ernsthafte Auseinandersetzung, als Medium für politische Überzeugung und als Ausdruck von Lebensgefühl …

Albert Mangelsdorff: Ja gewiß.

Was hat die Nazis so am Jazz gestört, warum haben sie den Jazz so gehaßt? War das die Tatsache, daß sich da, mehr oder weniger bewußt, eine Opposition formierte, oder wollten sie tatsächlich diese Musik ausmerzen?

Albert Mangelsdorff: Ich denke, daß sie sowohl etwas gegen die Musik als auch etwas gegen die Leute hatten, die diese hörten und spielten. Jazzmusik war für die Nazis etwas »Entartetes«, etwas Ausländisches, vorwiegend Amerikanisches.

Jazz als Musik der »anderen«, der Kampf des »Völkischen« gegen die Juden und Neger.

Albert Mangelsdorff: Ja, genau. »Jüdische Niggermusik«, so stand es ja auch in den Haß-Artikeln des »Völkischen Beobachters«.

Ging es euch, die ihr Jazz gehört und gespielt habt, auch um das Assoziationsfeld dieser Musik, um Amerika?

Albert Mangelsdorff: Natürlich spielte das Amerikanische im Zusammenhang mit dem Jazz für uns immer eine wichtige Rolle. Den ganzen Krieg hindurch war für mich Jazz gleich Amerika und Amerika gleich Freiheit. Die Schlußfolgerung lautete: Je eher uns die Amerikaner befreien, desto besser. So haben wir es empfunden, auch wenn es, was den Jazz anbelangt, dann doch etwas anders kam, als wir es erhofft hatten.

Ihr dachtet wahrscheinlich, das ganze Duke Ellington Orchestra käme nach Frankfurt …

Albert Mangelsdorff: … und es würde nur noch Jazz gespielt werden. Es kam anders. Doch das ist schon eine andere Geschichte.

Während Albert Mangelsdorff den Posaunenkoffer schließt und seine Sachen zusammenpackt, fragt er freundlich: »Glaubst du wirklich, das interessiert jemanden?« Draußen schlägt uns die Kälte entgegen. Auf dem Weg zum Restaurant, wo die anderen bereits gegessen haben, kommen wir an einem Gebäude vorbei, an dessen Wand schon wieder ein Nazizeichen geschmiert wurde. Ich weiß nicht, ob in dieser Situation hin- oder wegsehen angebracht ist, und sage zu Albert nur ein leises »Danke«.

WALTER KEMPOWSKI

aus: Tadellöser & Wolff

Nun trugen wir weiße Schals und ließen uns das Haar
lang wachsen. Johannes Heesters.

> Man sieht's am Gang
> und an den Haaren
> Was Stenze sind
> und Louis waren …

Ein weißer Schal mußte es sein, unbedingt. Den trugen sie
in Berlin auch: Edelweißpiraten.
   Bei meiner Mutter, in der Frisiertoilette, fand sich einer.
   Manfred, den ich auf der Straße traf, blieb stehn und
fragte: »Wie siehst du denn aus?«
   Der trug noch kurze Hosen.

Zum Haarschneider gingen wir grundsätzlich zu zweit.
Ulli hustete, wenn der Friseur zu viel abschnitt. Beim
Nachvornekämmen mußte das Haar bis über das Kinn rei-
chen, das war die richtige Länge. Sauberer Putz.
   In den Theaterbaracken, der Franzose, der machte es
besonders gut. Der schnibbelte nur so herum. Hätte es
auch lassen können.
   »Bitte nur saubermachen«, sagten wir. Oder: »bitte nur
nachschneiden.«
   Beim Zubinden des Kittels hielt er den Finger dazwi-
schen, dann schnierte das nicht so.
   Einmal fragte er: »Warum denn so lang?«
   Das konnten wir gar nicht begreifen. Er als Franzose
mußte das doch verstehen.
   Sonderbar auch, daß er auf unser Jazz-Gesumme nicht
reagierte.

»Junge, wenn du wüßtest, wie ekelhaft du aussiehst!«
sagte meine Mutter. »Wie ein Lehrling. So unvorteilhaft.

Man müßte dich mit dem Kopf an den Spiegel hauen, vielleicht begreifst du es dann.«

»Was hast du eben gesagt?« Ob ich eben etwas Häßliches vor mich hingebrummelt hätte. »Sieh mich mal an? Auf Ehre?« Ich dächte wohl: laß die Olle man quatschen, was?

Neulich habe sie allerdings den jungen Eckhoff gesehen, wie isses nun zu glauben. Der habe ja bald kein Haar mehr auf dem Kopf. Nur so einen lütten Stütz. Und hatte doch früher immer so nett ausgesehen, immer so nett und gentil.

Von der Straßenbahn wechselten wir zu den Kinos über.

> Beautiful weather today!
> und so nette Leuteeh!

Bilder ansehen, herumstehen, lästern. Andere Typen treffen, ebenfalls wie wir mit langem Haar und weißem Schal. Immer sechs, sieben Leutchen auf dem Haufen.

Brüllend lachen (»Wie die Tiere!«), hotten.

Einer mit Entenschweif; hinten das Haar zusammengelegt. Hutkrempe vorn feucht gemacht und über einen Bleistift gerollt. Wie ein Schmetterlingsrüssel unter dem Mikroskop.

Der hielt einem immer die Hand so lange fest, da kam man gar nicht wieder los, drückte, daß man in die Knie ging oder sich rechts oder links bücken mußte.

> Die Qualle durch das Weltmeer segelt,
> es quietscht, wenn man im Wasser vögelt.

Sein Haar hatte eine Pißfarbe, mit Brillantine angeklatscht. »Du kannst dir auch ein Loch in die Kniescheibe bohren und als Senffaß benutzen«, sagte er, wenn man mal zufällig das Wörtchen »kann« fallen ließ.

Und: Meine Haut wäre wohl zu kurz? Wenn ich die Augen zumachte, ginge jedesmal der Arsch auf.

Allerschönste aller Fraun,
ich tu' alles, was du willst,
wenn du nur den Wunsch erfüllest,
ein und alles mir zu sein …!

Vor dem UFA-Palast eine SS-Helferin im Hosenrock. Sie stand auf der obersten Stufe, alles ging um sie herum.

Einmal gab es den schwedischen Film »Ihre Melodie«. Der Hauptdarsteller hieß Sture Lagerwall. Über den Vornamen lachten wir uns tot. Und Sonja Wigert, sagenhaft hübsch. Der Zettel, auf den sie schreibt, wo sie zu finden ist, weht ins Kaminfeuer. Und sie denkt denn, er will nichts mehr von ihr wissen.

Am Schluß zackige Musik, der Filmvorführer drehte extra laut auf.

»An diesem schwedischen Erzeugnis kann man sehen, auf welch hohem Niveau die deutsche Filmkunst steht«, lasen wir in der Zeitung.

Ins »Kristall« konnte man durch die Klos hineinkommen.

Der Besitzer hatte das goldene Parteiabzeichen, der stand immer vorne herum: Ist es nicht großartig, was wir Deutschen für Filme haben?

Zwei badewannenartige Beleuchtungskörper unter der Decke.

»Gung-gong-göng!« Jedesmal eine andere Farbe.

Der weiße Traum.

Olly Holzmann als Eiskunstläuferin und Albach-Retty.

Vielleicht kommt gar ein Prinz vom Mond
oder ein Dollarmillionär zu ihr?

Er ist Eishockeyspieler und tut so, als ob er nicht Schlittschuh laufen kann, fällt dauernd hin.

Olden als Theaterdirektor und Oskar Sima als Besitzer von Traberpferden.

»Wieviel?«

»Das Doppelte!«

Damit war Vorschuß gemeint.

Ulli macht immer die Mimik mit. Wie die sich da herum-
streiten und schlagfertige Antworten geben. Als ob er
selbst der Schauspieler wäre.

»Mein Herr, ich bin der Theaterdirektor ...«

»... Ist mir ganz wurscht, wer Sie sind!«

(Nur noch eine Viertelstunde, schade.)

Wir saßen immer alle in einer Reihe und schrien: »Hin-
setzen!«

Obwohl gar keiner stand. »Ä-Licht-aus!«

Vorher gaben wir Jazz-Platten im Vorführraum ab, die
wurden dann zu den Reklamen gespielt.

»After you've gone.«

Das war doch ganz was anderes. Tolle Akustik. Dieser
warme Posaunenton!

»Immer dieser Niggerjazz«, sagte eine Frau zwei Reihen
vor uns kuckte zu den Schlitzen hinauf.

Blöde Sau.

Erst in 4 Jahren 18!

»Jugendliche nicht zugelassen.« Verbotene Filme zu besuchen war gefährlich.

Beim Hinausgehen schickten wir einen vor, ob Strei-
fendienst draußen steht. Santa Claude! hoffentlich nicht.

Den mit blauem Plüsch belegten Gang entlangtappen,
Schauspielerfotos in Großformat, erst noch mal ins Klo
gehn. Sollen denken, es kommt keiner mehr, und wenn
die Leute schon wieder reinkommen, drückt man sich
hinaus. Womöglich Sigi Herbst, ein brutaler Bursche, der
schlug immer gleich zu.

Oder Menge, der Stammführer, der die Keule von einer
Seite des Schulhofs auf die andere warf.

Wo ich mein HJ-Abzeichen hätte, fragte er mich mal.
Und: Ausweis zeigen.

Witten Schal
schlag em daal,
stifen Hot
schlag em dot!

Der weiße Schal wirkte besonders aufreizend auf ihn.

Er riß ihn mir aus dem Kragen, knüllte ihn zusammen und stopfte ihn mir unter die Jacke.

Da mußte man dann lachen, sonst gab es vielleicht noch eine Meldung.

[...]

Im November kam die Überweisung in die Pflichtgefolgschaft. »Na denn: Prost!« rief meine Mutter.

Bobsin, mein Führer in der Linien-HJ, hatte gesagt: Den krummen Hund will ich nicht mehr haben, der versaut mir meine ganze Einheit.

Die Pflichtgefolgschaft war aus Schwänzern und sogenannten Tangojünglingen neu zusammengestellt. Man hatte sie ursprünglich wohl Dienststrafgefolgschaft nennen wollen. Da wären dann aber lauter Eltern angerannt gekommen. »Pflichtgefolgschaft« klang neutraler. England expects every man to do his duty.

Seine Pflicht tun ... das sollten wir erst mal wieder lernen.

Die Zeit ist hart und wird noch härter werden ...

Endlich durchgreifen, Wind von vorn. Lange genug mit angekuckt.

Der erste Dienst der Pflichtgefolgschaft war an einem Sonntagmorgen, 8.30 Uhr, draußen in Barnstorf. Früher das Ziel von Ausflügen. »Heute gehen wir nach *Bernstorf*«, hatte mein Vater schließlich gesagt, weil wir nach Barnstorf nicht mehr wollten.

Um ja nicht zu spät zu kommen, fuhr ich eine halbe Stunde früher hin. Da standen schon welche neben dem vernagelten Kiosk.

Jungen in Marineuniform und welche von der Flieger-

HJ. Ein Rothaariger und einer sogar mit Kinderlähmung. Etliche in Zivil. Sogenannte Schlägertypen.

Auch ein Bekannter darunter, Gert Brüning, Sohn von Bankdirektor Brüning, still und fein, die schwarze Hitler-Skimütze gerade auf dem Kopf, nicht ein bißchen schief.

Der lag auch lieber auf dem Sofa oder lötete U-Boote aus Konservenblech. Klugmannsdörfer.

Nun war er aber doch erschrocken, lächelte ratlos, das sei ein Irrtum, sagte er, er gehöre hier gar nicht hin.

Nach dem letzten großen Angriff hatte ich bei seinen Eltern das Dach gedeckt, aus Jux, all die halbkaputten Pfannen wieder draufgelegt. Frau Brüning hatte uns noch Butterbrote durch die Dachsparren gereicht und: »O Kinder, ihr seid aber fleißig!« gerufen.

Und Bankdirektor Brüning war gekommen, Hauptmann der Reserve, man würde sehen, was zu machen war, irgend etwas würde einem schon einfallen.

Das sei ein Irrtum, sagte Gert Brüning, das werde sich bestimmt bald klären.

Wir standen fröstelnd auf der schmalen Verkehrsinsel und warteten. Aus den Fenstern der Straßenbahn blickte schwarzgekleidetes »Friedhofsgemüse«, Tönnchen nickte mir zu. Noch im Weiterfahren stand sie in der Tür, was das denn für ein komischer Haufen sei. Und was *ich* da drin wohl zu suchen hätte.

Aus der Dienstbaracke kamen Führer heraus, bestätigte und unbestätigte. Gefolgschaftsführer mit weißgrüner Affenschaukel, Hauptjungzugführer mit schwarzgrüner.

Auch kleine Leute, wild entschlossen. Aus allen möglichen Einheiten, nur astreine Figuren, mehr oder minder blond.

Eckhoff und Klaus Bismarck Stüwe.

»Da ist ja auch der schöne Kempowski ...«, sagten sie. Oh, wie schön er ist! Mit seinen roten Lippen und mit den Künstlerlocken. Das ist ein Wiedersehen, was?

In der Schule hatten wir Schuhbänder mit einem Brennglas angeglüst und Bilderschecks getauscht: Ruhmesblätter deutscher Geschichte. Und bei Hannes hatte der Stüwe mal mit in die »Inquisitionskammer« gemußt, zum Vertrimmen. »Nun schrei mal tüchtig«, hatte Hannes gesagt und mit dem Stock auf dem Tisch herumgehauen.

»Antreten«, wurde gerufen.
Die Führer umschwärmten uns, damit keiner mehr wegläuft.
Sie zupften einen am Hemd und prüften den Haarschnitt. »Schreib den hier mal auf und den. – Und du, du bist wohl 'n Kommunist, was? Dich kenn' ich doch, wo hab' ich dich schon mal gesehn?«
Und zueinander gesagt: »Mensch, den kenn' ich!«

Die Namen wurden verlesen. »Hier!«
Vorn, in der zweiten Rotte stand der Brüning. »Hier!«
An den halten, wenn was war.
Wenigstens nicht allein.

Noch immer war es nicht losgegangen. Wer hatte denn nun eigentlich das Kommando?
»Soll ich oder willst du?«
»Mach du erst mal, nachher kann ich ja übernehmen.«

Dann hieß es: »Rechtsum« und »im Laufschritt marschmarsch!« Auf, in den Wald. Die Führer, einander korrigierend nebenher, mit baumelnden Fangschnüren.

Links, links, links, zwo, drei, vier
links, links, links, zwo, drei vier!

Zuweilen rückwärts laufend: »Du da, weiter vor!« Wie Tanzmeister auch Steine wegschleudernd, was konnten sie nicht alles noch so nebenbei.
Einer führte sein Fahrrad. Die Klingel schepperte, wenn es über eine Baumwurzel hopste. Mal lief er links vom

161

Rad, mal rechts; er wechselte im Lauf um den Gepäckträger herum.

Ä-links, links, links, zwo, drei, vier!

Hand auf dem Sattel, ganz genau im Takt.

Auf der Thingstätte, einer amphitheatralischen Freilichtbühne, wo sonst nur Volkstanz stattfand oder Aufmarsch, hieß es: halt! Die granitene Bühne, wie ein Sonnenrad und drüber die Silhouette der Stadt zwischen Pappeln, extra so gemacht.

Hier hatte man im Sommer mal die »versunkene Glocke« gesehen, von Mücken bald aufgefressen. Die Mutter im Pelerinenkleid, so warm, oh so warm. »Sommer ist doch schöner wie Winter, nicht?«

Und noch so gelacht über den Kobold, der immer am Strick hangelte und das Rautendelein so süß.

Die Führer berieten noch.

»Willst *du* oder soll ich?«

Trillerpfeife an der Schnur, äch, die Pille wieder einmal verklemmt.

»Gib mal deine Pfeife her, oh, die ist besser.«

»Hast du schon die neuen gesehn, mit Zweierpfiff? Oder die von der Marine? So zum Hoch- und 'runterschieben?«

Gute Idee. 2.50 Mark bei Lohmann. Gleich morgen mal hin.

»Also was, willst du oder soll ich?«

Der Kippie Hook, der kann's am besten. Der lacht schon so verschmitzt. »Los, Kippie, du!«

Oh, das ist vielleicht einer!

Und die von der Marine-HJ und die Fliegergrauen und der Rothaarige und der mit der Kinderlähmung, die stießen sich auch an und lachten. Oh, oh, der Kippie! den kennen wir, der ist ein ganz Wilder. Nun mach mal hin! Nun schleif uns mal feste! Das geschieht uns ganz recht.

Kippie steckte sein Dienstbuch ein und knöpfte alle Taschen zu. Kein Knopf blieb ungeknöpft. Nur der oberste Hemdenknopf, laut Verfügung, damit Luft an den Kerl rankommt und Frische. Damit sich der Kerl bewegen kann. (Obwohl es schluderig aussah.)

Die silberne Schnur an der pechschwarzen Uniform und schlicht das winzige Schwimmabzeichen, das, wie jeder wußte, so wertvoll war.

Wie Adolf Hitler, der sich auch mit Orden hätte vollhängen können, wenn er es gewollt hätte. Aber nein, nur das EK I und manchmal das Parteiabzeichen drüber und manchmal auch das Verwundetenabzeichen aus dem 1. Weltkrieg. Schlicht, treu und unbeugsam.

Einmal auch mit dem Blutorden, am Parteitag. Aber meistens nur mit EK I.

»Dienstpflichtgefolgschaft hört auf mein Kommando.«

Es fing ganz harmlos an. Linksum, rechtsum, ganze Abteilung kehrt. Eine Art Bestandsaufnahme.

Augen rechts, *die* Augen links.

Richt' euch.

»Du da, nimm deine Kackstelzen weiter vor und du, zieh deinen Arsch ein.«

Einmal rundherum gehn. Gar nicht so schlecht. Kriegen euch schon wieder hin. Hart aber gerecht.

Sollt' mal sehn, jetzt noch windschiefe Figuren … erkennt euch nicht wieder … wär ja gelacht.

Und die andern Führer gekuckt; klar, das biegen wir wieder hin. Eingliedern, rückführen, Reihen schließen.

Dann funktionierte irgend etwas nicht. Ein leichtes Nachklappen, eine taumelnde Bewegung. Vielleicht auch ein geflüstertes Wort. Zu sicher gefühlt?

Aha! So ein Haufen seid ihr also! Im Guten wollt ihr's

nicht. Nun, schön, dann könnt ihr mich mal kennen-
lernen.

Hände an die Hosennaht gepreßt, nun im Gesicht ganz
anders, Augen auseinander, Backenmuskeln wie Stränge.

Werdet schon sehn, was ihr davon habt, schreibt euch
das man selber zu.

Oh, da lachte der Kippie nicht mehr, da war er hart wie
Kruppstahl, und wir mußten flink wie die Windhunde sein.

Das Hinlegen-auf, das kommandierte er rasend schnell, da
brauchte man sich gar nicht erst hinzuschmeißen. Oder
nicht wieder aufzustehen, wenn man erst mal lag. Man
machte nur so Bücklinge, ganz beflissen.

Das diente zum Warmmachen.

Aber dann, zweiter Teil: Hüpfen. Das war schon unange-
nehmer und außerdem blödsinnig. Kein Vorbild im Tier-
reich dafür. Dies war der Menschenrasse vorbehalten,
einer Ballett-Truppe wider Willen. Die Hände mit ausge-
streckten Fingern in Vorhalte (»schade, daß wir keine Ka-
rabiner haben«).

Drittens: Kniebeugen; Kniebeugen in Zeiten. Da war Kippie Spezialist.

»Eins!« als ob man knickebeinig steht. »Zwo!« vorn
bücken, wie ein Lohndiener, Arsch noch hoch. »Drei!«
Kackstellung: man muß, aber darf nicht.

Zwischendurch: »An den Horizont, marsch-marsch!«
Das sang er so. Man hörte nur: »An … zont … marsch!«
Aber man wußte, was gemeint war.

Und: »Achtung!« wenn wir wieder stehenbleiben sollten. Die zweite Silbe mit Akzent. Bums!

Nach einer Weile kam ein SA-Mann geschritten. Da die
Stufen des Amphitheaters großzügig bemessen waren,
sah es so aus, als gehe er im Paradeschritt. Zweimal zutre-
ten pro Stufe wäre nicht gegangen: Trippelschritt. Also
weit ausgreifen.

Und wir: »Achtung!« mußten alle stehen und die Führer kuckten und wir auch, wie der SA-Mann da die Stufen 'runterknallte, eine einsame Demonstration der Zackigkeit.

Es waren eine Menge Stufen und es dauerte eine Zeit, bis er heran war. Hornung hieß er und sah mit seinen dicken Brillengläsern aus wie ein bösartiger Frosch.

Er rief was und gestikulierte.

Die Führer legten die Hand hinters Ohr, »seid doch mal eben still«, scheiß Flugzeug auch grade noch.

Da, nun war es zu verstehn.

»Schleifen!« schrie er, »schleifen, daß ihnen das Wasser im Arsche kocht!«

Ja, da war man ja gerade dabei – nur zu – dann weiter also (lachten), denn man weiter im Text.

Während wir »pumpten« (Bauch durchhängen lassen, dann ist es nicht so anstrengend), kam er heran und hakte sich den Schulterriemen ab.

Oh, ich werd' euch kriegen, lachte höhnisch in sich hinein, pustete von seinem Parademarsch: »Saftladen«. »Ich werd' euch!« und dem nichtsahnenden Brüning schlug er über den Rücken.

»Au!?«

Brüning sprang auf und wich ein wenig aus. Hornung hinterher.

»Was, du wagst es?« Klatsch! wieder einen über den Pelz.

Und wir kuckten alle zu, hielten mitten im Pumpen inne. Und die Führer kuckten auch.

Hornung holte wieder und wieder aus, aber Brüning wich schrittweise zurück, kam ins Laufen, nicht zu schnell, damit Hornung auch nachkäme, und ihn mit dem Schulterriemen immer so beinah erwischte.

Über die Rednertribüne ging der Lauf, da sah man nur die Köpfe und den schwingenden Riemen, die andere Seite wieder 'runter. Promenierende Ostarbeiterinnen ließen sich auf den obersten Bänken nieder.

Schwer atmend kamen sie zurück.

Ob er nun genug habe, fragte Hornung.

»Geht so«, sagte Brünung, und wir lachten.

Nun sollten wir alle verprügelt werden, weil wir gelacht hatten. Aber erst: Halstücher ab und Siegrune. Das hatte er sich inzwischen überlegt. Nicht dem Kleid des Führers einen Schimpf antun.

Halstuch ab, das ging. Aber wie sollte man die Siegrune abkriegen! Die war angenäht.

Man half sich gegenseitig mit dem Fahrtenmesser. Eine Hand an der Hosennaht.

Ich war ein wenig unschlüssig. Sollte ich die Krawatte meines Vaters abbinden? Ich war ja in Zivil.

Andere Führer berieten, ob nicht auch das Gebietsdreieck abzumachen sei. Und wieder korrigierten die Führer einander, und ihre Affenschaukeln baumelten und manche faßten lieb mit zu.

Andere suchten Stöcke, denn Schulterriemen hatten sie nicht, die waren ja eingesammelt worden für die Front.

Wir mußten in zwei Gliedern antreten und einander ansehen. Wir sollten uns selbst verprügeln. Nicht die Hände schmutzig machen, nicht vergreifen.

Ehe man sich jedoch auf Einzelheiten geeinigt hatte, kam wieder ein Abgesandter angesprungen, winkte ab. Gnade um Gnade?

Alle Ostarbeiterinnen standen auf, sie wollten auch wissen, was das soll.

»Seid mal alle still.«

Wir sollten zum Sportpalast kommen, der Bannführer sei da und wolle uns sehn.

»Woas? gerade jetzt?« Wie schade.

[...]

166

III

Gegen »anglophile Tendenzen« brutal durchgreifen

aus: Festschrift des Gymnasiums Altona

Der Schüler N. (der Name wird auf Wunsch des Betroffenen nicht genannt) schrieb im Jahre 1942 Gedichte, in denen er sich kritisch u. a. mit dem stumpfsinnigen Dienst in
der HJ auseinandersetzte und den Krieg für verloren erklärte.

Schon vorher fiel er seinen Mitschülern auf durch eine
bestimmte Art des Sich-Gebens, durch längere Haare und
einen anderen Stil in der Kleidung. Auch die englische
und amerikanische Jazzmusik, die er hörte, der Swing,
brachte einen gewissen Vorbehalt gegenüber der damaligen Strömung zum Ausdruck. N. war ein »Swinger«.

Plötzlich erschien N. nicht mehr in der Schule. Drei Wochen später kam er abgemagert und mit geschorenem
Kopf wieder zum Unterricht.

Und als Peter Meyer dann den Unterricht in der ersten
Stunde einleitete, fragte er N. kurz: »Wo bist du gewesen?« Da antwortete dieser: »In Fuhlsbüttel« Und Peter
Meyer sagte daraufhin: »Gut erholt? Komm nachher mal
runter.«

Während P. M. dem N. versicherte, daß sich an ihrem
Verhältnis nichts ändere (N. hatte auch nach dem Krieg
noch Kontakt zu Peter Meyer, von dem er heute noch mit
Hochachtung spricht), hat der Biologielehrer sich N. auf
ganz andere Weise vorgenommen. N. wurde in demüti-
gender Weise gezwungen, einzugestehen, daß er Spottge-
dichte auf die HJ verfaßt hätte.

In den Kreisen der Swinger, die eine Art kultureller Opposition in der Jugend waren, die Jazzplatten heimlich
handelten und die Musiksendungen der BBC und Radio
Kopenhagens abhörten, weil Teddy Stauffer und Benny
Goodman ihr Lebensgefühl eben besser zum Ausdruck
bringen konnten als »Heimat, deine Sterne« im Wehr-
machtswunschkonzert, entstand eine demonstrative Ak-

tion des Anders-Seins, ein Happening mit politischen Folgen:

An einem Nachmittag im Spätsommer des Kriegsjahres 1942 treffen sich ca. 50 bis 60 Oberschüler auf dem Hamburger Hauptbahnhof. Man kennt sich bereits vom Sehen, Schüler der OJA, vom Christianeum und von anderen Schulen. Erst am Tage zuvor sind sie benachrichtigt worden: »Wenn Du morgen bei einer wichtigen Sache dabei sein willst, komm zum Hauptbahnhof und bring welche mit, die so sind wie Du.« Als der Fernzug aus Paris in die Bahnhofshalle einläuft, rollen einige Schüler einen roten Teppich aus. Da erscheinen in der offenen Wagentür des Zuges die Initiatoren der Aktion: Günter Hoh und Ernst Jürgensen, gekleidet wie zwei englische Gentlemen im Nadelstreifenanzug mit Bowler und Schirm.

Die versammelte Gruppe der Swinger bereitet den ausländisch erscheinenden Herren, die in Wirklichkeit erst in Harburg in den Fernzug eingestiegen waren, einen ungewöhnlichen Empfang. Nicht mit »Heil« und erhobenem Arm, sondern mit Händeklatschen und »Bravo!«.

Die Gentlemen werden aus dem Bahnhofsgebäude zu einer auf sie wartenden Kutsche geleitet. Über den Glockengießerwall nimmt diese ihren Weg in Richtung Jungfernstieg. In der Zwischenzeit sind die versammelten Swinger bereits dorthin geeilt und folgen nun der Kutsche unter lauten Bravo-Rufen bis zum Alsterpavillon, in dem man fröhlich zu feiern beginnt, als die auf der Straße erstaunt stehengebliebenen Passanten noch darüber rätseln, was die beiden Engländer hier in Hamburg zu tun haben. Ob vielleicht englische Diplomaten zu Friedensverhandlungen gekommen sind?

Andere verstehen den »joke« sofort und geben den Beteiligten freundliche Zeichen des Einverständnisses.

Diese Aktion der Swinger wurde durch das Milieu des Theaters mitermöglicht, in dem Schüler, die als Statisten beschäftigt waren, sich nach der Schule so gerne aufhielten, war man hier doch ein Stück weit entfernt von der häßlich uniformen Wirklichkeit.

Von Ernst Jürgensen, der Schüler unserer Anstalt war, ist bekannt, daß er wenig später verhört wurde und, bevor er die Schule beenden konnte, eingezogen wurde – möglicherweise kam er an einen besonders gefährlichen Frontabschnitt. Jürgensen fiel noch im selben Jahr.

Reichssicherheitshauptamt, Amt IV

Streng vertraulich!
Reichssicherheitshauptamt, Amt IV
Meldung wichtiger staatspolizeilicher Ereignisse

Obwohl gegen die vorwiegend in Hamburg auftretende Swing-Jugend (vergl. Meldung wichtiger staatspolitischer Ereignisse vom 5. 2. 1941) scharfe Maßnahmen durchgeführt worden sind, hatte sich in Hamburg im Januar 1943 wiederum eine Gruppe von Jugendlichen zu einer neuen Clique zusammengeschlossen.

Der Hauptbeteiligte in dieser neuen Gruppe, der 16jährige Schüler K., war zum Luftschutzdienst in der durch Bomben getroffenen Petri-Kirche herangezogen worden. Auf seine Anregung hin fand in dieser Kirche am 20. 2. 1943 ein sogenannter Hausball statt, an dem 6 Jungen und 5 Mädchen teilnahmen, die sich in dem Kirchenschiff aufhielten und Zigaretten rauchten. Der 18 Jahre alte englische Staatsangehörige J. bestieg auf Aufforderung die Kanzel, um eine »Predigt« zu halten. Nachdem er zunächst einen Pfarrer nachgeahmt und eine allgemeine Begrüßungsansprache gehalten hatte, ahmte er den Tonfall von Reichsminister Dr. Goebbels in dessen letzter Rede nach und stellte u. a. folgende Fragen:

»Erstens: Die Engländer sagen, wir hätten keine Lust mehr zum Kriege! Haben wir das?«

»Zweitens: Ich frage euch: Wollt ihr weiter gegen die Engländer kämpfen?«

Auf diese Fragen wurde von den unter der Kanzel versammelten Jugendlichen jedesmal einstimmig mit »nein« geantwortet.

Anschließend bestieg der 16jährige kaufm. Lehrling C., der wegen seines früheren Treibens bereits im Jahre 1942 in Haft und Fürsorgeerziehung gewesen war, die Kanzel und versuchte in ähnlicher Weise Dr. Goebbels nachzuahmen.

Drei Angehörige dieser Clique, unter ihnen J. und G., verübten noch in der gleichen Nacht einen Einbruch in ihr Stammlokal und entwendeten Kuchen sowie einige Flaschen Wein. Die Staatspolizeileitstelle Hamburg hat die Hauptbeteiligten bereits in Schutzhaft genommen. Sie werden einem Jugendschutzlager überstellt.

VOLKER ULLRICH
»Tödl. verungl., 28. 9. 1942«

An einem Montag, Ende September 1942, erschießt sich ein junger Mann in einem Segelboot auf der Hamburger Alster. Nachforschungen ergeben: Es handelt sich um einen Schüler des renommierten Wilhelm-Gymnasiums an der Moorweide, den siebzehnjährigen Dirk Dubber.

Die Schülerakte im Archiv des Wilhelm-Gymnasiums. Mit weißer Tuschfarbe in großen Lettern der Name: »Dubber, Dirk«, darunter: »Aufgenommen: Ostern 38 Kl. 4d^2«. Dazu notiert, kaum lesbar, mit rotem Bleistift: »tödl.(ich) verungl.(ückt) 28./9. 42«. In der Akte die damals üblichen Schriftstücke: ein vom Vater, Arthur Dubber, ausgefüllter »Fragebogen über die Abstammung eines zur Aufnahmeprüfung für die höhere Staatsschule gemeldeten Kindes«; ein Anmeldeformular zum Eintritt in das Wilhelm-Gymnasium; eine Aufforderung der Schulleitung an den Vater, vor endgültiger Aufnahme »den Ahnenpaß, Impfschein, den polizeilichen Meldeschein und das letzte Schulzeugnis« seines Sohnes vorzulegen. Soweit hält sich alles im Rahmen dessen, was zum »normalen« Schulalltag im

Nationalsozialismus gehörte. Doch dann stößt man auf einige Dokumente, die das Grauen hinter dieser »Normalität« sichtbar machen.

Ein Schüler hat sich das Leben genommen. Schulleiter Dr. Lüders – er vertritt seit Anfang 1942 den zum Militärdienst eingezogenen Direktor Dr. Lundius – muß eine Meldung an die Oberschulbehörde machen. Eine unangenehme Geschichte. Was soll er schreiben? Lüders läßt sich zunächst vom Klassenlehrer Dr. Edens die letzte Beurteilung des Schülers vorlegen:

»D. Dubber ist ein nicht sehr fleißiger Schüler, der aber infolge guter Begabung ausreichende, teils gute Leistungen zeigt. Sein Betragen gab zuweilen zu Tadel Anlaß. (Eine Aussprache mit dem Vater im November hat hierin Besserung geschaffen.) Er hat offenbar ziemlich großen Einfluß auf seine Mitschüler. Er möchte den ›Herrn‹ markieren, ist aber über das Stadium der Kindereien nicht hinausgewachsen. In seinem letzten Zeugnis steht die Bemerkung: ›Bedarf sehr der Beobachtung‹!«

Hinter dem Namen Dirk Dubbers ist ein Kreuz gemalt. Die ehernen Leerformeln pädagogischer Begutachtung sind stärker als der Tod. Gegen den Strich gelesen, lassen sie das Profil eines Schülers erkennen, der offenbar dem Leitbild der Lehrer am Wilhelm-Gymnasium nicht entsprach, der sich nicht anpaßte, sondern eigene Wege ging.

Drei Tage später, am 1. Oktober 1942, erfolgt die Meldung des Direktors an die Schulverwaltung. Darin berichtet Lüders über ein Gespräch, das Klassenlehrer Edens mit den Eltern des Schülers Dubber geführt hat: »Es geht daraus hervor, daß die Motive zu der Tat vorläufig unbekannt sind. Auch aus dem Brief, den er seinen Eltern hinterließ, ist kein bestimmter Grund enthalten, sondern es stehen darin nur Äußerungen, die auf Minderwertigkeitskomplexe schließen lassen.« Da ist es heraus: »Minderwertigkeitskomplexe« als mögliches Tatmotiv! Dankbar greift Direktor Lüders zu diesem Stichwort. Dann aber, gewissermaßen beiläufig, folgt eine Bemerkung, die deutlich macht, daß er inzwischen über die wahren Motive Bescheid weiß, dieses Wissen aber vor sich selbst und der Schulbehörde verborgen halten muß: »Wie ich feststellte, gehörte Dubbers zu dem Kreis von Schülern, die seinerzeit wegen ihres außerschulischen Verhaltens mit den Gesetzen in Konflikt gerieten.«

Was immer der Schüler Dubber getan haben mag, das ihn mit den Unrechtsgesetzen der Nazidiktatur in Konflikt brachte – der Direktor einer humanistischen Bildungsanstalt will damit nichts zu tun haben; es wird als »außerschulisches Verhalten« von der Schulwirklichkeit abgespalten.

Doch noch ist Lüders nicht ganz zufrieden. Er bittet den Vater um eine Rücksprache. Sie findet am 10. Oktober statt und ergibt – wie der Direktor sogleich der Schulverwaltung meldet – »keinen Aufschluß über die Motive des Schülers für seine Tat«. In dem Abschiedsbrief Dubbers an seine Eltern habe allerdings gestanden, »daß er sich von Vater und Mutter nicht richtig geliebt fühle, daß er keine wahren Freunde hätte, selbst nur Minderwertiges leiste und daher das Leben nicht mehr ertragen könne«.

Obwohl der Vater versichert, daß ihm »diese Auslassungen seines Sohnes völlig unverständlich« seien, weil »immer ein harmonisches Familienleben bestanden« und sein Sohn »stets auch zahlreiche Freunde« gehabt hätte – obwohl also naheliegt, daß Dubber die im Abschiedsbrief genannten Gründe vorgeschoben haben könnte, um seinen Eltern Schwierigkeiten zu ersparen, beharrt der Schulleiter darauf: »Ein Zusammenhang seines Freitodes mit den seinerzeitigen Verfehlungen, die zu Konflikten mit den Gesetzen führten, kann aus diesem Abschiedsbrief durchaus nicht entnommen werden.«

Als der Vater ihn schließlich nachdrücklich darauf hinweist, daß »der Eindruck der damaligen Erlebnisse auf seinen Sohn sehr stark und nachhaltig gewesen« sei – um welche »Erlebnisse« es sich handelt, werden wir gleich erfahren –, wehrt Lüders sogleich ab: »Dubber ist vielleicht von einer krankhaften Überempfindlichkeit gewesen; das geht auch aus einem Gutachten der früheren Schule hervor, das ich beifüge.«

»In der Schule war Dubber ein guter Mittelschüler« – mit diesem Satz kann Direktor Lüders die Akte Dubber schließen. Ein Beamter des nationalsozialistischen Staates hat seine Pflicht getan.

Die Wahrheit, um die alle Beteiligten wissen, können wir rekonstruieren, weil die Mutter Dirk Dubbers im August 1947 beim Amt für Wiedergutmachung in Hamburg einen »Antrag auf Ausstellung eines Ausweises für Hinterbliebene politisch, rassisch oder religiös durch das Naziregime Verfolgter« stellt. Diesem Antrag sind beigefügt: ein von ihr selbst zusammengestellter »Kurzer Lebenslauf des Schülers Dirk Dubber – bis zu dem letzten Ausweg aus einer ununterbrochenen Kette von Gestapo-Verfolgungen, seinem Freitod«; vier eidesstattliche Erklärungen von Mithäftlingen des Gefängnisses und Konzentrationslagers Fuhlsbüttel (»Kolafu«) sowie eine Aussage des ehemaligen Klassenlehrers Dr. Edens, Studienrat am Wilhelm-Gymnasium.

Dirk Dubber wurde am 6. Mai 1925 geboren, als drittes von vier Kindern einer hanseatischen Kaufmannsfamilie. Sein Vater war Holz- und Furnierhändler, der viel im Ausland herumgekommen war und Geschäftsbeziehungen zu zahlreichen Ländern unterhielt. Seine Mutter, in Guatemala geboren, war englischer Herkunft. Der Junge wuchs in einem familiären Klima auf, das durch eine starke Ablehnung des »Dritten Reiches« und seiner Ideologien geprägt war. Seit 1938, schon bald nach dem Eintritt in das Wilhelm-Gymnasium, begannen für den lebensfrohen und geselligen Schüler die Schwierigkeiten. So lehnte er die Teilnahme an Veranstaltungen der Hitlerjugend ab. Wiederholt kam es deshalb zu Auseinandersetzungen mit dem HJ-Führer am Wilhelm-Gymnasium, der seine Entfernung von der Schule betrieb.

Seit Herbst 1940 verkehrte Dubber mit anderen unange-
paßten Freunden im »Churchill-Club« – einer Clique von
Gleichgesinnten, die als Teil der größeren Bewegung der
»Swingboys« in Hamburg anzusehen ist.

Swingboys – unter dieser Bezeichnung faßte die Gestapo
die Jugendlichen, vornehmlich aus den wohlsituierten
Hamburger Kaufmannsfamilien, zusammen, die sich für
angloamerikanische Musik, Swing und Jazz, begeisterten
und in ihrem ganzen Habitus sich von den uniformierten
gesellschaftlichen Leitbildern der Nazis abgrenzten. Sie
ließen sich die Haare lang wachsen, trugen englische Kleidung – zweireihige lange Jacketts mit großen Karomustern,
eine zum extrem kleinen »Windsor-Knoten« gebundene
Krawatte und Schuhe mit Kreppsohlen – dazu den obliga-
torischen Regenschirm.

Vor allem an den traditionsreichen humanistischen
Gymnasien Christianeum, Johanneum und Wilhelm-
Gymnasium, aber auch an anderen höheren Schulen faßte
die Swingbewegung Fuß. Die Swinger machten aus ihrer
Verachtung für die »Zwangs-HJ« und den Stumpfsinn des
täglichen Drills kein Hehl; sie verspotteten die Nazigrößen,
grüßten ihre Freunde nicht mit »Heil Hitler«, sondern mit
»swing high, swing low«, hörten Nachrichten und Musiksendungen der BBC, schwärmten für Teddy Stauffer und
Duke Ellington – kurzum, sie entzogen sich dem totalitären
Herrschaftsanspruch der braunen Diktatur und ihrer päd-
agogischen Handlanger.

Den Parteigängern von Zucht und Ordnung galten die
unangepaßten Jugendlichen als renitente Lotterbuben, die
schräge Musik aus Übersee als schrilles Signal der Überfrem-
dung. Mehr noch als durch die heißen Rhythmen fühlten sie
sich durch den ausgelassenen Tanzstil herausgefordert.
Swing – das war das genaue Gegenteil von reglementierter
Bewegung, war ungezügelte Lebensfreude, lustvolle Improvisation. Wer einmal vom süßen Rausch dieses Freiheits-
gefühls gekostet hatte, der war für den Gleichschritt der
Kolonnen verdorben, dem war auch der Gedanke des
heroischen Selbstopfers für »Führer und Vaterland« fremd.

Seit 1940 begannen die Verfolgungsorgane in der Hansestadt sich für diese anglophile jugendliche Subkultur zu
interessieren und die Treffpunkte der Swinger in Cafés
und Bars zu observieren. Mitte 1941 wurde in der Hamburger Gestapoleitstelle ein eigenes Dezernat für die Verfolgung der Swingboys eingerichtet, das eng mit HJ und
Schulverwaltung zusammenarbeitete. Was ursprünglich
eher ein harmloser, anglophil versnobter Protest war,
wurde nun zu einer hochpolitischen Affäre. Durch Oberschulrat Henze wurden die Schulleiter im Dezember 1941
angewiesen, über »Verwahrlosungserscheinungen« an
den Schulen zu berichten und die Namen von Schülern,
die der Swingbewegung angehörten, an die Schulverwaltung zu melden.

Tatsächlich kamen – wie die Akten der Oberschulbehörde ausweisen – einige Schulleiter dieser Aufforderung nach. Lehrer und Schüler ließen sich bereitwillig für
Spitzeldienste anwerben. An den höheren Schulen blühte
das Denunziantenwesen – mit schlimmen Folgen für die
angezeigten Schüler. Denn seit Ende 1941 waren auch die
Spitzen des NS-Staates auf die Hamburger Vorgänge aufmerksam geworden. Anfang 1942 übersandte Reichsjugendführer Axmann Berichte aus den Hamburger Oberschulen an den Reichsführer der SS, Heinrich Himmler,
und forderte ihn auf, »mit den schärfsten Mitteln gegen
die ›Swingjugend‹ vorzugehen«. Daraufhin wies Himmler
am 26. Januar den Chef des Reichssicherheitshauptamtes,
Heydrich, an, daß »das ganze Übel radikal ausgerottet
werden« müsse.

Über 300 jugendliche Swinger wurden für kürzere oder
längere Zeit im Stadthaus, dem Sitz der Gestapo, und im
Gefängnis Fuhlsbüttel festgehalten und auf schlimme
Weise mißhandelt. Die Zahl der Swinger, die von Fuhlsbüttel aus in das Jugend-KZ Moringen oder in andere
Konzentrationslager verbracht wurden, wird zwischen
vierzig und siebzig geschätzt. Wie viele dabei zu Tode
kamen, ist bis heute unbekannt.

Auch Dirk Dubber wurde offenbar das Opfer einer Denunziation. Und zwar soll er – wie seine Mutter im August 1947 berichtete – von einem Klassenkameraden angezeigt worden sein. Anfang April 1942, frühmorgens, wurde er durch Gestapobeamte in seinem Schlafzimmer verhaftet und mitgenommen. Bei einer Hausdurchsuchung beschlagnahmte die Gestapo sämtliche Korrespondenz und die englischen Schallplatten. Bis Ende Mai 1942, also volle zwei Monate, war Dirk Dubber in Haft im Gefängnis Fuhlsbüttel und hier – wie ein Mithäftling später angab – den »bekannten Behandlungsmethoden der Gestapo« ausgesetzt. Was das für ihn bedeutete, hat die Mutter in ihrer Aufzeichnung mit dürren Worten festgehalten: »Schläge; Pritschenarrest; Zwang, bei Strafvollzug an Mithäftlingen anwesend zu sein; Zusammenlegung mit kriminellen Häftl.(ingen); tägl.(iche) Drohung: bei geringstem Vorfall Abtransport ins KZ (Neuengamme)«.

Bei seiner Haftentlassung Ende Mai 1942 mußte sich Dirk Dubber verpflichten, über die erlittenen Mißhandlungen zu schweigen und sich regelmäßig bei der Gestapo im Stadthaus zu melden. Ihm wurde jeder Verkehr mit seinen Freunden, jede Teilnahme an Geselligkeiten im Segelclub verboten. Auch durfte er seine englischen Anzüge nicht mehr tragen. Eine Übertretung des Verbots würde »lebenslängliche KZ-Haft und Anwendung der Sippenhaftung« zur Folge haben. Seit den Tagen der Haft lebte der Siebzehnjährige in ständiger Angst, eines der Verbote zu übertreten und damit nicht nur sein eigenes Leben, sondern auch das seiner Familie zu gefährden. Er wurde ständig beschattet und ging daher nicht mehr allein aus dem Haus. Bei Meldungen im Stadthaus mußten ihn seine Eltern begleiten, weil er jedesmal fürchtete, »nicht wieder herauszukommen«.

Am 27. September besucht Dirk Dubber trotz des Verbotes zusammen mit ehemaligen Clubkameraden den Nienstedtener Jahrmarkt. Hier trifft er zufällig den gefürchteten Gestapobeamten Kommissar Boldt, der ihn während der Haft verhört und mißhandelt hatte. Eine schicksalhafte Begegnung: Der Peiniger und sein Opfer stehen sich plötzlich gegenüber – sprechen miteinander. Was sie beredeten, wissen wir nicht; wir können es aber vermuten, denn nach dem Gespräch kehrte Dubber – wie sich ein Freund und Mithäftling im August 1947 erinnerte – »mit auffallend kreidebleichem Gesicht« zurück »und forderte mich völlig verstört und hastig auf, mit ihm zusammen sofort den Jahrmarkt zu verlassen«. Noch Stunden danach stand Dubber unter dem Schock des Zusammentreffens; immer wieder äußerte er »ganz aufgeregt« zu seinem Freund, »daß nun ›sicher wieder etwas geschähe‹ mit ihm«.

Am nächsten Tag nimmt sich Dirk Dubber das Leben.

Was Schulleiter Lüders im Oktober 1942 noch erfolgreich vertuscht hatte, das gibt im November 1946 Dubbers Klassenlehrer Edens zu Protokoll: »Als sein ehemaliger Klassenlehrer bestätige ich, daß er im April/Mai 1942 durch die Gestapo wegen angeblicher englandfreundlicher Einstellung festgenommen und mehrere Wochen im Fuhlsbütteler Gefängnis in Haft gehalten wurde. Durch dieses Erlebnis wurde sein seelisches Gleichgewicht aufs schwerste erschüttert, so daß sein tragisches Ende im September des Jahres zweifellos in ursächlichem Zusammenhang damit gestanden hat.«

ULF ANDERSEN

Swing und Gestapo

Schon 1940 richteten die *Hamburger Gaunachrichten* unmißverständliche Warnungen an die Adresse der Christianeer:

> »Groß-Flottbek, beispielsweise, ist nicht Mayfair. Wem
> das nicht paßt – der möge übersiedeln ... Die Haltung –
> Aufzug und Gebaren – von euch paar hundert Engels-
> männern paßt uns nicht.«

Senator Witt ermahnte die Schulen, wirksam gegen die
»sittliche Verwahrlosung der Jugend« anzugehen. Wiederholt stand dieses Thema auf der Tagesordnung der
Lehrerkonferenz im Christianeum. Gleichzeitig ging die
Partei zu Gegenmaßnahmen über. Die berüchtigte Streifen-HJ, eine Vorstufe für Laufbahnen im SD und in
der Gestapo, wurde ausgeschickt, um Jazzkonzerte der
Swingjugend auszuheben. Im Herbst 1940 setzte die Gestapo eine Großrazzia an und nahm 60 Schüler für einige
Tage in Vorbeugehaft.

Damit waren die »Swingboys« mehr zufällig zu einer
Art Opposition im totalitären Staat geworden. Anstatt
klein beizugeben, gefiel es den Jugendlichen nun erst
recht, die Schergen des Regimes herauszufordern. Verbo-
tenes bekam besonderen Reiz: kleine Union Jacks unter
dem Revers, heimliche Vervielfältigung von Swingplatten
und schließlich der regelmäßige Empfang ausländischer
Sender.

Vor diesem Hintergrund ist das Schicksal des damals
fünfzehnjährigen Christianeers F. zu sehen. Der HJ-Streifendienst hatte ihn im Juni 1941 am Rande eines Sport-
festes aufgegriffen. Unter dem Rockaufschlag trug er eine
englische Fahne, darüber eine amerikanische. Man fand
in seiner Brieftasche außerdem: Text und Noten der »In-

ternationale«, Bilder von Röhm und von Churchill, ferner
Bilder, die F. und einige Freunde Dollarnoten zählend an
einem mit einer englischen Fahne bedeckten Tisch zeigen; ein Zeitungsfoto, das einen englischen Matrosen bei
der Zerstörung eines Hitlerbildes darstellt; und schließlich
die Visitenkarte eines Vikars mit Hinweisen auf Zusam-
menkünfte in der katholischen Gemeinde, zu der F. gehörte. Obendrein hatte F. sich gebrüstet, regelmäßig den
Londoner Sender zu hören. In den folgenden Monaten
wurde F. mehrfach in das Stadthaus, dem Sitz der Ge-
stapostelle, vorgeladen. Nach und nach preßte man die
Namen von Mitschülern am Christianeum und von
Freunden aus der katholischen Gemeinde aus ihm heraus, die gleichfalls englische Fahnenanstecker besaßen,
Swingplatten verbreiteten oder »Feindsender« hörten.
Am 13. Oktober 1941, zwei Tage nach seinem 16. Geburtstag, wurde F. verhaftet und zunächst in die »Schutzhaft« nach Fuhlsbüttel gebracht. Damit begann ein mehr
als zweijähriges Martyrium dieses Jungen, das ihn
schwersten physischen und psychischen Qualen aus-
setzte. Unter dem Druck der Gestapohaft hatte man ihn
bald so weit, daß er fast alles bekannte, was man von ihm
verlangte. Da die Verhörprotokolle erhalten sind, können
wir genau verfolgen, in welche Richtung das Interesse seiner Peiniger ging: Sehr viele Schüler des Christianeums
seien »staatsabträglich« eingestellt, besonders die Schüler
der 7. und 8. Klassen (die Abschlußklassen – d. Verf.), die
unverhohlen ihre Abneigung gegen die HJ zum Ausdruck
brächten; die Kriegführung werde bemängelt, Sympathien für die »armen Franzosen« und für England würden
auf dem Schulhof laut. Die Lehrer böten dieser abträg-
lichen Einstellung keinen Einhalt. Auch gegen die über-
mäßig lange Haartracht seien die Lehrer nicht einge-
schritten; überall liefen »Swing-Typen« und »Hott-Boys«
herum. Der Mitschüler J. besäße einen Plattenschneide-
apparat, mit dem er Swingplatten kopiere, die er dann
weiterverbreite. Der Mitschüler B. verkaufe englische
Flaggen und Schallplatten, der Klassenkamerad D. emp-

fange abends den Moskauer Nachrichtendienst. Eine Reihe weiterer Mitschüler – alle namentlich genannt – hörten englische Sender. Einmal habe J. über den großen Lautsprecher der Physiksammlung englische Schlager aus dem Klassenzimmer dröhnen lassen, aber kein Lehrer sei dagegen vorgegangen. Und als gar der Klassenkamerad H. von englischen Flugzeugen abgeworfene Flugblätter mit in die Schule gebracht habe, auf denen der deutsche Angriff auf Jugoslawien als Überfall gebrandmarkt worden sei, seien diese in der Klasse und auf dem Nachhauseweg zirkuliert. Auch der Klassenlehrer habe ein solches Flugblatt durchgelesen und es kommentarlos an H. zurückgegeben.

Reihenweise mußten die benannten Schüler bei der Gestapo erscheinen, wurden vor allem nach Mitschülern und Lehrern befragt und dann mit einem strikten Schweigegebot wieder entlassen. Andere, wie der ehemalige Schüler Detlev v. Zerssen, wurden in der Schule vernommen. Er erinnert sich:

»Als ich zum Schulrat ins Direktorzimmer zum Verhör gebeten wurde, lieh ich mir von einem Klassenkameraden das HJ-Abzeichen und steckte es an. Den Raum des Direktors betrat ich in strammer Haltung und schrie ›Heil Hitler, Herr Oberschulrat‹. Dieses Bild eines angeblich strammen HJ-Jungen paßte offenbar nicht in das erwartete Bild des Schulrats, der daraufhin etwas verunsichert erschien. Die vor ihm liegende Akte wies aus, daß ich eine Zeichnung einer Jazzkapelle gefertigt hatte, ferner daß ich mir Text und Melodie der »Internationale« besorgt hätte. Ich mußte beides zugeben, was die Situation kritisch werden ließ. Ich wies den Schulrat aber darauf hin, daß man die Anschauungen seiner Gegner kennen müsse, um sie erfolgreich bekämpfen zu können. Die Frage des Schulrats, ob ich das Lied an andere weitergegeben hätte, habe ich verständlicherweise energisch bestritten, zumal ich – was dem Schulrat einleuchtete – bei anderen nicht dieselbe weltanschauliche Festigkeit voraussetzen könne wie bei mir selbst. In Wahrheit allerdings haben wir das Lied in der Klasse einmal aus reinem Oppositionsgeist gesungen.«

Bei anderer Gelegenheit erfuhr v. Zerssen, daß ein Klassenkamerad vom Schulführer den Auftrag erhalten hatte, über seine Äußerungen Buch zu führen und ihm alles zu melden. Inzwischen hatten die Affären um die Hamburger Swingjugend so viel Staub aufgewirbelt, daß der Reichsführer SS Heinrich Himmler die Sache an sich zog. Nachdem Reichsjugendführer Axmann ihm am 8. Januar 1942 einige Berichte aus Hamburger Schulen übermittelt hatte, ordnete Himmler direkt aus dem Führer-Hauptquartier am 26. Januar an:

»Alle Rädelsführer, und zwar die Rädelsführer männlicher und weiblicher Art, unter den Lehrern diejenigen, die feindlich eingestellt sind und die Swingjugend unterstützen, sind in ein Konzentrationslager einzuweisen. Dort muß die Jugend zunächst einmal Prügel bekommen und dann in schärfster Form exerziert und zur Arbeit angehalten werden. Irgendein Arbeitslager oder Jugendlager halte ich bei diesen Burschen und diesen nichtsnutzigen Mädchen für verfehlt. Die Mädchen sind zur Arbeit im Weben und im Sommer zur Landarbeit anzuhalten.

Der Aufenthalt im Konzentrationslager für diese Jugend muß ein längerer, 2–3 Jahre sein. Es muß klar sein, daß sie nie wieder studieren dürfen. Bei den Eltern ist nachzuforschen, wie weit sie das unterstützt haben. Haben sie es unterstützt, sind sie ebenfalls in ein KZ zu verbringen und das Vermögen ist einzuziehen.«

Diese brutale Vergeltung traf als einen der ersten den Christianeer F. Am 24. Juni 1942 wurde er in das neueingerichtete Jugend-KZ Moringen eingeliefert und blieb dort unter härtesten Bedingungen bis zum 7. Januar 1944.

Der letzte uns bekannte Fall eines Christianeers, der

seine Vorliebe für Jazzmusik mit schlimmen Repressalien büßen mußte, war der Schüler H. Erschwerend für ihn war, daß er als »Mischling 1. Grades« eingestuft wurde. Seine Mutter, die sich seit September 1941 nur noch mit einem Judenstern in den Straßen Othmarschens zeigen durfte, verdankte ihr Überleben einzig dem glücklichen Umstand, daß ihr Mann besondere Verbindungen zu einem der Militärführer des Dritten Reiches hatte. Über die Festnahme H.s vermerkt der Gestapobericht 1942:

»Der Schüler H. wurde am 13. 5. festgenommen, weil er mit anderen Mitgliedern einer Clubkapelle englische Musik zu Gehör gebracht hat. H. ist Mischling 1. Grades und hätte als solcher doppelt Grund gehabt, sich zurückhaltender zu benehmen. H. kommt am 2. 6. 42 zur Entlassung.«

Wenige Tage nach der Festnahme war H. schon von allen öffentlichen Schulen verwiesen worden. Man zwang ihn zu Schwerst- und Schmutzarbeiten auf der Stülckenwerft. Die letzten bedrohlichen Wochen vor Kriegsende überdauerte er in einem Hühnerstall im Garten der Eltern eines Mitschülers in der Jungmannstraße.

Daß mit den Aktionen gegen die Swingjugend den Sicherheitsbehörden auch Lehrer und Direktor des Christianeums immer verdächtiger wurden, wissen wir aus den zitierten Akten. Im Winter 1941/42 verfaßte die Gestapo eine Anklageschrift gegen Dr. Lau und die Studienräte Dr. Gabe, Schröder und Wendling. Sie stützte sich weitgehend auf die Angabe des bereits erwähnten Spitzels und auf Anzeigen weiterer linientreuer Kollegen. Das Ergebnis der Schülerverhöre kam erschwerend hinzu. Auf einer Sitzung der Hamburger Schulleiter unter dem persönlichen Vorsitz des Reichsstatthalters Kaufmann am 13. Dezember 1941 begründete ein Gestapobeamter den Vorwurf staatsfeindlicher Haltung am Christianeum. Vier Wochen später trat der Oberschulrat Henze vor die Gesamtkonferenz der Schule und trug in Gegenwart des Spitzels einzelne Punkte

Der Reichsführer-ff   Führer-Hauptquartier
Tgb.k .AR/883/G   16. Jan.1942
KF/V

Lieber H e y d r i c h !

      Anliegend übersende ich Ihnen einen
Bericht, den mir der Reichsjugendführer Axmann über
die Swing-Jugend" in Hamburg zugesandt hat.

      Ich weiß, daß die Geheime Staatspolizei
schon einmal eingegriffen hat. Meines Erachtens muß
jetzt aber das ganze Übel radikal ausgerotet werden.
Ich bin dagegen, daß wir hier nur halbe Maßnahmen
treffen.

      Alle Rädelsführer, und zwar die Rädels-
führer männlicher und weiblicher Art, unter den
Lehrern diejenigen, die feindlich eingestellt sind
und die Swing-Jugend unterstützen, sind in ein
Konzentrationslager einzuweisen. Dort muß die Jugend
zunächst einmal Prügel bekommen und dann in schärfster Form exerziert und zur Arbeit angehalten werden.
Irgendein Arbeitslager oder Jugendlager halte ich
bei diesen Burschen und diesen nichtsnutzigen Mädchen für verfehlt. Die Mädchen sind zur Arbeit im
Weben und im Sommer zur Landarbeit anzuhalten.

      Der Aufenthalt im Konzentrationslager
für diese Jugend muß ein längerer, 2 - 3 Jahre sein.

Brief von Heinrich Himmler an Heydrich

184

Es muß klar sein, daß sie nie wieder studieren dürfen. Bei den Eltern ist nachzuforschen, wie weit sie das unterstützt haben. Haben sie es unterstützt, sind sie ebenfalls in ein KL. zu verbringen und das Vermögen ist einzuziehen.

Nur, wenn wir brutal durchgreifen, werden wir ein gefährliches Umsichgreifen dieser anglophylen Tendenz in einer Zeit, in der Deutschland um seine Existenz kämpft, vermeiden können.

Ich bitte um weitere Berichte. Diese Aktion bitte ich im Einvernehmen mit dem Gauleiter und dem Höheren SS- und Polizeiführer durchzuführen.

                    Heil Hitler !
                        Ihr

Anlage

aus der Anklageschrift vor. Er forderte die Mitglieder des Kollegiums auf, weiteres Belastungsmaterial vorzubringen. Dieses Ansinnen wurde jedoch empört zurückgewiesen. Die Konferenz verlief ergebnislos.

Ein halbes Jahr später erhielt Lau die Mitteilung, daß er nicht mehr das Vertrauen des Gauleiters habe. Er wurde seines Amtes enthoben und als Schulleiter an das Jungengymnasium Blankenese versetzt, ein Amt, das er, gesundheitlich und nervlich schwer angeschlagen, nicht mehr antrat. Wendling und Gabe wurden Anfang 1943 entlassen.

Gespräch mit F.s Mutter

[...]

Wo wir früher gewohnt haben, im Othmarscher Kirchenweg, dort im Haus haben sie ihn ja angezeigt. Leute, denen wir gar nichts getan haben, die zeigen unseren Jungen an. Wie ist das bloß möglich?

Da war er gerade 16 Jahre alt. Einen Tag vor seinem Geburtstag bekamen wir einen Telefonanruf. Und dann sollte er zum Stadthaus kommen, zur Gestapo. Und dann bin ich natürlich mit ihm gegangen. Und ich warte und warte. Schließlich gehe ich hin zu dem SS-Mann und sag: »Wie ist das eigentlich, wann kommt mein Sohn denn wieder?« – »Der kommt überhaupt nicht wieder. Da gehen Sie mal nach Hause.« Ich sag: »Er hat doch gar nichts getan!« – »Doch, das wissen wir besser als Sie.« Dann hatte ich solche Angst. Und dann war er erst im Konzentrationslager Fuhlsbüttel. Von Fuhlsbüttel ist er ein paar Tage später wieder freigelassen worden. Er ging auch wieder auf die Schule. Man hat ihn also freigelassen und beobachtet, ob er zu anderen wieder Kontakt aufnimmt. Man hat ihn als Köder benützt. Und dann ist er das zweite Mal in der Schule verhaftet worden und wurde von dort abgeholt und kam wieder nach Fuhlsbüttel.

Und dann eines Tages, das war dann im Sommer 1942, im Juni. Wir hatten einen so heißen Tag. Da ging ich wieder hin. Und dann sagte man mir: »Ihr Sohn ist nicht mehr hier.« Ich sag: »Wo ist er denn?« – »Ja, das wissen wir nicht. Sie können nach Hause gehen. Wir wissen das nicht.« Und wir wußten überhaupt nicht, wo unser Junge war.

Dann mußte er seine Lebensmittelmarken haben. Und dadurch wußten wir nun, wo er war. Der war nach Moringen gekommen. Das war früher ein Arbeitslager, und nachher wurde es ein Konzentrationslager für Jugendliche. Das war nur für Jugendliche.

Und die Frau, die uns angezeigt hat, das war die Frau des Blockwartes, die hat dann gesagt, wenn Sie nicht katholisch und in der Partei gewesen wären, dann hätten wir auch nichts daraus gemacht. Aber wir müssen unseren Führer schützen. Die war 110%ig.

Wußten Sie denn um die Einstellung Ihres Sohnes?

Ja, das wußten wir ganz klar. Denn wir hatten ja dieselbe. Wenn Reden gehalten wurden von Hitler, dann haben wir den Lautsprecher in der Küche laufen lassen und im Zimmer hörten wir nichts. Und all dies, das ist natürlich auch auf unseren Sohn übergegangen. Ich hab' auch nie »Heil Hitler« gesagt. Mein Mann auch nicht.

Hat Ihr Sohn denn immer ganz offen und laut gesagt, daß er gegen Hitler ist?

Ja, sicher. Das ist es gerade. Auch im Gymnasium. Er war in der katholischen Jugendbewegung. Aber das wurde ja alles verboten. Darum hatten sie nachher gar nichts mehr. Manche haben sich trotzdem noch getroffen. Manche hatten auch wieder Angst. Aber unser Heiner hat nie Angst gehabt. Er ist immer vorangegangen. Er ist immer der Lautsprecher für andere gewesen.

Wessen hat man Ihren Sohn denn noch beschuldigt?

Er wäre amerikanisch eingestellt. Er hat ein amerikanisches Abzeichen getragen. Also richtig Opposition. Er war eben gegen Hitler und tat alles, um das auch darzustellen. Das war natürlich seine Dummheit. Damit kann man es ja nicht machten. Mir sind die aber immer noch lieber als die Feiglinge.

Aber zu Hause hat er das nicht getragen, oder?

Wieso, doch, er hat das ganz offen getragen. Dabei hat er sich nichts gedacht. Er war ja nicht für die Nazis. Und vielleicht hat er sie damit auch herausgefordert.

Waren seine Sympathien für Amerika?

Für die Nazis vor allen Dingen nicht. Er hat dann gesagt, ich glaub' nicht an den Wehrmachtsbericht, und all so Sachen hat er gesagt.

Wie war der weitere Werdegang Ihres Sohnes, nachdem er aus dem KZ zurückkam?

Er kam nach Hause wie ein Skelett. Und die Zähne hatten sie ihm gezogen. Fast alle. Und die Beine voller Entzündungen. Er sah furchtbar aus. Unten am Hafen war er dann bei einer Firma als Lehrling. Er durfte ja 1944 nicht wieder auf das Gymnasium. Die Schule durfte ihn nicht wieder aufnehmen. Dann hat diese Firma ihn genommen, das war nicht so leicht. Mancher war gegen die Nazis, die haben ihn sehr gern genommen.

Nach dem Krieg war er ja furchtbar enttäuscht. Andere, die Nazis waren, die kriegten Stellung, und er lief immer noch. Da oben saßen ja noch so viele.

GÜNTER DISCHER

»... wird in Schutzhaft genommen«

Es gehörte zum guten Ton, daß man vier Wochen inhaftiert war. Dann war man sozusagen erst ein richtiger Swingboy und gehörte praktisch zur Elite. Das ist uns natürlich nachher ganz schnell vergangen.

Man warf mir vor, ich hätte halb Hamburg mit Schallplatten versorgt und einen schwunghaften Handel mit diesen verbotenen englischen Platten betrieben.

Die Tür geht auf.

Herein kommt der Gestapobeamte Küchler.

Er ruft meinen Namen.

Ich stehe von meiner Holzbank auf.

Mir schlottern die Knie.

Ich muß zum Verhör.

Ich weiß nicht, was ein Gestapoverhör überhaupt bedeutet.

Er fragt mich, warum wir alle grade englische und amerikanische Musik lieben, warum wir gekleidet gehen wie die Engländer, warum wir Regenschirme tragen, warum wir überhaupt gegen die Nazis Opposition machen.

Beim Verhör muß man immer sofort antworten. Tut man das nicht, kriegt man eine mit der flachen Hand ins Gesicht geschlagen.

Ich werde gefragt, warum ich nicht in der Hitlerjugend bin.

Daraufhin antworte ich: »Ich möchte ein freier Mensch sein.«

Diese Aussage hat mir die unbestimmte Haft und die Einweisung in das Jugendkonzentrationslager Moringen eingebracht.

Geheime Staatspolizei   Berlin, 15. 1. 43

Schutzhaftbefehl

Vor- und Zuname	Günter Leonhard
	Johannes Discher
Geburtstag und -ort	20. 3. 25 in Hamburg
Beruf	kfm. Lehrling
Familienstand	ledig
Staatsangehörigkeit	Deutsches Reich
Religion	ev. luth.
Rasse	
(bei Nichtariern anzugeben)	
Wohnort und Wohnung	Hamburg 19
	Charlottenstr. 21

wird in Schutzhaft genommen

Gründe:
Er – sie – gefährdet nach dem Ergebnis der staatspolizei-
lichen Feststellungen durch sein – ihr – Verhalten den
Bestand und die Sicherheit des Volkes und Staates, indem
er – sie – durch sein zersetzendes und staatsabträgliches
Treiben erhebliche Unruhe in die Bevölkerung trägt.

gez. Müller *(Gestapo-Müller)*

Mit zwei Justizbeamten zum Altonaer Bahnhof. Von dort
mit der Eisenbahn nach Northeim. Um das Handgelenk
eine Kette, die reicht hinunter bis zum Fußgelenk, durch
die Hosentasche durch und innen im Hosenbein hinunter.
Und von Northeim dann zu Fuß nach Moringen. Das sind
12 km. An Flucht ist nicht zu denken. Die Kette ist knapp
bemessen. Die Handgelenke sind bald blau und ange-
schwollen und ebenso die Fußgelenke.

Immerhin muß ich die Strecke nur einmal bewältigen,
die Beamten hingegen zweimal.

Mein Freund Heiner Fey ist schon im Lager. Mit seiner
hohen, nasalen, hanseatisch-aristokratischen Stimme ist
er für die lettischen Wachmannschaften ein rotes Tuch.

Da kam das Unterste zuoberst, das war ja das, was die Nazis Revolution genannt hatten, die Revolution des Primitiven gegen das Moderne.

Wir sind 18 Swingboys im Lager Moringen.

Keine »kriminalbiologische Eingangsuntersuchung« wie bei den anderen. Nur »Die Nase hoch« und »Im Laufschritt Marsch«, alles im Laufschritt, und ab in den »Stapo-Block«.

Um 5.15 Uhr werden wir geweckt.

Dann geht es von unserer Baracke rüber zur Waschbaracke, immer im Laufschritt.

Kaltes Wasser.

Um 5.45 Uhr eine Scheibe Brot, ein Stück Margarine und Marmelade und ein Getränk, das man nicht Kaffee nennen sollte. Aber wenigstens warm.

Um 6 Uhr Arbeitseinteilung.

Wir besteigen einen LKW, der uns zur Munitionsfabrik (»Heeresmunitionsanstalt«) Volpriehausen bringt.

Dort fahren wir mit dem Förderkorb unter Tage, in die unterirdischen Hallen eines ehemaligen Salzbergwerks. Kein Tageslicht, keine Schutzkleider. Aber wenigstens läßt uns die SS dort allein.

Wir fertigen Granaten und stapeln Kartuschen. 10 oder sogar 12 Stunden jeden Tag, auch am Sonnabend. Das ist eine einzige Quälerei, vor allem, wenn man halb verhungert ist. Sonntags mußten wir dann oft noch bei den Bauern in der Moringer Umgebung zum Arbeitseinsatz antreten.

Seit nunmehr 45 Jahren habe ich fast jeden Monat denselben Alptraum: Ich befinde mich in einem großen Lager. In diesem Lager sehe ich graue, schmutzige Baracken. Hinter den Baracken läuft ein Stacheldraht. Dieser Draht ist drei, vier Meter hoch. Hinter diesem Draht sehe ich Waffen-SS mit Hunden patrouillieren. Wachtürme mit Scheinwerfern sind an verschiedenen Ecken aufgestellt. Aus den Baracken höre ich Schreie, Schreie von Mithäftlingen, die von den SS-Schergen geschlagen werden. Die Schreie dringen an mein Ohr.

Ich habe Hunger, großen Hunger sogar. Ich kann ihn nicht stillen. Es gibt nichts zu essen. Nur die täglichen kargen Rationen.

Es ist nun schon wieder Frühling geworden, und ich bin immer noch hier.

Im Laufe der Jahre sind wir abgestumpft. Wir haben nur noch ein Thema: essen. Mithäftlinge phantasieren und reden nur noch Unsinn vom Essen. Es wird gekocht, es werden Tische aufbereitet, es wird zum Dinner geladen, Wahnvorstellungen.

Der Swing hält uns über Wasser.

Das Salzbergwerk hat eine phantastische Akustik.

Auf den Kartuschen, solchen Holzkartons, spielen wir Schlagzeug, und mit den Stimmen wird improvisiert:

»Jeepers Creepers« oder »A Tisket A Tasket«, was wir alle kennen, weil es das noch bis 1939 von Teddy Stauffer auf Telefunken gegeben hat.

ERWIN REHN

ST-Block, Jugend-KZ Moringen

Auf dem ST-Block befanden sich ca. 128–180 Mann. Sie bestanden aus politischen Einzeltätern, der Gruppe der sog. Swingboys aus Hamburg, die in größerer Zahl anwesend waren, einem Juden aus Berlin und wahrscheinlich einem Judenstämmling aus Holland, einem Holländer, Norweger und Russen, einigen Polen und Tschechen, einigen Österreichern, zwei Luxemburgern. Ab Frühjahr 1944 trafen dann laufend Slowenen ein, deren Eltern man wegen Partisanenbegünstigung oder weil sie selbst Partisanen waren, hingerichtet oder in Haft genommen hatte. Sie machten bald ein Drittel des Blocks aus. Ferner kamen laufend Angehörige der »SA-Standarte Feldherrnhalle«, die zwar Häftlinge der Gestapo waren, aber wegen hauptsächlich krimineller Delikte eingeliefert wurden, so Überschreitung des Urlaubs, Entfernung von der Truppe, wegen Trunkenheit und die meisten wegen Kameradendiebstahls. Teilweise stahlen sie sogar im Lager weiter. Sie wurden auch wegen ihres Betragens von der Gemeinschaft der rein politischen Häftlinge abgelehnt. Das Leben auf dem ST-Block unterschied sich erheblich von dem im übrigen Lager. Es kam dem auf dem S-Block nahe. Bewegung war nur im Laufschritt möglich. Es verging kein arbeitsfreier Tag, an dem sich die Häftlinge nicht »sportlich« betätigten, ohne Rücksicht auf die Witterung. Abends, nach Einschluß, blieb der Blockführer E. noch auf dem Block, und dann ging es hier weiter bis teilweise 2 Uhr in der Nacht. Bestrafungen wurden schon für geringfügige Sachen, für die es sonst nur ein paar Faustschläge gab, ausgesprochen. Appelle wurden durchgeführt, darunter der menschlich so entwürdigende »Gesundheitsappell«, bei dem der Blockführer die Geschlechtsteile der Häftlinge inspizierte. Es gab keinen Sonntag und keinen Feiertag.

An Arbeitskommandos gab es den Innendienst, umfassend Schneiderei, Schuhmacherei, Tischlerei und andere Handwerker, das Kommando, welches in der Landwirtschaft des noch in Resten im Lager befindlichen Arbeitshauses der Justiz tätig war und größtenteils aus Angehörigen des U-Blockes bestand, sowie Häftlinge, die als Blockälteste etc., Lazarett-Kalfaktoren, SS-Burschen, Blockreiniger und Lagerältester Dienst taten. Dann gab es die Steinbrucharbeiter, die Strafdienstler, die schwere Arbeit innerhalb des Lagers im Laufschritt unter erschwerten Bedingungen zu verrichten hatten, meistens handelte es sich hierbei um Angehörige des S-Blockes, aber auch Angehörige anderer Blocks konnten bei bestimmten Verstößen gegen die Lagerordnung (besonders Flucht) zu begrenztem Dienst in den Strafdienst abkommandiert werden.

Als zuletzt eingerichtetes Kommando gab es die Heeres-

Muna Volpriehausen. Dies war auch ein sog. Strafkommando, denn dort wurde von den Jugendlichen nur körperliche Schwer- und Schwerstarbeit verrichtet, die an sich nach dem Jugendschutzgesetz auch während des Krieges verboten war. In der Zeit von 1943 bis 1945, als ich dem Kommando angehörte, pflegten wir immer zur Einfahrt in den Schacht unter dem entsprechenden Verbotsschild anzutreten. Die verschiedenen Arbeitskommandos hatten zur Kennzeichnung verschiedenfarbige Stoffabzeichen, die in Form eines Balkens über dem Blockabzeichen getragen wurden. Die Arbeitszeit betrug 10 bis 16 Stunden täglich. Beim Ausrücken zur Arbeit außerhalb des Lagers wurden die Kommandos von SS-Mannschaften mit geladenen und entsicherten Schußwaffen und aufgepflanztem Bajonett begleitet. Bei Piller und in der Muna Volpriehausen wurde eine sog. Schwerarbeiterzulage in Form von einer Doppelscheibe Brot mit Margarine und Blutwurst gereicht, die von jüdischen Häftlingen oder Bibelforschern regelmäßig abgelehnt wurde. Die Bezahlung betrug allgemein 10 Rpf täglich, ferner wurden für besondere Leistungen sog. Prämien von 1,– bis 3,– RM gezahlt. Ebenso wurden aber auch bei schlechten Leistungen mit der Begründung: Sabotage ganze Wochenlöhne abgezogen. Hinzu kamen noch die internen Lagerstrafen. Die Gelder wurden nie ausbezahlt, ich weiß nicht, wie es bei Entlassungen war.

THORSTEN MÜLLER

Ich war ein Widerstand

Ja, es ist wahr: Als ich, involviert in die zwischen München und Hamburg verzweigte Weiße Rose, am 19. April
1945 in Hamburg vor dem Volksgerichtshof stand, ange-
klagt der Vorbereitung zum Hochverrat, der Feindbegünstigung, des Rundfunkverbrechens, der Wehrkraftzerset-
zung und, damit nicht genug, auch noch der Verabredung
eines Sprengstoffverbrechens, da war ich 17 Jahre alt.

Wahr ist auch: Als der Sicherheitsdienst (SD) dem Statthalter des Reiches in Hamburg, dem NSDAP-Gauleiter
Karl Kaufmann, am 13. Januar 1944 eine Auswahl der im
Herbst 1943 von der Geheimen Staatspolizei in Hamburg
in eben dieser Affäre in Haft genommenen Personen einzeln präsentierte und ich, nach Musterung meines Typus,
Gestus, Habitus, zu einem jener Einflußagenten der An-
gloamerikaner erklärt wurde, vor denen Staat und Volk
sich schützen müßten, war ich 16 Jahre alt. Ich war also
kaum älter als am 7. Dezember 1943, als die Gestapo
mich, »dringend verdächtig, an einem hochverräteri-
schen Unternehmen teilgenommen zu haben«, morgens
verhaftet und abends, nachdem ihre Schergen vermit-
tels Gummiknüppeln, Kanthölzern und geballten Fäusten
einige Teilgeständnisse und Schutzbehauptungen aus mir
herausgeschlagen, in ihr Gefängnis, das Gestapo-Gefäng-
nis Fuhlsbüttel, verbracht hatte.

Wie es denn auch wahr ist, daß in den letzten Julitagen
des Jahres 1943, unter Ausnutzung des alliierten Luft-
kriegsunternehmens »Gomorrha«, jenes Tod und Verder-
ben bringenden Feuersturmes, der meine Heimatstadt
wohnviertelweise zu Trümmern, Schutt und Asche ver-
heerte, ich einer kleinen, nur dürftig bewachten, durch
die lodernde Stadt marschierenden Kolonne jugendlicher
Arrestanten und Fürsorgezöglinge entfliehen konnte.

In der Tat: Noch vor den sicherheitsdienstlichen Erkenntnissen ob meiner Freunde Verbindungen zu Heinz Kucharski in Hamburg und Hans Leipelt in München, deren Konspiration es eben war, gemeinsam mit anderen die Geschwister-Scholl-Affäre fortzusetzen, – als ich am 3. Juni 1943 allein wegen meiner als anglophil denunzierten Attitüde in Hamburg endlich verhaftet und einstweilen hinter Schloß und Riegel einer Anstalt für Fürsorgezöglinge und jugendliche Straftäter gebracht wurde, war ich 15 Jahre alt. Das Halbjahr nach der Flucht aus der in Flammen zum Himmel schreienden Stadt, eben 16, bis zu meiner Wiederverhaftung lebte ich einmal in Plauen im Vogtland, dann in St. Blasien im Schwarzwald, in Freiburg im Breisgau, ja, in Posen, im polnischen Viertel der Stadt, einmal in Chemnitz in Sachsen, auch in Leipzig und Dresden, und immer wieder zwischen den Städten und Dörfern des Reiches, in Hotels und Pensionen, in Scheunen und Ställen, im Personenzug der 1. Klasse und im Waggon eines Güterzugs, in einer obskuren Absteige und im gastfreundlichen Haus eines Geistlichen, in immer wieder neuen Verkleidungen und Verstellungen, versteckt, geborgen, versorgt von Angehörigen, befreundeten Familien und, wie oft, ich weiß es nicht, auch von Unbekannten, in dieser Villa, jener Mietswohnung.

Ja, es ist wahr, zitiere ich mich noch einmal im Blick auf die Fragen, die mir bis auf den heutigen Tag hundertfach gestellt worden sind und die mir, auch in mir selbst, nachgehen werden, wie mir scheint, je mehr Zeit, gesellschaftlicher Wandel und Generationen sich zwischen damals und morgen begeben: Wie ich denn nur *in dem Alter* ..., wie ich, *so jung* ..., wie ich, *noch ein Kind* ... in die Verfolgungsmaschinerie des SS-Staates hätte geraten können (als ob der Mord an jüdischen und anderen, etwa als »lebensunwertes Leben« ausgewiesenen Säuglingen und Schulkindern nach Vorlage ihrer Geburtsurkunde nicht exekutiert worden wäre); aber auch im Blick auf die Fragen, wie ich denn nur *in dem Alter* ... in den Widerstand hätte geraten können, ja ob (die Frage kam, erinnere ich mich recht, allen Ernstes von einem Sachbearbeiter im

Dienste einer deutschen Wiedergutmachungsbehörde, Anfang der 1950er Jahre) ich *in dem Alter* denn überhaupt *reif* gewesen sei, um eine ernsthafte, sittlich begründete politische Überzeugung haben zu können. Ach, als ob es einer solchen bedurft hätte, wurde sie einem vom Reichsführer SS, Heinrich Himmler, oder vom Chef der Sicherheitspolizei und des SD, gleichviel, ob Heydrich oder Kaltenbrunner, oder auch nur von einem Gauleiter der NSDAP wie Karl Kaufmann, des Reiches Statthalter in Hamburg, unterstellt. Und wehe mir, ich hätte mich *in dem Alter* etwa auf die Zehn Gebote des Alten Testaments, auf den Humanismus der Brüder von Humboldt oder auf den kategorischen Imperativ des Immanuel Kant berufen; es wäre *in dem Alter* einer lebensgefährlichen Unverschämtheit gleichgekommen. Nein, ich war, damit das deutsche Volk und der deutsche Staat vor mir und meinesgleichen geschützt werde, auf Befehl des Gestapo-Hauptamtes in Schutzhaft genommen worden, weil ich, so die Begründung des Befehls, »nach dem Ergebnis der staatspolizeilichen Ermittlungen und Feststellungen die Sicherheit und den Bestand des Volkes und Staates« gefährdete, indem ich mich »hochverräterisch« betätigte.

Wie erinnerlich oder auch nicht, man brauchte für das, was seinerzeit in Deutschland hochverräterisch war, nach Auskunft des obersten Anklägers des Reiches nicht einmal mehr einen juristischen Kommentar, wie er, Dr. jur. Roland Freisler, in der Hauptverhandlung des Volksgerichtshofes gegen Alexander Schmorell und andere, dem zweiten Strafprozeß in der Geschwister-Scholl-Affäre, am 19. April 1943 in München jedermann verkündete: »Auch für den Volksgerichtshof ist Hochverrat das, was er für alle Volksgenossen ist, nämlich eine Gefährdung der nationalsozialistischen Lebensform des deutschen Volkes«. Mehr bräuchte niemand zu wissen, meinte er, und das wisse auch ein Primaner, schloß er seinen Kommentar im Blick auf den jungen Angeklagten Heiner Guter.

Ja, ich hörte, auch das ist wahr, schon mit 14, 15 Jahren, mithin in den Jahren 1941, 1942, was zu hören bei hohen und Höchststrafen verboten war: den Londoner Rundfunk. Ich hörte ihn täglich, manchmal auch noch nach meinem Nachtgebet, und hörte ihn nicht nur allein, sondern auch schon mal in Gemeinschaft mit anderen, darunter erwachsenen, gar erziehungsberechtigten Personen, so daß mir bei Vollendung meines 15. Lebensjahres über den Äther Hugh Carlton Green, Lindley Fraser, Patrick Gordon Walker und andere Kommentatoren der BBC zu vertrautesten Freunden geworden waren, ja, zu einer täglich verfügbaren Institution der moralischen Ermutigung. Das war die Zeit, als ich, ich sehe ab von meiner Großmutter, die während meiner Kindheit Nadel und Faden geführt, meinen ersten eigenen Maßschneider gewählt hatte, – Harland war sein Name, Schneidermeister seinerzeit beim renommierten Herrenausstatter Kolbe in Hamburgs renommierter Geschäftsstraße Große Bleichen. Mochten die Hosen sehr wohl jene legere Akkuratesse verraten, die ihnen, tailor-made, eignen sollte, die Blazers und Sakkos, tadellos, verrieten ein wenig Extravaganz, ihrer ungemeinen, auch ganz handelsunüblichen Länge wegen, durch die ich hatte andeuten wollen: Ich, wie ihr mich hier so seht, sehe mich nicht als Hitlers Jugend; bleibet meinem Leibe fern mit Nazidress und all der ihm konformen Kluft. Fehlte nur noch der allezeit mitzuführende, auch bei strömendem Regen nicht zu entrollende, lange Regenschirm; allein er fehlte nicht: Ich trug ihn, einem Fetisch gleich, der zum einen meinen Geschmack, zum anderen meine Sympathie signalisierte in Richtung 10, Downing Street, ohne Rücksicht auf das Wetter. Es war die Zeit, in der ich auch auf die Kurzhosigkeit und Hemdsärmeligkeit meiner Altersgenossen – guten Glaubens führerhörig die meisten – keine Rücksicht mehr zu nehmen hatte; denn im September 1942 war seitens der Schulbehörde, einvernehmlich mit der HJ und der Gestapo (Feder der letzteren führte für gewöhnlich ein gewisser Dr. phil. Henze, Oberschulrat seines Amtes), der unanfechtbare Bescheid ergangen, ich sei, wiewohl selbst hochgradig gefährdet, in einem so hohen Grade jugendgefährdend und dem Staate abträglich, daß vom Besuch einer staatlichen Schule, welcher auch immer, ich fortan und ein für allemal ausgeschlossen sei.

Der Bescheid war nicht von ungefähr gekommen. Es wäre nicht gut zu leugnen gewesen: Hatte ich im Deutschen auch Zweien und Einsen, was zählten solche Noten gegen Gedichte des Juden Heinrich Heine und Machwerke anderer jüdischen Schrifttums, die ich zitierte? Auch hatte ich es nach wiederholten Verwarnungen nicht lassen können, sowohl während des Unterrichts als auch in den Unterrichtspausen defätistische, ja geradezu feindpropagandistische Auffassungen zu vertreten, die, wie es hieß, auf eine grobe Vernachlässigung der elterlichen Aufsichtspflicht schließen ließen. War es im Englischen anders gewesen? Nein. Die meisten mit sehr gut, wenn nicht mit gut benoteten Leistungen hatten auf die Dauer nichts auszurichten vermocht gegen die Sarkasmen, die ich aus »The Picture of Dorian Grey« von Oscar Wilde gelegentlich zum besten gegeben hatte, mithin das Gedankengut aus einer Lektüre, die dem Lehrkörper, wenn nicht fremd, mindestens so suspekt gewesen war wie meine gelegentlich durchschlagenden Kenntnisse aus den Werken von Somerset Maugham, Charles Morgan, Dorothy Sayers, – Lektüren, die nicht nur nicht in einem Lehrplan für das achte oder neunte Schuljahr, sondern in überhaupt keinem Lehrplan einer staatlichen Schule des nationalsozialistischen Deutschlands vorgesehen waren. Ein Schüler gar, der allein wegen eines bestimmten, in Deutschland nicht üblichen Kragenschnitts sich Hemden maßnähen ließ, der war, so sahen's die Lehrer und andere erwachsene, man ist versucht zu sagen, reife Personen, eine Gefährdung, wie gefährdet der Schüler selbst auch immer sein mochte. Erschwerend, am Ende ausschlaggebend, war etwas hinzugekommen, von dem man damals den Eindruck hatte, es handele sich dabei um ein besonders verwerfliches Laster, um eine Art Virus etwa, der die Volksgesundheit ruiniere: Mein Interesse an der von

Illustrierter Beobachter (Beilage zum Völkischen Beobachter, 29. Juni 1944, Folge 26):

Nach Mitteilung des Gallupinstitutes zur Erforschung der öffentlichen Meinung in USA findet bei allen Rundfunkhörern die meiste Zustimmung ein Saxophonmusikant, Benny Goodman, dessen Radiosendungen rund 40 Millionen Hörer haben. Goodman ist dadurch der höchstbezahlte Radio-»Star« geworden, der aber dennoch fast jeden Tag in den großen Kinos von Neuyork mit seiner Kapelle spielt, um sich an seinem unheilvollen Einfluß auf die Schuljugend zu berauschen. Wie dieser »Rattenfänger von Neuyork«, so sind die meisten der hochbezahlten Radio-Artisten Juden, ebenso wie die Geschäftsleitung und die Nachrichtenübermittlung des USA-Rundfunks zu über 90 v. H. von Juden kontrolliert werden.

Staats wegen verbotenen amerikanischen Jazzmusik war nicht unbemerkt geblieben. Auch darüber war bereits Lehrerrat gehalten und, als konstatiere man eine peinliche Anomalie, befunden worden, ich sei offensichtlich *swing*.

Dahin also war es mit mir gekommen, sieht man bei diesem Exempel davon ab, wie weit es 1942 mit dem Nationalsozialismus unter Lehrern und Erziehern gekommen war. Aber hatte man nicht, als, ich war 14 Jahre alt, Gedichtbände von Baudelaire, Verlaine, Rimbaud, und Schallplatten von Duke Ellington, Benny Goodman, Artie Shaw bei mir entdeckt worden waren, meiner Familie rundheraus empfohlen, mich nach Abschluß des Schuljahres von der Schule zu nehmen, mit der eher freundlich gemeinten Begründung, ich sei der Schule entwachsen? Ein, zwei mir gewogene Lehrer, denen meine Gaben sowenig entgangen waren wie meine Schwächen, rieten dazu, mich in ein Privatinstitut einschreiben zu lassen. Nun ja, ich lernte leicht und zuweilen mit einem solchen Eros, daß mir, da ich zu Neid und Mißgunst nicht veranlagt war, auch schon Hochmut als die Sünde vor dem Fall angekreidet worden war. Ich glänzte in Grammatik, ich genoß Sprachformen und Satzperioden und übte mich in ihnen zu meiner puren Lust am Text, ich delektierte mich an Quadrat und Kubus und – außerhalb der Schule, versteht sich – an einer allenthalben als *volksfremd* und *entartet* erachteten, namentlich der kubistischen Malerei, derart, daß ich mir von irgendwo versteckten Reproduktionen heimlich Ansicht verschaffte. Aber warum nur mußte ich unterhalb meines einsamen Enthusiasmus für die Gitarren von Picasso, Gris, Braques, für die Schiffe und Kirchen von Lyonel Feininger oder die Pferde und Rehe von Franz Marc die bohrende, würgende Angst verspüren: Dafür, daß du diese Bilder magst, schlagen sie dich mal tot!? Ein Zufall war's, als ich einmal die Schallplatte des Titels »A Tisket A Tasket« hörte, vom Orchester Chick Webb gespielt, gesungen von einer zur Zeit dieser Aufnahme noch recht jungen Schwarzamerikanerin des Namens Ella Fitzgerald, – aber mitten in mein Entzücken mischte sich wieder die Angst: Mein Gott, wenn das ruchbar werden sollte, daß mir das gefällt, was dann? Nur: Stets behielt die Lust an den Sprach-, Bild- und Klangformen die Oberhand.

Nein, ich interessierte mich sowenig für Politik wie meine Familie, eher noch weniger. Aber auch das fand keine rechte Billigung; als deutscher Junge meines Alters hatte man sich gefälligst zu interessieren für Politik, punctum. Was half's? Wir empfanden sie als Einmischung in unsere inneren Angelegenheiten. Des Führers Stimme, ich mied sie, ich hörte am liebsten weg, – nicht aus einer irgendwie politischen Aversion, nein, schlicht und einfach, weil sie mir Angst und Schrecken einflößte. Zogen die Marschkolonnen der SA oder der HJ durch die Straßen, graute mir vor ihren Demonstrationen; ich wich ihnen aus. Gelegentlich konnte man ihn im Bilde sehen, in einer Zeitung oder Wochenschau: Anthony Eden. Den mochte ich. Ich freute mich an alten Sammelbildern prominenter Filmschauspieler: die, wie ich zu hören bekam, »bei uns in Deutschland verfemte« Marlene Dietrich, die mochte ich. Hingegen drehte der Magen sich mir um beim Anblick eines Mannes namens Robert Ley. Was konnte ich dafür? Und warum sollte der Mensch mir auch nicht zuwider sein? Er war's. Und hätte deshalb nicht der Führer der Deutschen Arbeitsfront noch überhaupt ein Nationalsozialist sein müssen. Allein warum war ich so allein mit meinen Ängsten, so allein, daß jemandem sie auch nur anzudeuten ich mich kaum getraute? Warum fühlte ich mich, auch wenn kein Luftangriff auf die Stadt im Anflug war, und wär' kein Krieg gewesen, so bedroht, daß ich es hätte kaum beschreiben können? Schließlich war's keine Maulschellenangst, vielmehr eine, die, ich wußte nicht wie, mit einer ungemeinen Lebenslust verbunden war; denn leben wollte ich ja, warum also sollte ich's nicht?

Ich hatte als sechsjähriger Junge es bange miterlebt, daß der Hausarzt unserer Familie, Dr. Jolowicz, plötzlich als spurlos verschwunden galt. Man sprach von ihm als von einem *Juden*. Ein Entertainer im Frack, meiner Familie befreundet, Bela Preisz, er hatte, wie es hieß, Deutschland verlassen müssen, und wann immer von ihm, dem ich viel Spaß und Naschwerk zu verdanken hatte, die Rede war, war auch von ihm als von einem *Juden* die Rede. Jahre später, ich war mittlerweile elf geworden und improvisierte Akkorde auf dem Tafelklavier meiner Großmutter, in einer Novembernacht des Jahres 1938, da wurden allerlei Geschäfte verheert; mich schützte man, hielt mich fern von den Gesprächen, die zu Hause darüber geführt wurden. Indessen hieß es in der Schule, jetzt endlich gehe es den Juden ans Leder, den Feinden des Volkes, der Satansbrut. Nein, wir, so hieß es, als wolle man damit sich und mich beschwichtigen, nein, wir seien nicht jüdisch. Allein ich fühlte mich fremd und in zunehmendem Maße fehl am Platze, und mit der Zeit fühlte ich mich heimisch nur noch an solchen Plätzen, die verpönt, wenn nicht gar verboten waren.

Wahrscheinlich hatte alles mit meinem – unvorsätzlichen, wie hier eigens hervorgehoben sei – Ausstieg aus der gesellschaftlich erwünschten Kinderrolle begonnen, als ich zwölf Jahre alt und der Krieg schon im Gange war. Denn eines Septembertages 1939 verkaufte ich auf einen Schlag mein Spielzeug, darunter alle Zinn- und Bleisoldaten, mit denen zu spielen ich immer ein choreographisches Vergnügen gehabt hatte, bei einem Spielwarenhändler am Ausschlägerweg, kurz vor der Ecke Anckelmannstraße. Für einen Teil des Erlöses erwarb ich mir, gegenüber, Ecke Borgfelderstraße, bei einem Herrenausstatter einen Gegenstand, mit dem ich schon seit Wochen geliebäugelt hatte: eine seidene Krawatte – mehr zu meiner als zur Freude anderer, wie sich herausstellen sollte. Die Reaktion einiger Erwachsener, auch dieses und jenes Familienangehörigen, auf meinen eigenwilligen und eigenmächtigen Verkauf und Kauf war phänomenal: Es war, als hätte ich einen Skandal heraufbeschworen, den es nun, da er einmal bekannt geworden sei, unter allen Umständen herunterzuspielen und zu kaschieren gelte als einen Fall von jugendhafter Unart. Das war der Effekt; mein Vorsatz war es nicht gewesen, viel eher wird's mein Geschmack gewesen sein, wenn nicht, was nicht vollkommen auszuschließen, eine in dem Alter absonderliche Sensibilität, Spielsoldaten, kaum, daß der Krieg begonnen, einzulösen gegen eine seidene, schmale Krawatte von dezenter Eleganz, die in einem kleinen, feinen statt in einem dicken, derben Knoten zu binden gewesen wäre. Aber wie auch immer, von nun an war es denen, die lebens- und welterfahren und mir gewogen waren, ziemlich eindeutig: Die Nationalsozialisten wären gegen mich, noch ehe ich gegen sie sein könnte.

Ich brauchte knapp drei Jahre, um die vorgegebene Abneigung einzuholen: Als ich 15 Jahre alt war, war die Antipathie wechselseitig. Ich merkte das an der immer offenkundiger werdenden Divergenz zwischen den Erwartungen, den Ansprüchen der Volksgemeinschaft, wie die Nationalsozialisten ihren Staat, ihre Gefolgschaft, kurz – ihre Gesellschaft zu verstehen beliebten, und meinen mal zaghaften, mal verwegenen identitätssuchenden Versuchen. Versuchen übrigens, die mich von meiner Generation weitgehend separierten und für die ich im Rückblick den größten Einfluß der deutschen Literatur, der modernen Kunst, dem amerikanischen Jazz und, nicht zuletzt, der BBC zuschreibe: Bestätigung und Ermutigung kamen mir, kein Zweifel, aus London.

IV

SwingEnde Wehrmacht

Feldpost

Fiddlin' Joe an Hot Geyer

Villa d'amour
PARIS, 8-12-42

Mein alter, vom Nordwind durchgeblasener Hot King!

Nachdem Du Dich von Krebsschalen und Seetang gerei-
nigt hast, möchte ICH Dir altem Poseidon der Blue Waters
in springtime recht kräftig die Hand schütteln, you are
married, chap, alles Gute und ein tolles Cheerio dreifach
bei Sekt gegrölt. –

Habe im stillen am Sonntagnachmittag im Salle Pleyel,
Paris, bei Django's Music zu seinem Wiederantritt in Paris
einen hinter die Binde gegossen, auch auf Dein WOHL. Es
wurde tüchtig geschruppt und gedudelt.

AUSVERKAUFT! – Sage bitte Deiner Gertrude alles
Gute zum Ehebunde. Der »Tiger Rag« von Billy Cottons
Cornet Tempo Band möge zum Nachtisch den Segen gegeben haben. – Daß Old Kluge Kriegsverwaltungsrat oder
sonst ein Schmalspurdiener geworden ist, wußte ich von
meinem Onkel, er hatte eben als Gefreiter keine große
Lust gehabt. Gott! Wer's kann, warum nicht! Ich kenne
diese Brüder zur Genüge. – – – Ganz tief erschüttert hat
mich der Tod des armen Schlotteres PETER. Ohne ihn
hätte damals der Abend im »Burgfrieden« nicht so schön
werden können! Das alles geht auf das Konto der »Kriegs-
Liebhaber«. Möge Gott sie strafen! Gut, daß WIR IHN damals noch im Lazarett in Lips besuchten. Zu traurig! – Hier
in PARIS steigen nun wieder winterliche Unterhaltung
und Heißmacher-Abende. So sollst Du wissen durch Pla-
kate und Zeichnungen, was hier los ist. Die »Königin der
Liebe« im Winter 42/43 wurde gewählt, sie heißt:
Tschouky Bellanger, sprich Tschucky, SWINGFAN und
zazou-zazou, ganz schwarz, sehr charmant. Das wäre
doch etwas für Hot Ibsen. SchütterFürst Salm würde trotz

klappriger Knochen nochmals einen Umschwung am Reck machen!! – Roy ist nun die Zentrale in Lips. Er hat eine nette Dame, ich lernte sie im Urlaub kennen. –

Hier wird nun balde auch noch Scheiße gefressen, wenn das so weitergeht, ist es schwer, eine 2. Nummer zu lockern, woher soll das auch kommen? So, my dearest waterfront chap, keeping ol' times, beat it out like yesterday

und 1 000 000 000 Grüße, Händeschütteln und Aloha Oe Hawaii! DEIN

Fiddlin' JOE

HomeTown PARIS, 6-1-43

Dearest Friend GEYER! Old Fan in Norge!

Erst einmal die besten Wünsche für 1943. Vielen Dank für Deinen Kartengruß. – Hier hatte ich viel Arbeit mit Weihnachten für meine Formation spielte 1. den Weihnachtsmann wie immer, verarschte alle recht kräftig 2. gibt es einen »man« hier, der in unser würdiges Ensemble der Rhythm Fans eingeweiht werden kann. Uffz.-Anwärter Erich BON, Zeitungsmensch aus Stuttgart, sieht aus wie ein Franzose, bläst Trompete. Er brachte sein herrliches Armstrong-Instrument mit. So geschah es dann, daß das Zimmer, in dem öfters hotte Töne erschallen, die Zazou-Ecke genannt wird. »Ehre, wem Ehre gebührt.« – Zum holden Weihnachtsfest konnte nun ein eingeweihter Zuschauer folgendes hören: –

Fiddlin' Joe erhob sich am Klavier, trat mit gewohnter Sicherheit an die Rampe in dem lautlos lauschenden Saal: Kameraden! Ihr hört jetzt eine Komposition von mir »Brennende Kerzen«. Der Eingeweihte konnte nun hören, wie in unendlicher Sehnsucht nach alten Tagen sich aus dem Instrument der »Buddha smiles« erhob, von dem BON einfach nur so hingelegt wurde. Ich untermalte im Minnetonka-Sea-Style auf dem Piano die wonniglichen Töne. Es wurde ein rauschender Erfolg. Als Zugabe,

Fiddlin' Joe (Karl Fromann, mit Regenschirm) und Dietrich
Schulz-Köhn im Kreise französischer Hot Musicians

»Japanese Sandman«, der Eingeweihte traute seinen Ohren nicht, ICH spielte »Pagan Love Song«. Einmalig! Du
siehst, wie man's serviert, so wird's gefressen, es kommt
eben auf die Zubereitung an. – Sylvester feierte Ich im
Family-Style. Das heißt bei einer reizenden Dame:
Tschucky: Vater Franzose, Mutter Norwegerin. Dachte
gleich an DICH, NordLandSock. Um Mitternacht schlug
der Big BEN – – – – und dann mit vollen Segeln ins neue
Jahr gebraust, helloh! – Neulich, 18.30, sitze ich bei BON
im Zimmer, hören Germany calling … CALAUS, eine Musik, wie wir sie noch nicht im Radio gehört hatten, hot ist
ein lauer Begriff. Wir erstarrten gleich zu Salzsäulen.

»Yeah, fans« Jeden Sonnabend gegen 19 Uhr, höre mal hin. Auch Albert Vossen spielt gute Sachen, Titel zum Kotzen. Franz MÜCK, Franz Grothe-Henschel Tanzorchester finde ICH auch sehr gut. Warum jetzt und nicht schon früher? – Nun, bye, bye, North Bird, ein langes Geschreibsel an DICH. – Je t'embrasse with all my love, syncopated GEYER,

Rhythmically Yours,

Fiddlin' JOE

PARIS, 5-5-43

Lieber guter Hot Geyer,

acht Tage nach meinem Urlaub schreibe ICH DIR einen Brief, in dem ich mich erst entschuldigen muß, daß ich so lange gewartet habe. Aber einige Veränderungen im Pariser Schiffskörper ließen den Kahn derart hin und her schwanken, daß man Mühe hatte, sich zu halten. Aber noch ist alles beim alten. In der Urlaubszeit habe ich Leipzig einmal wieder kräftig durchgedreht. Das muß nüchtern gesagt werden. Es gab nur Hot Evenings, die sich in alte Höhen schwangen bis morgens 4, 5, 7^h. Die diversen Pick Ups kochten und rauchten, daß es eine Lust war. Auch in lüsterner Hinsicht ließ mich Buddha nicht im Stich. – – Als ich noch in Paris war, hatte ich ein gar seltsames Meeting. Im Salle Pleyel gaben Aimée Barelli und Hubert Rostaing eine jam session. Wie immer saßen alle Fans auf ihren Stammplätzen. Da kommt auf einmal Eddie Barklay, Pianist, auf mich zu und fragt mich, ob er einen guten Bekannten vorstellen könnte. Ich war ganz erstaunt, als ich den guten SWING DOC Schulz-Köhn vor mir sah. Na! Das war ein Erlebnis! In der Pause wurde dann schwer geknipst und palavert. Die Frenchs machten große Augen, denn man sah vorm Salle Pleyel folgende Persönlichkeiten: Ch. Delaunay, Michel Warlop, Barelli, Swing Doc, Trumpet Bon, eine gute Masche und Fiddlin' Joe. Du hast noch gefehlt! Charles D. hielt bei der Aufnahme einen sagenhaften amerikanisch geschriebenen

209

Brief in den Händen, den mir mein Freund Wolf schrieb, der von typischen Fan Expressions wimmelte. Selten kommt so etwas zusammen! – Ansonsten vergingen die Tage in Lipsk wie im Fluge, schönes Wetter, gutes Essen. – Nun rollen wir in das 5. KriegsJahr. Na, ja! – Ich habe für Dich einen neuen »Tiger Rag« in einer kleinen Bude ausgegraben. So, das wäre das Wichtigste. Wann ist endlich Frieden?!? – –

So long and swing that thing in Norge!

JOE

FRANZ HEINRICH

Swing Generation

Im März 1942 wurde ich aus dem Lazarett entlassen – natürlich nicht nach Hause, sondern zur Genesendenkompanie nach Eberswalde.

Von der Warte der damaligen Verhältnisse aus betrachtet, war Eberswalde für mich eine »schöne Zeit«: keine Hektik, keine aufreibende Verantwortung, nette Kameraden – und fast an jedem Wochenende Heimaturlaub mit Zivilerlaubnis! So ein Wochenende waren der Samstag/Sonntag, 2. und 3. Mai 1942. Am 2. abends elektrisierte mich ein Zeitungsinserat: seit dem 1. 5. spielte das Orchester Fud Candrix im »Delphi«! Sofort rief ich meinen Cousin an, der zufällig gerade seinen Jahresurlaub zu Hause verbrachte. »Hast du schon gelesen? Candrix ist im ›Delphi‹! Morgen bin ich dort! Kommst du mit?« – »Ist ja toll, natürlich bin ich mit dabei! Wann und wo treffen wir uns?« – »Das erste Konzert ist um 17 Uhr, Einlaß eine Stunde früher. Treffen wir uns am besten schon um 13 Uhr am Bahnhof Zoo.« – »In Uniform, oder in Zivil?« – »Blöde Frage; natürlich in Zivil!«

Fud Candrix

Als wir tags darauf gemütlich gegen 13.30 Uhr am »Delphi« eintrafen, erstarrten wir. Die große Freitreppe an der
Fasanenstraße war schwarz oder besser: bunt von Menschen! Und oben am Eingang hob ein Herr im Smoking
bedauernd beide Hände in die Höhe: »Meine Herrschaften, meine Herrschaften, ich bitte Sie! Es tut mir wirklich
leid; aber bei diesem Andrang sind wir gezwungen, eine
Auslese zu treffen. Bitte, haben Sie Verständnis dafür! Bis
zum offiziellen Einlaßtermin um 16 Uhr lassen wir nur
unsere Soldaten in Uniform herein – mit ihren Damen,
selbstverständlich!«

Sofort stand unser Entschluß fest: zurück nach Hause,
die Kleidung gewechselt! Wir treffen uns wieder hier vor
dem Eingang auf der Straße gegen 15 Uhr!

Als wir tatsächlich nur wenig nach der vereinbarten

Zeit wieder zusammentrafen, hatte sich die Situation noch verschlimmert. Die Wartenden blockierten nun auch den Bürgersteig. Aber für uns Uniformierte wurde stumm und resignierend Platz gemacht. Doch wie Bienen an ihrem heimatlichen Korb hingen uns sofort Mädchen an beiden Armen: »Bitte, bitte, nehmen Sie mich mit hinein. Sagen Sie, ich sei Ihre Freundin!« O ja, so sorgte Fud Candrix für ganz unerwartete Chancen!

Über eine Stunde mußten wir erst einmal bei einem »Spezial-Cocktail«, einem undefinierbaren, alkoholarmen Gemisch, zubringen, der kommenden Ereignisse harrend.

(Mit Günter H. Boas, der – ohne daß wir uns damals kannten – auch Gast im »Delphi« war, als Candrix dort spielte, unterhielt ich mich vor einiger Zeit über dieses Ereignis. Er glaubt sich zu erinnern, daß jedem Gast automatisch ein Kännchen Kaffee vorgesetzt und eine Mark fünfzig kassiert wurde. Dann muß es »Muckefuck« gewesen sein; denn Bohnenkaffee wurde damals bestimmt nicht ausgeschenkt. Doch ob »Spezial-Cocktail« oder »Muckefuck«: Wichtig war nur die Musik ... und damals hätte ich mich auch mit Selterswasser begnügt, das zu diesem Zeitpunkt längst nicht mehr mein Lieblingsgetränk war!)

Die Candrix-Mannen machten es sehr spannend. Kurz nach 17 Uhr betrat der erste Musiker den Saal, mit starkem Beifall begrüßt, und bestieg würdevoll das Podium, wie man damals den »Band-Stand« nannte. Und in gleichem Tempo, das man eher als »langsamen Schritt« bezeichnen konnte, ging es weiter. Die Candrix-Leute wußten: sie waren die Stars, und sie ließen sich entsprechend viel Zeit. Jeder von ihnen genoß den gespendeten Sonderbeifall – bis ER erschien, der sehnsüchtig erwartete König des Orchesters. Aber dann legten sie los, wir wurden für das Warten voll entschädigt, und der vollgefüllte Saal kochte vor Swingbegeisterung, wie ich sie bis dahin noch nie erlebt hatte. Es war ein Feuerwerk der US-Hits der letzten Jahre, viele von der Bandsängerin (ich weiß nicht, ob es damals Jenny Even war) auf englisch gesungen. –

Mein nächstes Heimat-Wochenende war zwei (oder vielleicht auch drei) Wochen später. Wieder ging ich ins »Delphi«, durch Erfahrung klüger geworden, selbstverständlich gleich in Uniform. Doch das hätte ich mir ersparen können. Schon bei der Annäherung an das Gebäude wunderte ich mich: Was ist los? Keine Menschenmenge? Ich stand vor einem Rätsel. War das Interesse der Berliner am Candrix-Orchester so rasch verflogen? Und unglaublich: der Saal war nur etwa zu einem Viertel gefüllt!

Lustlos nahmen die Musiker ihre Plätze ein, lustlos begannen sie zu spielen ... und da erahnte ich den Grund, der mir kurz darauf zur Gewißheit wurde. Die Reichsmusikkammer hatte sich inzwischen eingeschaltet und das Spielen anglo-amerikanischer Melodien und selbstverständlich das Singen englischsprachiger Texte verboten. Nun spielte das Orchester nach gedruckten deutschen Schlager-Arrangements; lediglich die »ad lib«-Chorusse vermittelten noch einen blassen Eindruck davon, wessen die Solisten fähig waren. Nachdem ich etwa ein halbes Dutzend Stücke über mich hatte ergehen lassen, machte ich mich enttäuscht auf den Heimweg.

WOLF MITTLER

aus: Anzac Tattoo

An der Front und in der Heimat zogen düstere Wolken auf in jenem Spätherbst 1941. Vor Moskau bahnte sich ein Debakel an, die deutschen Truppen dort waren, so wurde vertraulich gemeldet, am Ende ihrer Kräfte. Im November erschoß sich einer der höchsten Generäle der Luftwaffe, Ernst Udet, einst der Fliegerheld meiner Kindheitstage!

Oberst Werner Mölders, einer der erfolgreichsten Jagd-flieger, verunglückte tödlich auf dem Flug zu Udets Begräbnis.

Unterdessen entwickelten sich die Kontakte zwischen dem englischen Dienst des KWS und der gemäßigten Gruppe im Auswärtigen Amt zu einer konstruktiven Zusammenarbeit. Im November wurde beschlossen, gemeinsam ein regelmäßig einmal in der Woche zu sendendes Programm zu produzieren, das in erster Linie an die Adresse der britischen Truppen in Nordafrika gerichtet war. Auslösendes Moment war die britische Offensive zum Entsatz Tobruks, die die deutschen und italienischen Verbände völlig überraschend traf.

Wir nannten das Feature *A. N. Z. A. C. TATTOO.* (*Anzac* war die offizielle britische Abkürzung für das in Afrika mit den Engländern kämpfende Australia New Zealand Army Corps – ein *Tattoo* ist auf deutsch ein Zapfenstreich.) Der Untertitel der Sendung lautete in bewußter Offenheit: »A programme from the enemy to the enemy« (Ein Programm vom Feind für den Feind). Die Kennmelodie, mit der wir jedesmal begannen, war das damals auf der »anderen Seite« überaus populäre »We'll meet again ...«, das auch heute noch gelegentlich bei uns gespielt wird.

Überhaupt schöpften wir bei unserer Musik für dieses Programm aus dem reichen Fundus an Schallplatten, die das englische Expeditionscorps am Strand von Dünkirchen zurückgelassen hatte.

Die Weltnachrichten, die wir brachten, waren weit entfernt davon, Nazipropaganda zu sein. Natürlich vertraten sie auch den deutschen Standpunkt, *aber sie waren objektiv in der Auswahl und enthielten alle auch für Deutschland ungünstigen Fakten.*

Die Produktion lag bei Dr. Egon Strohm, dem Leiter des englischen Dienstes beim KWS, einem weltoffenen Mann, der, alles andere als ein Nazifreund, mit Margery Booth, einer englischen Sängerin, verheiratet war.

Ich war für die Durchführung der Sendung verantwortlich, die Mitarbeiter des Auswärtigen Amtes waren

Werner Plack und Charlie Schwedler, der den musikalischen Teil betreute.

Im Hintergrund aber stand ein Mann, der uns alle unterstützte, vor den Extremisten im ProMi immer wieder schützte und verteidigte:

Dr. Paul Schmidt, der offizielle Dolmetscher der Reichsregierung. Er hatte bereits der Weimarer Regierung auf internationalen Begegnungen große Dienste geleistet und die Rückkehr Deutschlands in die Völkergemeinschaft nach der Niederlage des ersten Weltkriegs miterlebt. Paul Schmidt war ein preußischer Beamter im besten Sinne des Wortes: offen, fair zu seiner Umgebung, auch in kritischen Situationen, an denen es damals nicht mangelte, nicht aus der Ruhe zu bringen. Dazu war er begabt mit einem trockenen Berliner Humor, eine schier unbezahlbare Eigenschaft in dieser düsteren Zeit!

Dank seiner jahrzehntelangen Erfahrungen auf dem diplomatischen Parkett, beherrschte Paul Schmidt bis zur Perfektion die Kunst, sich niemals unnötig zu exponieren. So kam es, daß er mit dem Regime, das er mit Sicherheit verabscheute, mit Hitler, über den er sich längst keine Illusionen mehr machte, zumindest nach außen hin niemals ernstlich in Konflikt geriet.

Dabei half ihm freilich die besondere Eigenart seiner Stellung: Als Dolmetscher brauchte er nie Handlungen zu vollziehen, die seinem Gewissen widersprochen hätten. Seine Aufgabe war, zu übersetzen, was sich Gesprächspartner bei internationalen Verhandlungen zu sagen hatten oder auch, oft genug, gegenseitig »an den Kopf warfen«.

Und schließlich: sein Metier waren Fremdsprachen, denen die meist ungebildete Nazibourgeoisie unsicher, ja oft hilflos gegenüberstand. Dieser Umstand war es ja auch, der uns beim KWS so lange vor Verfolgung durch die Gestapo bewahrte.

Das Abhören ausländischer Rundfunksender war damals bekanntlich streng verboten und wurde mit Gefängnis, KZ, ja sogar gelegentlich mit der Todesstrafe geahndet. Wir von der *Anzac-Tattoo*-Gemeinschaftsproduktion zwischen KWS und AA waren von diesem Verbot natürlich ausgenommen. Wir mußten ja wissen, was der »Feind« sagte, und oft genug lieferte das, was wir von der BBC gehört hatten, Material für unsere eigenen Sendungen.

Eines Abends hörte ich zum Beispiel aus London einen Beitrag des bekannten englischen Schriftstellers und Dramatikers J. B. Priestley.

Priestley beschrieb darin ein Treffen mit drei jungen Piloten der Royal Airforce, mit denen er sich in einem Londoner Hotel verabredet hatte. Es begann damit, daß die Männer eine Stunde zu spät kamen. Es war freilich nicht ihre Schuld. Drei Kameraden waren am Vormittag in Luftkämpfen über dem Kanal gefallen: Nun mußten sie einspringen, etwas, womit sie nicht gerechnet hatten.

Priestley beschrieb seine Gedanken, während er die drei beim Gespräch beobachtete. Er kannte sie bereits seit vor dem Krieg – unbeschwerte junge Leute in einer noch unbeschwerten Zeit. Sie hatten Tennis miteinander gespielt. Der eine hatte im Aufschlag brilliert, der andere im Doppel, der dritte war ein Meister am Netz gewesen. Jetzt aber hatte sich etwas verändert in ihnen: Sie sahen blaß aus und wirkten übermüdet. In ihren Gesichtern stand zu lesen, daß sie gefährlich lebten, daß sie gerade an jenem Tag, wenige Stunden zuvor, dem Tod ins Auge geschaut hatten, daß sie, statistisch betrachtet, eine Lebenserwartung von nur wenigen Wochen hatten.

Dieser Beitrag berührte mich sympathisch, weil er frei war von jenem grauenhaften Pathos, mit dem damals in Deutschland das Kriegsgeschehen behandelt wurde. Ein glücklicher Zufall wollte es, daß ich wenige Tage später ein Erlebnis hatte, das ich in einem Beitrag »Vom Feind – Zum Feind« in *Anzac Tattoo* im folgenden Wortlaut zur Sendung brachte:

»In der Budapester Straße in Berlin, gegenüber dem Zoo und gleich neben dem Eden-Hotel, liegt das ›Savarin‹, ein Restaurant, das seit jeher ein Treffpunkt der Flieger aller Nationen ist.

Als ich gestern dort essen ging, war das Lokal, wie meist, überfüllt. Während ich an der Bar auf einen Platz wartete, luden mich Bekannte an einem nahen Tisch ein, mich zu ihnen zu setzen. Es waren vier Luftwaffen-offiziere in Uniform, zwei von ihnen kannte ich aus der Zeit, als sie noch bei Lufthansa geflogen waren.

Nun waren die Nachtjagdpiloten bei einem in der Nähe von Berlin stationierten Geschwader. Wir sprachen lange über das Kriegsgeschehen, über die alliierten Luftangriffe, die mit immer mehr Maschinen und immer größeren Bombenlasten äußerst beunruhigende Formen annahmen. Aber dann, wie fast immer, wenn Piloten untereinander sind, gingen unsere Gedanken im Gespräch zurück an die großen fliegerischen Lei-stungen der dreißiger Jahre bis zum Ausbruch des Krie-ges.

In der Mitte des runden Tisches stand ein großer Per-gamentlampenschirm, über und über bedeckt mit den Autogrammen berühmter Flieger. Wir drehten den Schirm langsam im Kreise und ließen die Namen Revue passieren, von denen fast jeder ein Stück Luftfahrtge-schichte darstellte:

Ernst Udet und Elly Beinhorn, Köhl, Fitzmaurice und Hünefeld, die als erste den Atlantik von Europa nach Amerika überquert hatten, Charles Lindbergh, die deutsche Hanna Reitsch, Saint-Exupéry, Dichter und Pilot zugleich.

Plötzlich hielt einer der Offiziere den Schirm an, zog einen Federhalter aus der Tasche und zeichnete ein schwarzes Kreuz hinter dem Autogramm eines eng-lischen Piloten. ›Er ist tot‹, sagte er leise. ›Wir haben ihn vor ein paar Nächten abgeschossen.‹

›Er ist nicht der einzige‹, meinte einer von uns. ›Wenn wir weitersuchen, werden wir noch mehr Kreuze ma-chen müssen.‹

›Auch hinter deutschen Namen!‹

›Auch hinter deutschen …‹

›Die Gefahr ist für alle die gleiche. Ob wir einen

Nachtjäger fliegen oder die anderen einen Bomber –
niemand weiß, ob er die Nacht überleben wird.‹

Auf einmal war es sehr still an diesem Tisch – bis der
Oberkellner mit einer Nachricht das Schweigen brach:

›Telefon für Sie, meine Herren ...‹

Einer der Piloten stand auf, um den Anruf abzuneh-
men. Er war bald wieder da:

›Anruf vom Geschwader – die Aufklärung meldet
Hochbetrieb auf den englischen Bomberflugplätzen seit
Einbruch der Dunkelheit. Wir erwarten eine bewegte
Nacht.‹

›Auf Wiedersehen!‹

›Bis zum nächsten Mal!‹ rief ich.

›Vielleicht ...‹, war die Antwort.«

Diesen Text brachten wir tags darauf als Beitrag in *Anzac
Tattoo* zur Sendung. Am selben Abend nahm ich das
Manuskript mit ins Adlon-Hotel, wo ich mit William
L. Shirer verabredet war. Er las es aufmerksam, dann
meinte er:

»Ich kann nicht glauben, daß das so, wie es dasteht,
ohne Änderungen, über den Sender ging!«

Mir war nicht klar, worauf er hinauswollte. Aber den
Beweis konnte ich ihm liefern. In einer guten halben
Stunde war die Aufnahme nämlich zur Wiederholung
eingesetzt – diesmal über Richtstrahler nach Nordame-
rika.

Shirer hatte einen Empfänger im Zimmer. Wir hörten
die Sendung gemeinsam ab, Shirer verglich sie Wort für
Wort mit dem Text des Manuskripts in seiner Hand. Es
stimmte: nichts war geändert worden.

Als es vorbei war, sah Shirer mich nachdenklich an.
Dann meinte er (wir sprachen englisch miteinander, das
bekanntlich keinen Unterschied zwischen »du« und
»Sie« kennt):

»Jetzt verstehe ich zum erstenmal, warum die Nazis
dich nicht schon längst um einen Kopf kürzer gemacht
haben ...«

»Warum?« fragte ich, etwas erstaunt.

»Weil das (er tippte mit dem Finger auf das Manuskript) die raffinierteste Propaganda ist, die mir bis jetzt hier begegnet ist!«

Ich war total vor den Kopf gestoßen, denn ich empfand die Sendung als einen Beitrag, der sich, wenn auch nicht in der literarischen Qualität, so doch in seiner Fairneß mit dem von J. B. Priestley messen konnte. Und ich war froh, daß es im KWS, der kleinen Insel der Toleranz in einem Ozean der Schmähreden, einen Mann gab, der diesen Beitrag hatte passieren lassen: Egon Strohm.

»Aber das ist es ja gerade!« erwiderte Shirer. »Mit dieser Sendung schlägst du dem Gegner die Waffen aus der Hand, denn seine Reaktion wird sein: ›Warum sollen wir eigentlich gegen die Deutschen kämpfen – das scheinen doch recht faire und anständige Leute zu sein.‹«

Es war meine letzte Begegnung mit William Shirer. Die Beziehungen zwischen Deutschland und den USA verschlechterten sich im Spätherbst 1941 zunehmend und ließen es ihm ratsam erscheinen, rechtzeitig abzureisen. Am 7. Dezember überfiel Japan den amerikanischen Flottenstützpunkt Pearl Harbour auf Hawaii, vier Tage später erklärte Hitler den Vereinigten Staaten den Krieg.

Mit seiner Kritik an meiner Sendung hatte Shirer mich in meinem Wunschdenken verunsichert, daß es mitten im Krieg so etwas geben könne wie Toleranz. Mehr noch: er hatte mir die Augen geöffnet für eine wahrhaft schizophrene Situation.

Mit der gemäßigten, um nicht zu sagen anglophilen Linie in unseren englischsprachigen Sendungen des KWS lösten wir – so Shirer – beim »Feind« eine Schwächung seiner Kampfbereitschaft gegen das Nazireich aus. Damit spielten wir ja – wenn man logisch weiterdenkt – genau in die Hände der Hohenpriester der Partei, die ihrerseits jedoch unser Tun im KWS mit äußerstem Mißtrauen beobachteten und nur auf den Moment warteten, uns mit Hilfe der Gestapo den Garaus zu machen.

Um die Jahreswende 1941/42 mehrten sich die Anzeichen, daß da etwas im Gange war.

Günter Weisenborn, der Schriftsteller in unserem Freundeskreis, der selbst einem Zweig der deutschen Widerstandsbewegung angehörte, meldete besorgt, daß sich mehrmals Spitzel in unsere abendlichen Parties gemischt hatten. Noch ahnten wir nicht, daß im Herbst die ersten Verhaftungen aus unserer Mitte erfolgen sollten.

[...]

Nur wenige Minuten zu Fuß vom Auslandspresseclub entfernt war das »Delphi«, ein Tanzpalast für mehrere hundert Gäste, eine große »Anlache« oder »Anmache«, wie man heute sagen würde, komplett mit Tischtelefonen und Rohrpost. Das »Delphi«, in dem seit jeher hervorragende deutsche und ausländische Tanzorchester gastierten, sollte, so hatten wir uns das in der englischen Redaktion des KWS ausgedacht, zum Schauplatz einer Produktion von *Anzac Tattoo* werden.

Absicht unseres Bestrebens war es nämlich, in unseren Sendungen zu zeigen, daß in Berlin in den großen Tanzpalästen das Leben recht normal weitergehe. Hinzu kam, daß der musikalische Teil von *Anzac Tattoo* aus Tanzmusik bestehen mußte, die man beim »Feind« auch wirklich hören wollte. Wir waren entschlossen, diese Musik, vor allem American Jazz, auch wirklich spielen zu lassen.

Im »Delphi« gastierte zu der Zeit eine ausgezeichnete belgische Kapelle: Fud Candrix. Wir gingen also zur Vorbesprechung hin und erörterten mit Fud Candrix das Programm.

Was er denn spielen sollte, wollte er wissen.

Wir nannten leichthin ein paar Titel: »In the Mood« zum Beispiel oder »Sugar Foot Stomp«.

»Sugar Foot Stomp!« rief Fud entsetzt. »Um Gottes willen! Das sind ja alles verbotene Titel! Unmöglich!«

Da hatte er schon recht. Das war genau die Musik, die der Reichssendeleiter, Eugen Hadamovsky, bereits 1935 als »amerikanischen Niggerjazz« gebrandmarkt und für Sendungen verboten hatte.

Wir beruhigten ihn. Das käme alles von »oben« und würde mitgeschnitten. Ü-Wagen, Kabel, Mikrophone – alles von der Reichsrundfunkgesellschaft.

»Also gut, wenn das so ist, meinetwegen …«, meinte Fud Candrix. »Aber ich warne euch: Wenn die Leute diese Musik hören, ist kein Halten mehr. Die toben vor Begeisterung.«

Der große, leider muß ich sagen der schicksalhafte Abend der Übertragung nahte. Das »Delphi« war gerammelt voll, aber noch ahnten die Gäste nicht, was auf sie zukam. Ich nahm mein Mikrophon und machte eine Ansage auf englisch, die jedoch nur in den Ü-Wagen ging, von den Saallautsprechern aber nicht übernommen wurde.

Und dann ging's los.

Fud beginnt mit »In the Mood«, bekanntlich die Kennmelodie von Glenn Miller. Die Paare strömen auf die Tanzfläche. Die Stimmung ist wie an jedem anderen Abend. Die Leute freuen sich ganz offensichtlich an der Musik, aber niemand »tobt vor Begeisterung«. Fud Candrix' Voraussage scheint übertrieben. Ich bin beruhigt.

Aber jetzt – das Stück ist zu Ende – brandet ein Applaus auf, der kein Ende nehmen will. Während Fud sich mit seinen Leuten über die nächste Nummer berät, strömen die Gäste von allen Seiten herbei, versammeln sich, dicht gedrängt, vor dem Podium des Orchesters.

Die Noten für das nächste Stück liegen bereit. Fud tritt auf die Rampe, ergreift sein Saxophon, markiert mit der Fußsohle den Takt:

»Sugar Foot Stomp …«

Die Tanzfläche ist übervölkert, aber niemand tanzt mehr. Alle schauen hingerissen hinauf zur Kapelle, klatschen mit den Händen den Takt, quittieren die Solos eines jeden Musikers mit Stürmen der Begeisterung.

Dabei ist dieses Publikum sicher alles andere als Kenner des American Jazz. Von der Außenwelt weitgehend abgeschnitten, beim Abhören ausländischer Sender mit schweren Strafen bedroht, wissen die wenigsten von Glenn Miller und Woody Herman, von Benny Goodman oder Duke Ellington, von Satchmo, Ella Fitzgerald oder Bing Crosby.

Sie spüren ganz einfach die elementare Kraft des Jazz, sind »erfüllt« von dieser Musik. Natürlich überträgt sich diese Stimmung auch auf das Orchester, das, immer wieder von den Zuhörern angefeuert, zu einer wahren Hochform aufläuft.

Mit einer solchen Begeisterung habe ich nicht gerechnet. Nun meldet sich auch noch der Toningenieur aus dem Ü-Wagen auf der internen Leitung mit der besorgten Frage:

»Mann, wie lange willste denn det noch loofen lassen?«

Mir wird angst und bange, aber die Geister, die ich rief, werde ich nicht mehr los, denn mittlerweile ist mit dem »Indian Love Call« eine regelrechte Jam Session im Gange. Saxophon, Trompete, Klarinette, Schlagzeug brillieren nacheinander mit wilden Improvisationen, die von den Zuhörern, darunter viele Soldaten auf Urlaub, mit ebenso wildem Applaus bedacht werden.

Nach einer Stunde ist die Schau zu Ende, Fud Candrix und seine Mannen legen ermattet die Instrumente beiseite, die Zuschauer, nicht minder ermattet, gehen zurück an ihre Tische. Der Geschäftsführer des »Delphi« eilt herbei:

»War ja wunderschön – aber wenn det mal jut jeht!«

Die Techniker vom Funk kommen herein und beginnen mit einem schweigenden Blick auf mich mit dem Abbau der Geräte. Ein deutliches Gefühl sagt mir:

Diesmal sind wir zu weit gegangen …

Und so war es auch.

aus: Sing, Evelyn, sing

Für die sogenannten Kampfsender hatte ich ja schon in Belgrad gesungen. Geleitet wurde diese Gruppe von Kurzwellensendern, die das europäische Ausland für die deutschen Kriegsziele gewinnen sollte, von einem SS-Offizier – Konrad Buchholz hieß er.

Drahtlose Fernkampfwaffen im Ätherkrieg: Nachrichten in dreizehn Sprachen, Übertragung von Kriegsgefangenen-Grüßen, Politglossen und vor allem jede Menge Lügen. Millionen wurden dafür ausgegeben, Geld spielte überhaupt keine Rolle. Ein illegaler Kampf mit unorthodoxen Methoden.

Als attraktive Verpackung für solche Art Propaganda war vor allem eins nötig – *Musik*! Aktuelle amerikanische Tanzmusik. Die aber war mitten im Krieg gar nicht einfach zu beschaffen! Der Plattennachschub war so gut wie abgebrochen, und die Technik, englische Originalaufnahmen drahtlos aufzufangen und zu speichern, steckte noch sehr in den Kinderschuhen. Übrig blieb nur das Nachäffen solcher Titel. Das heißt: Die angelsächsischen Originaltitel wurden in Berlin haargenau kopiert.

Das Spezialorchester, das für diesen Zweck in einem Hochbunker der Masurenallee arbeitete, bestand zur Hauptsache aus italienischen, belgischen und tschechischen Musikern; es waren aber auch Halbjuden und Zigeuner dabei, Freimaurer, Bibelforscher, Homos und Kommunisten – Leute also, die sonst nicht gerade Skat mit den Nazis spielten. Da ihre Arbeit aber als *kriegswichtig* galt, saßen sie an Berliner Notenpulten, anstatt hinter Stacheldraht, und veranstalteten Swing.

Schon zu Beginn des Rußlandfeldzuges hatte ich diese Monsterband mal auf einem nächtlichen Dreh über die Kurzwellenskala erwischt: »Charly and his Orchestra« nannte sie sich damals und hatte aus dem Swingtitel »So

You Left Me« einen antikommunistischen Knüppelvers gemacht, der sich ausgesprochen dämlich anhörte. Irgendwann kriegte ich auch mal Platten von diesem »Kampforchester« in die Hände. Auf dem Etikett war keine Markenbezeichnung zu sehen, sondern nur eine kleine, harmlose Lyra – die einzige Orpheusleier im Kriegseinsatz wahrscheinlich. Im übrigen kamen die »Charly«-Platten nicht in den Handel, sondern wurden in Kriegsgefangenenlagern vorgespielt, im neutralen Schweden verteilt oder sogar mit Fallschirmen über England abgeworfen.

Propagandistische Tellerminen waren es – Swing als Waffe!

Alle Musiker im Charly-Haufen, ich denke da zum Beispiel an den tschechischen Posaunisten Ferri Juza, an Meg Tevelian, den armenischen Gitarristen, aber auch an Detlev Lais und Kurt Abraham, sie alle waren Meister ihres Fachs, echte Hot-Spezialisten.

Instrumentalmusik allein aber genügte nicht. Es wurden auch Vokalkünstler gebraucht – Sänger, die ohne Akzent englisch singen konnten.

Und Sängerinnen! […]

WOLFGANG BORCHERT

aus: Die lange lange Straße lang

Evelyn steht in der Sonne und singt. Die Sonne ist bei Evelyn. Man sieht durch das Kleid die Beine und alles. Und Evelyn singt. Durch die Nase singt sie ein wenig und heiser singt sie bißchen. Sie hat heute nacht zu lange im Regen gestanden. Und sie singt, daß mir heiß wird, wenn ich die Augen zumach. Und wenn ich sie aufmach, dann seh ich die Beine bis oben und alles. Und Evelyn singt, daß mir die Augen verschwimmen. Sie singt den süßen Weltuntergang. Die Nacht singt sie und Schnaps, den gefährlich kratzenden Schnaps voll wundem Weltgestöhn. Das Ende singt Evelyn, das Weltende, süß und zwischen nackten schmalen Mädchenbeinen: heiliger himmlischer heißer Weltuntergang. Ach, Evelyn singt wie nasses Gras, so schwer von Geruch und Wollust und so grün. So dunkelgrün, so grün wie leere Bierflaschen neben den Bänken, auf denen Evelyns Knie abends mondblaß aus dem Kleid raussehen, daß mir heiß wird.

Sing, Evelyn, sing mich tot. Sing den süßen Weltuntergang, sing einen kratzenden Schnaps, sing einen grasgrünen Rausch. Und Evelyn drückt meine graskalte Hand zwischen die mondblassen Knie, daß mir heiß wird.

Und Evelyn singt. Komm lieber Mai und mache, singt Evelyn und hält meine graskalte Hand mit den Knien. Komm lieber Mai und mache die Gräber wieder grün. Das singt Evelyn. Komm lieber Mai und mache die Schlachtfelder bierflaschengrün und mache den Schutt, den riesigen Schuttacker grün wie mein Lied, wie mein schnapssüßes Untergangslied. Und Evelyn singt auf der Bank ein heiseres hektisches Lied, daß mir kalt wird. Komm lieber Mai und mache die Augen wieder blank, singt Evelyn und hält meine Hand mit den Knien. Sing, Evelyn, sing mich zurück unters bierflaschengrüne Gras, wo ich Sand war und Lehm war und Land war. Sing, Evelyn, sing und sing mich über die Schuttäcker und über die Schlachtfelder und über das Massengrab rüber in deinen süßen heißen mädchenheimlichen Mondrausch. Sing, Evelyn, sing, wenn die tausend Kompanien durch die Nächte marschieren, dann sing, wenn die tausend Kanonen die Äcker pflügen und düngen mit Blut. Sing, Evelyn, sing, wenn die Wände die Uhren und Bilder verlieren, dann sing mich in schnapsgrünen Rausch und in deinen süßen Weltuntergang. Sing, Evelyn, sing mich in dein Mädchendasein hinein, in dein heimliches, nächtliches Mädchengefühl, das so süß ist, daß mir heiß wird, wieder heiß wird von Leben. Komm lieber Mai und mache das Gras wieder grün, so bierflaschengrün, so evelyngrün. Sing, Evelyn!
[...]

V

Swing hinter Stacheldraht

ERIC VOGEL

Jazz im Konzentrationslager

Mein Bericht handelt von Freude und Vergnügen, von Grauen, Terror und Tod; es ist die Geschichte einer Jazzband, deren Mitglieder zum Sterben verurteilt waren.

Alles begann 1938 in Brünn, der zweitgrößten Stadt der Tschechoslowakei. Unsere Combo bestand aus den Brüdern Paszkus (Gitarre und Schlagzeug), aus Bramer (Piano), Kolek (Klarinette) und mir (Trompete), und wir interessierten uns unheimlich für Jazz. Manchmal spielten wir für Geld, meistens jedoch nur so zum Spaß. Diese Musik faszinierte mich schon seit vielen Jahren, und ich besaß in meiner Heimat eine der größten Plattensammlungen mit amerikanischen Jazzaufnahmen. Auch einige Ausgaben des »Down Beat« nannte ich mein eigen, und trotz armseliger Englischkenntnisse verstand ich fast alles, was da über Jazz in den Vereinigten Staaten geschrieben stand. Ungeachtet der politischen Wirren nahm das Leben seinen Lauf. Wir lebten in einer anderen Welt, der Welt des Jazz, und achteten nicht auf die politischen Gewitterwolken, die sich täglich dichter über uns zusammenzogen. Wir wußten vom Schicksal der Juden in Deutschland, doch waren wir sicher, daß Hitler niemals in die Tschechoslowakei einmarschieren würde. Es geschah am 15. 3. 1939 trotzdem, und wir waren überrascht.

Am gleichen Tag schrillten die Klingeln in vielen jüdischen Wohnungen und Stimmen befahlen: »Aufmachen, Gestapo!« Das bedeutete oftmals das Ende, unzählige Juden wurden verhaftet, zu Tode geprügelt oder ins KZ gebracht und nie wiedergesehen. Gegen 17.00 Uhr klingelte es bei uns. »Aufmachen, Gestapo!« Meine Eltern waren vor Entsetzen gelähmt. Ich öffnete die Tür. Vor mir – in SS-Uniform, großes Hakenkreuz auf der Armbinde – stand ein Mann, der vor einigen Wochen in der Wohnung eines Freundes gewesen war und unserer Jam-Session zugehört hatte.

»Du bist das!« sagte er, mehr überrascht als ich. Er versicherte, daß mir nichts geschehen würde. Das war das erste Mal, daß Jazz mein Leben lenkte; es war nicht das letzte Mal. Nach der ersten Welle der Verhaftungen legte sich unser Schrecken bald wieder, doch setzte dann eine wohlorganisierte Verfolgungsjagd ein. Einige Wochen später verlor ich meine Stelle als Konstruktionsingenieur. Um meinen Lebensunterhalt zu verdienen, begann ich zu schreiben und verkaufte Arrangements an Bobek Bryens Big Band. Ich transkribierte auch Titel von amerikanischen Schallplatten; an »Squeeze Me« von Chick Webb, den »Livery Stable Blues« von Bunny Berigan und an den »Gin Mill Blues« von Bob Crosby erinnere ich mich noch.

Eines der ersten antisemitischen Gesetze schrieb allen Juden vor, daß sie den gelben Davidstern tragen und sich mit Nicht-Juden weder in Ehen vermischen noch mit ihnen sprechen durften. Später war es Juden untersagt, nach 20.00 Uhr auf die Straße zu gehen, sie durften öffentliche Einrichtungen wie Kinos, Theater, Cafés nicht mehr betreten, auch Nachtbars nicht, wo all die Bands spielten. Wer ohne Stern gefaßt wurde, den schickte man sofort ins KZ. Wieder einige Wochen später mußten die Juden ihre Wohnungen aufgeben und durften sich nur noch in einem relativ kleinen Teil der Stadt Brünn aufhalten. Wir waren sehr froh, daß wir nicht evakuiert wurden, obwohl wir unsere Wohnung – sie besaß zwei Räume – mit zwei weiteren jüdischen Familien teilen mußten. In meinem Zimmer brachte ich es trotzdem noch fertig, irgendwie gedämpft Jazz zu spielen, denn die Bandleader verlangten, daß ich mehr Arrangements schrieb.

Eines Abends – ich hatte den »Boogie Woogie Blues« komponiert und arrangiert – probte ich mit Bryens Band. Plötzlich bemerkte ich, daß es schon 21.00 Uhr war. Drei Gestapoleute betraten den Raum zu einer Routineinspektion und entdeckten mich. Ich wurde verhaftet. Auf dem Weg zum Gestapo-Hauptquartier begegnete uns jener SS-Mann, den ich von der Session kannte; er schrie: »Mit dem Judenschwein habe ich eine persönliche Rechnung zu begleichen – überlaßt ihn mir.« Wieder rettete er mir das Leben und brachte mich nach Hause. Er kam mit in mein Zimmer, ich gab ihm ein paar von meinen Platten und Bücher über Jazz.

Mit anderen Fans hörte ich regelmäßig amerikanische Kurzwellensender. Für uns war es ein Fest, wenn Aufnahmen der berühmten Bands aus dem Lautsprecher tönten. Das war unsere einzige Verbindung zur Außenwelt. Ich erwähne das, weil die Anweisung der Gestapo zur Ablieferung aller Radioempfänger innerhalb von 24 Stunden der schwerste Schlag für uns war.

Nach wenigen Wochen geschah erneut Furchtbares. Wir mußten alle unsere Instrumente abliefern. Das war das Ende der geliebten Jam-Sessions. Ich erinnere mich an den schwarzen Tag, als ich meine Trompete abgeben mußte. Sie hatte mir viele frohe und angenehme Stunden geschenkt, mir war, als verlöre ich einen treuen Freund. Damit auf der Trompete, auf der ich Jazz gespielt hatte, niemand Militärmärsche blasen konnte, goß ich Schwefelsäure in die Ventile.

Auch das Klavier wurde mir genommen; ohne das konnte ich aber keine Arrangements schreiben. Damit war dann auch jene Periode beendet, in der mir der Jazz den Lebensunterhalt sicherte.

Ich nahm eine Stelle in der Brünner Jüdischen Gemeinde an und war im sogenannten Technischen Büro angestellt. Wir arbeiteten unter direkter Aufsicht der Gestapo und hatten deren Befehlen zu folgen. Alle Juden mußten zum Zwecke der Emigration registriert werden und hatten eine Aufstellung über ihren zurückbleibenden Besitz zu übergeben.

Es bestand jedoch keine Hoffnung auf Emigration; dies war nur ein Trick der Gestapo, um alle Juden in der Tschechoslowakei zu erfassen. Ganz unvermittelt erhielten wir den Befehl, Umschulungskurse zu organisieren. In den meisten Fällen waren sie handwerklicher Art, zu meiner großen Überraschung wurde ich aber gebeten, einen

Jazzkurs zu übernehmen. Die Vorstellung, wieder einige Instrumente zu bekommen und musizieren zu können, faszinierte mich. Ich rekrutierte einen Stab von Lehrern aus befreundeten Jazzern, und innerhalb weniger Stunden hatten sich etwa 40 Schüler gemeldet. Einige ältere Männer waren dabei, die hofften, noch einmal ein Instrument in die Hände zu bekommen. Natürlich gab es auch Jugendliche, die sich für Jazz interessierten und mitspielen wollten.

Es dauerte einige Wochen, bis wir unsere Instrumente zurückbekamen. Vorher hielten wir etliche Stunden über Theorie, Geschichte und die Richtungen des Jazz ab. Nie werde ich meine Lektion während der ersten Session vergessen. Die meisten meiner Schüler waren orthodoxe Juden und hatten sich für Jazz nie interessiert. Mir war es gelungen, zwölf verschiedene Aufnahmen des »St. Louis Blues« aufzutreiben. Damit wollte ich beweisen, daß beim Jazz Interpretation und spontane Improvisation mehr bedeuten als die Komposition. Während des Spiels ist jeder Jazzer ein Komponist, und um das den »Langhaarigen« klarzumachen, verglich ich den Jazzer mit einem Maler, der die Freiheit hat, zu malen, wie es ihm gefällt. Den Interpreten klassischer Kompositionen verglich ich mit einem Fotografen, der eine scharfe Aufnahme zustande bringen möchte und darüber hinaus nicht allzu viel tun kann. Die meisten der »Klassiker« waren schockiert, doch nach weiteren Lektionen, in denen ich viele Aufnahmen vorspielte, begeisterten auch sie sich für Jazz und waren von dessen Qualitäten überzeugt.

Nach zwei oder drei Wochen Theorie bekamen wir Instrumente und die wirkliche Ausbildung fing an. Von den Schülern waren die meisten Streicher, einige sehr gute; jetzt sollten sie auf Trompete, Posaune, Klarinette, Saxophon, Schlagzeug u. a. umsteigen. Doch nach Wochen individuellen Unterrichts kamen wir schließlich zusammen, fanden zu gemeinsamem Spiel. Zu unserer Überraschung war der Sound besser, als wir es uns jemals erträumt hatten. Wir nannten die Band Kille Dillers. In einer Nummer des »Down Beat« hatte ich den Ausdruck »Killer dillers« gefunden; der gefiel mir sehr, wenn ich die genaue Bedeutung auch nicht kannte. Ich veränderte das erste Wort zu »Kille«. So hieß die Jüdische Gemeinde – (nach dem hebräischen »kehilah«); was also war natürlicher, als daß wir uns Kille Dillers nannten.

Doch der Ruhm dieser Band währte nicht lange. Die Transporte nach Osten – bis dahin nur ein Gerücht – liefen plötzlich an. Alle zwei Wochen wurden 1000 Juden aus Brünn und ganz Mähren in ein Lager befohlen und von dort mit unbekanntem Ziel verschickt.

Am 25. März 1942 erhielt ich den unheilverkündenden Befehl:

> Sie sind für den AF-Transport vorgesehen. Ihre Transport-Nummer ist AF 714. Sie haben sich am 26. März im Sammellager zu melden und dürfen nicht mehr als 15 kg Gepäck mit sich führen …

Spät am Abend wurden wir in geschlossenen Lastkraftwagen zum Bahnhof gefahren; dort richteten Hunderte SS-Männer drohend ihre Maschinengewehre auf uns, und wir wurden in einen bereitstehenden Zug getrieben, der Brünn – meine Heimatstadt – bald verließ.

Keiner kannte das Ziel, bei den ersten Strahlen der Morgensonne bemerkten wir zu unserer Überraschung, daß wir nicht ost-, sondern westwärts fuhren. Am Nachmittag endlich hielt der Zug. Eine Horde SS-Männer trieb uns heraus. Über eine Stunde mußten wir marschieren, bis wir unser Ziel erreichten: das Ghetto Theresienstadt.

Theresienstadt war eine alte Festung, umgeben von tiefen Festungsgräben. Die Garnisonsstadt hatte etwa 3000 Einwohner und beherbergte einige tausend Soldaten. Kasernen waren überall; die ersten Tage verbrachten wir in den Pferdeställen der sogenannten Kavalierkaserne, einem alten verfallenen Gebäude. Keine Betten, nur Stroh auf dem Boden, 100 Personen pro Stall, keine Heizung, kein Wasser, nichts zu essen.

Da ich Fotos von Jazzmusikern bei mir trug, sprachen mich Jazzer aus Prag an, die schon vor mir hierher gebracht worden waren. Instrumente gab es zu dieser Zeit im Ghetto nicht, es erklang nur Vokalmusik.

Theresienstadt war bald überfüllt, denn täglich kamen Transporte aus ganz Europa an. Die arische Bevölkerung wurde umgesiedelt, Wachposten riegelten das Ghetto ab; mit der Anzahl seiner Bewohner wuchs der Hunger. In einem Raum von der Größe eines normalen Wohnzimmers lebten 30 bis 40 Personen, und die mußten noch froh sein, daß sie in einem »Zimmer« untergebracht waren und nicht auf dem Dachboden oder im Keller.

Das Ghetto stand unter sogenannter Jüdischer Selbstverwaltung: das war eine Gruppe von Männern, die tägliche Order der deutschen Kommandantur empfingen, selbst aber fast nichts zu entscheiden oder zu befehlen hatten. Ständig kamen Transporte (gewöhnlich um die tausend Juden) an, andere gingen ab; Aufregung und die Angst, mit einem davon vielleicht nach »Osten« geschickt zu werden, waren allgegenwärtig.

Einmal entdeckten wir ein uraltes Klavier auf einem Dachboden, und mit einigen Transporten waren Instrumente ins Lager geschmuggelt worden. Wir musizierten wieder, leise natürlich, denn jede Form von Unterhaltung war streng verboten. Für alle Fälle verteilten wir Wachposten rund ums Gebäude.

Ganz plötzlich veränderte sich die Situation, die Deutschen ließen »Unterhaltung« nicht nur zu, sondern ordneten sie sogar an. Wir wußten nicht, warum, doch wurde zur gleichen Zeit auch das sogenannte Programm zur Stadtverschönerung durchgeführt. Bei der Jüdischen Selbstverwaltung wurde eine neue Abteilung eingerichtet: Freizeitgestaltung.

Die ständig wechselnden Befehle waren für uns undurchschaubar. Bald aber kannten wir den Grund: Theresienstadt war ausersehen, eine Art Modellghetto zu sein; es sollte einer Kommission des Internationalen Roten Kreuzes vorgeführt werden, um zu demonstrieren, daß alles, was die gegnerische Presse über Konzentrationslager, Zwangsarbeit und das Töten in Gaskammern veröffentlichte, gelogen sei. Darum wurden die Fassaden der Gebäude mit leuchtenden Farben angestrichen, und alles, was die erwartete Kommission nicht sehen sollte – Elend, Hunger, Schmutz, Krankheiten –, wurde hinter der frischen Farbe verborgen. Noch wenige Tage vor der Besichtigung war Musik verboten, galt als gefährlich, und jetzt ... Musikinstrumente wurden ins Ghetto gebracht, und bald entstanden einige Kapellen, die klassische Stücke spielten. Hunderte hervorragende Solisten lebten im Ghetto, die besten jüdischen Musiker aus ganz Europa, und wenn die Instrumente auch nichts taugten, die Musik war ausgezeichnet.

Ich hatte seit langem daran gedacht, eine Jazzband aufzubauen. Am 8. Januar 1943 schrieb ich an die Abteilung »Freizeitgestaltung«, daß ich beabsichtige, ein Orchester mit Namen Ghetto-Swingers zu gründen. Einige Tage später erhielt ich die Erlaubnis. Nur zu unserer und zur Freude der Zuhörer wollten wir spielen, doch erhielten wir bald einen offiziellen Auftrag. Zu aller Überraschung wurde ein Kaffeehaus eröffnet, in dem eine Band auftreten sollte. Täglich mußten wir dort mehrere Stunden spielen.

Glauben Sie nicht, das Kaffeehaus wäre für jeden Ghettobewohner frei zugänglich gewesen. Karten wurden verteilt, die dem Besitzer das Recht einräumten, sich dort für zwei Stunden aufzuhalten. Ältere Menschen, die unsere Musik oftmals nicht verstanden, mußten dem Spiel der Band zuhören; doch dankbar akzeptierten sie die Performance als willkommene Ablenkung von täglicher Routine, von Hunger und Elend. Speisen wurden im Kaffeehaus nicht serviert, aber jeder Gast erhielt eine Tasse Kaffee-Ersatz.

Da wir keine Noten besaßen, mußten wir in der ersten Zeit improvisieren, spielten dabei bruchstückhafte Kopfarrangements. Der Star unserer Band war der Klarinettist Fritz Weiss, vor dem Krieg einer der besten Jazzer Euro-

Eintrittskarte für das Kaffeehaus im Ghetto Theresienstadt

pas. Er war auch ein sagenhafter Arrangeur, und bald
verfügten wir über ein Repertoire von 20 oder 30 Titeln.
Im Ghetto gab es kein Notenpapier, alle fünf Linien mußten in Handarbeit einzeln gezogen werden, bis ich – als
Mechaniker – die Idee hatte, fünf Stifte aneinander zu
befestigen. Damit ließ sich Zeit sparen. Den Titelsong der
Ghetto-Swingers, »I got Rhythm«, arrangierte ich, doch
den Großteil unserer Titel schrieb Weiss. Da wir nun meistens komponierte Stücke spielten, wurde es für mich als
Amateur mit begrenztem Vermögen, die Arrangements zu
lesen, schwer, dem Spiel zu folgen. Drei Trompeten und
eine Posaune verstärkten die Band, ich wurde von den
anderen freundlich gebeten, in der dritten Reihe Platz zu
nehmen und nicht allzu laut zu spielen.

Eines Tages kam ein Transport aus Holland an; ich
suchte unter den Häftlingen nach Jazzmusikern und
stieß auf den Pianisten Martin Roman, der eigentlich aus

Deutschland stammte, wo er in der berühmten Marek-Weber-Band gespielt hatte. Die ersten Takte, die er anschlug, überzeugten mich von seinem Können.

Bald gehörte er zu uns und wurde Bandleader der Ghetto-Swingers. Wir mußten viel proben, und da wir alle auch Mitglieder des 50köpfigen symphonischen Orchesters waren, das der Däne Peter Deutsch leitete, hatten wir 10 bis 12 Stunden pro Tag zu spielen.

Die Ghetto-Swingers gaben eine recht gute Band ab. Wir spielten mit Schwung und Gefühl, meist in der Art von Benny Goodman. Schließe ich heute meine Augen, höre ich Goodman, wie ihn Fritz Weiss auf der Klarinette interpretierte. Ich glaube, er kam seinem Idol sehr nahe. Auch schrieb er einige wundervolle Arrangements, manche über Nacht, und brillierte im Trio mit Martin Roman am Piano und Koko Schumann am Schlagzeug.

Als die Ghetto-Swingers nur noch wenige Wochen zu existieren hatten, spielten wir mit einer kompletten Rhythmusgruppe. Nettl (Piano), Schumann (Schlagzeug), Goldschmidt (Gitarre), Libensky (Baß). Bei den Holzbläsern hatten wir Weiss (Klarinette), Vodnansky (Altsaxophon), Donde (Tenorsaxophon). Bei den Blechbläsern waren Kohn, Chokkes und ich (Trompete) und Taussig (Posaune).

Das Gerücht über den Besuch der Rot-Kreuz-Kommission bewahrheitete sich, und am 23. Juni 1944 kamen zwei Dänen und ein Schweizer ins Ghetto. Sie müssen angenommen haben, daß es sich in Theresienstadt ganz gut leben ließ, so geschickt wurde die Wahrheit verborgen. Wir mußten auf dem Appellplatz und im Kaffeehaus spielen, um das Bild einer fröhlichen Gemeinschaft zu untermalen. Keinem der Ghettobewohner war es erlaubt, zur Kommission zu sprechen. Typisch war die Szene, als Lagerkommandant Rahm einigen Kindern (unterernährt infolge einer 90-kcal-Hungerdiät) Sardinen-Sandwiches gab und die Kinder mit dem Ausdruck von Dankbarkeit antworten mußten: »Onkel Rahm, schon wieder Sardinen!«

Einige Tage später herrschte große Aufregung. Die Nazis hatten beschlossen, einen Film über das Ghetto zu produzieren, um der Welt zu zeigen, wie wunderbar das Leben in Theresienstadt war. Natürlich waren die Ghetto-Swingers mit von der Partie. Wir mußten die Band verstärken, zu unserem Leid mit drei Violinisten, die mit Swing nichts im Sinn hatten. Mehrmals erschienen wir dann im Film. Die Kameraleute und andere Filmexperten, die aus Prag kamen, waren über das Können unserer Band verblüfft – wir waren glücklich. Die Filmleute blieben mehrere Wochen im Ghetto; alles, was Auge und Ohr gefallen konnte, wurde festgehalten: Sportwettkämpfe, Symphoniekonzerte, Theater- und Varietéaufführungen, dazu die leuchtenden Häuserfassaden, die die schreckliche Wahrheit über Elend, Hunger, Suizide, Krankheiten, über die Enge, tägliche Prügel und das Grauen verbargen. Wir Musiker fühlten nicht, daß uns unsere Unterdrücker nur als Werkzeug in ihren Händen betrachteten. Wir waren besessen und froh, daß wir den geliebten Jazz spielen konnten, und hatten uns in jener Traumwelt beruhigt, die von den Deutschen für Propagandazwecke produziert worden war. Wir fühlten uns sicher und waren bereit, bis zum Ende des Krieges im Ghetto zu bleiben; wir schmiedeten sogar Pläne und wollten nach dem Krieg zusammen auftreten.

Doch eines Tages war die Party vorbei. Unsere Mission als Propagandisten war erfüllt. Am Tag, als der letzte vom Filmteam das Ghetto verließ, schlugen schlechte Nachrichten wie ein Blitz aus heiterem Himmel ein: neue Transporte waren nach Osten unterwegs und fast jeder mußte mit. Am 28. September 1944 verließen 2500 Menschen Theresienstadt, angeblich in Richtung Deutschland in ein neues Arbeitslager. Bis auf mich waren alle Ghetto-Swingers dabei. Der Transport ging direkt ins Konzentrationslager Auschwitz … Als ich einige Tage darauf mit dem zweiten Transport Theresienstadt verließ, wußte ich nicht, daß einige der Swinger vom Zug direkt in die Gaskammern gekommen waren, die man als Duschen aus-

Ueber Auftrag des Herrn Juden-
ältesten Dr.Paul Israel Eppstein
hat die Gruppe GHETTO-SWINGERS
am 28.Juni 1943 in der Zeit von
10 - 14 Uhr im Caféhaus zu spielen.
Sie haben sich daher pünktlich
an diesem Tage präcise um
            9 Uhr 30 im Caféhaus
einzufinden.
Von Ihrem normalen Dienste wurden
Sie durch Erlass der Leitung be-
urlaubt.

Dr.Brammer	
Werfel	
Libensky	
Fischer	
Goldschmidt	
Mautner	
Kohn	
Weiss	
Vodnansky	
Langer	

Für die Gruppe
GHETTO-SWINGERS:

Erlaß zur Dienstbefreiung der Ghetto-Swingers

gewiesen hatte. Dort verloren sie innerhalb qualvoller weniger Minuten ihr Leben. Unter ihnen war der beliebte und wunderbar begabte Fritz Weiss, einer der besten Jazzer, die Europa jemals besaß.

Wir waren 20 in einem Abteil, das für 6 Personen eingerichtet war, als unser Zug nach Osten rollte. Wir fuhren an Bahnhofsruinen vorbei und an Lokomotiven, die die Losung trugen »Deutsche Räder rollen für den Sieg«, und wir witzelten darüber und wußten nicht, daß für die meisten von uns die letzten Stunden angebrochen waren.

Endlich erreichten wir einen Bahnhof, der von Stacheldraht und Wachtürmen umgeben war. Bald war auch das wohlvertraute Kommando »Alles heraus!« zu hören. Wir hatten keine Zeit, unsere wenigen Gepäckstücke zu ergreifen. Kurz darauf standen wir vor dem Zug, nicht weit entfernt von einem Gebäude, das aussah wie eine alte Fabrik mit einem qualmenden Schornstein. Man trieb uns zu einem kleinen Hügel, dort wartete ein SS-Offizier, der mit dem Daumen nach rechts oder links zeigte. Einem älteren SS-Mann gefiel meine Uhr, und er fragte, ob ich sie ihm für 10 Zigaretten verkaufen würde. Wie hätte ich da nein sagen können.

Der SS-Mann fragte mich über Theresienstadt aus. Ich erzählte ihm von der Jazzband. Er antwortete: »Das ist's, was wir hier brauchen. Wenn du den Hügel hinaufkommst und der Offizier fragt nach deinem Alter und deinem Gesundheitszustand, sag ihm, es geht dir absolut gut und mach dich 10 Jahre jünger.«

Erst als mich der Mann auf dem Hügel fragte, wurde mir klar, wie wichtig dieser Tip gewesen war. Ich antwortete mit lauter Stimme, fast militärisch forsch, daß es mir ausgezeichnet gehe und ich 20 Jahre alt sei! Er lächelte und wies nach links. Viele meiner Freunde klagten über Krankheiten, weil sie hofften, leichte Arbeit zu bekommen; sie wußten nicht, daß diese winzige Bewegung des Daumens über Leben und Tod entschied. Oftmals fragte der SS-Mann auch gar nicht erst. Die meisten aus unserem Transport schickte er gleich nach rechts – und damit in die Gaskammern.

Eine Stunde nach unserer Ankunft erfuhr ich die Wahrheit über das fabrikähnliche Gebäude und den Qualm: ... meine Freunde – noch vor wenigen Stunden hatten wir über die ausgebombten Bahnhöfe gewitzelt. Mir blieb keine Zeit, über ihr grauenhaftes Schicksal nachzudenken. Männer in Häftlingsanzügen trieben mich in eine große Halle, wo die Kleidung abzulegen war. Wir wurden kahlgeschoren, mußten unsere Köpfe zur Desinfektion – jedenfalls nannte man es so – in eine ätzende, beißende Flüssigkeit tauchen und wurden dann unter wirkliche Duschen gestellt. Nackt und blind verließen wir den Raum, um dann viele Stunden lang vor dem Gebäude zu stehen, zitternd vor Hunger und Kälte. Endlich erhielten wir ein paar schmutzige Lumpen und Bettlaken, die uns als Kleider dienen mußten. Wir sahen so bizarr aus, daß einige schon wieder lachten. Stunden danach wurden wir in Baracken, ehemalige Ställe, getrieben. Bevor ich einschlief, erlebte ich Schreckliches. Ein holländischer Jude, der für die Deutschen gearbeitet und für den Tod vieler jüdischer Familien verantwortlich war, wurde von anderen Juden aus Holland gefoltert und allmählich getötet. Ich protestierte und wurde geschlagen. Die Tortur hatte mich dermaßen ermüdet, daß ich auf einer Pritsche – 6 Fuß im Quadrat, ich mußte sie mit einem Dutzend anderer Häftlinge teilen – sofort einschlief.

Später der Zählappell. Hungernd und müde hatten wir hinauszutreten und im Schneesturm auszuharren, bis die SS zum Zählen kam und sah, daß die Zahl der Häftlinge stimmte. Einige Geschwächte wurden weggebracht. Das war die sogenannte Selektion; die Betroffenen wurden geradewegs in den Tod geschickt. Zwei furchtbare Tage vergingen, ohne jede Mahlzeit. Von jungen Mithäftlingen in gestreiften Sträflingsanzügen, die die Baracken »betreuten«, erhielt ich Schläge. Nach zweitägigem Zählappell befahl ein SS-Mann: »Musiker vortreten!« Ich tat es, woraufhin mich ein anderer sofort mit voller Kraft in den Magen boxte. Darauf war ich nicht vorbereitet, ging aber auch nicht zu Boden. Er forderte mich auf, ihm zu folgen.

Wir gingen zur Baracke Nr. 2, plötzlich war ich da von Ghetto-Swingers umgeben, die mich umarmten und küßten. »Wir haben dich gesucht«, sagte der Bandleader Martin Roman, »und wußten, daß wir dich finden würden.« Wenige Stunden später trug ich keine Lumpen mehr, sondern den blauen, sehr gut aussehenden Anzug aller Orchestermitglieder. Ich bekam Schuhe, zu essen und Zigaretten und fühlte mich wieder als Mensch. Man führte mich bei den beiden deutschen Massenmördern ein, die das Lager kommandierten. Einer von ihnen fragte mich, welches Instrument ich spiele. »Trompete.« »Wir haben nur zwei Trompeten und auch schon zwei Bläser«, sagte der musikliebende Willy. »Ich werde dir aber eine Trompete besorgen, selbst wenn ich dafür mit einer Flasche Whisky oder einem dreikarätigen Diamanten bezahlen muß.« Ich war ganz froh, doch als ich wenig später hörte, daß einige Mitglieder unserer Band tot seien – darunter auch der Star-Klarinettist und Arrangeur Fritz Weiss –, überfiel mich tiefe Trauer.

Etwa 30 von uns waren Musiker. Vom frühen Morgen bis zum späten Abend hatten wir für die SS zu spielen, die in Scharen in unsere Baracke kam. Wir besaßen keine Noten und improvisierten deshalb klassische Kompositionen aus Opern und Operetten, aber auch Tanzmusik und Jazz. Wir hatten einige begabte Sänger, und wir machten auch recht gute Musik, obwohl einige SS-Leute meinten: »Vor euch hatten wir hier eine wunderbare Zigeunerband, die gab es 6 Wochen, dann zogen die ab – durch den Schornstein. Euch blüht das gleiche in 4 Wochen.«

Da ich noch keine eigene Trompete besaß, spielte ich auf einem leeren Akkordeonkoffer Schlagzeug, den Rhythmus gab ich mit einem Holzlöffel vor. Manchmal blies ich eine der zwei Trompeten, und auf einer befohlenen Performance für einen SS-Offizier brachte ich einen Titel, den er sehr liebte, den »Tiger Rag«. Ihm gefiel meine Interpretation, und ich bekam ein Paar fast neue Schuhe und 100 Zigaretten.

Nach 4 Wochen war alles ganz plötzlich zu Ende. Der November 1944 kam, und zu unserer Überraschung wanderten wir nicht durch den Schornstein. Wir mußten die Orchesterkleidung ablegen, wurden wieder in Lumpen gesteckt und in einen Güterzug getrieben, der mit uns das Lager verließ. Einigen Bandmitgliedern gelang es, zusammenzubleiben. Zu Beginn der Reise hatten wir noch genug Kraft, Witze zu reißen und unsere Arrangements zu singen, etwa in der Art, wie es Lambert Hendricks-Ross heute tut. Wir bekamen nichts zu essen und waren in den Güterzug verfrachtet wie Sardinen in eine Büchse. Toiletten existierten nicht. Die Menschen lagen dicht nebeneinander; einige schrien, andere starben.

Nach zwei Tagen erreichten wir Berlin. Die SS erlaubte uns, den Waggon zu öffnen. Dabei erlebten wir einen der schwersten Bombenangriffe auf die Stadt. Nachdem die entsetzlichen Detonationen der Bomben und Fliegerabwehrkanonen verstummt waren, rollte der Zug weiter. Wenig später trieb uns die SS aus den Waggons, und wir fanden uns in einer großen Halle der Heinkel-Flugzeugwerke wieder. Natürlich war wieder Zählappell, und einer, der auf Erleichterungen hoffte, sagte zu einem Offizier: »Wir sind die Lagerkapelle aus Auschwitz.« Er wurde deshalb so furchtbar verprügelt, daß keiner unsere musikalischen Ambitionen jemals wieder erwähnte. Zwei schreckliche Wochen verbrachten wir in Oranienburg; meist standen wir hungernd im Zug, waren verzweifelt, und unsere körperliche Verfassung wurde von Tag zu Tag schlechter. Die nächtlichen Bombenangriffe ließen uns nicht schlafen.

Nach zwei Wochen ständigen Hungerns wurden wir ins nahe gelegene KZ Sachsenhausen gebracht, wo wir unsere erste warme Mahlzeit erhielten. Zwei Tage blieben wir, dann folgte ein KZ nach dem anderen … Kaufering in Bayern, dort traf Roman zufällig auf einen Lagerinspektor, der sich an den Pianisten der Marek-Weber-Band er-

innerte und uns vor tödlicher Zwangsarbeit bewahrte ...
Augsburg-Pfersee, dort arbeitete ich im Messerschmidt-Flugzeugwerk. Ich marschierte täglich 18 km zur Fabrik und wieder zurück. Viele Stunden schwerer Arbeit, mein Körper wurde immer schwächer, kaum etwas zu essen, mein Bauch war so eingefallen, daß ich mein Rückgrat spüren konnte, ich hatte Sehstörungen und hörte schlecht.

Zum Glück war der Krieg fast vorbei. Täglich rückte die Front näher. Der Gefechtslärm gefiel mir besser als der heißeste Jazz. Aber noch ließ die Befreiung auf sich warten. In offenen Waggons wurden wir nach Dachau gebracht: »zur Liquidation in den Gaskammern«. In einer Kurve sprang ich vom Zug und rannte um mein Leben durchs Feuer der Maschinengewehre. Ich versteckte mich im Dickicht, es regnete, ich hatte nichts zu essen. Als ich ein Auto hörte, kroch ich aus dem Versteck, mußte aber entdecken, daß im Wagen Offiziere der deutschen Luftwaffe saßen. Sie töteten mich nicht, sondern gaben mir Brot und erklärten mir den Weg zum nächsten Dorf. Wenige Stunden später erreichte ich Petzenhausen, von den Dorfbewohnern erhielt ich heißen schwarzen Kaffee und Kartoffeln, und sie versteckten mich in einer Scheune.

Am 30. April 1945 tauchte der erste US-Jeep im Dorf auf, Boogie-Woogie stand darauf geschrieben. Ich rannte zu einem 2-Meter-Mann, kniete vor ihm nieder und küßte seine Füße. Er gab mir Schokolade und Zigaretten. Ich fragte ihn nach der Schrift auf seinem Jeep und nach einem Dutzend amerikanischer Pianisten: Count Basie, Duke Ellington, Meade Lux Lewis, Teddy Wilson ... Ich glaube, nichts hat den Soldaten in seinem Leben so sehr überrascht wie meine Fragerei: Ich war mehr tot als lebendig, wog 70 Pfund, über 140 Pfund hatte ich abgenommen. GIs umringten mich und brachten mich triumphierend zum Offizierscasino in die nahe gelegene Stadt Landsberg. Sie verbanden mir die Augen und veranstalteten einen Plattentest mit mir. Und obwohl ich mit amerikanischem Jazz seit über vier Jahren nicht in Berührung gekommen war, erkannte ich die meisten Aufnahmen der Bands und Solisten, die sie mir vorspielten. Ich war die Sensation des Casinos. Ich wurde mit Essen versorgt und eingekleidet. Die Herrschaft des Terrors war vorbei; man behandelte mich endlich wieder wie einen Menschen, und mein Leben verdanke ich wirklich und wahrhaftig dem Jazz.

Aus dem Englischen von Birgit Peter

F. R. KRAUSE
Bedřich Weiss

Fricek, unser Jazzdirigent, steht auf einem Platiak, auf einem Karren, inmitten des riesigen zugigen Hofs der Sudetenkasernen in Theresienstadt. Er steht inmitten seiner Ghetto-Swingers – ein schöner, schlanker Bursche mit einer Hornbrille – und spielt auf der Klarinette.

Es ordnet sich die dunkle, dichte Schar derer, die für den Transport nach dem Osten vorgesehen sind. In Reih und Glied stellen sich zitternd die Scharen der Traurigen, und Fricek spielt ihnen zum Abschied »Rhapsody in Blue« von George Gershwin. Sie machen sich auf den Weg in das Unbekannte; Weinen, Gejammer, Flüche, Gelächter und Gebete, feste Worte vieler Entschlossener. Und am Anfang dieses Weges in den Osten, von dem die Mehrheit von ihnen nicht zurückkehren würde, erhellen sich viele Gesichter zum letztenmal …

Aus dem Tschechischen von Gisela Zeißig

Sing-Sing Boys

Der Jazz und die Tanzmusik der damals kulminierenden Swingära, die Lieder Jaroslav Ježeks mit den politisch aktuellen Texten von Voskovec und Werich* – jenes musikalische »Myzel«, das sich innerhalb unserer Studentenjugend ausbreitete, brachte die meisten von uns ins Konzentrationslager. Durch die neuen Lebensumstände wurde das weitere Wuchern vorerst vereitelt. Aber als wir erkannten, daß all die »garantierten Paniken« über eine baldige Entlassung uns viel mehr zermürbten als halfen, und als wir uns psychisch auf Monate und vielleicht Jahre des Lebens hinter Stacheldraht vorbereiteten, fing diese Leidenschaft von neuem in uns zu keimen an. Einige Male habe ich nach dem Appell, als wir uns vor dem Block unterhielten, einen beobachtet, der, umgeben von einem Kreis Interessierter, temperamentvoll Liedertexte aus unserer Vorlagerära sang. Die anderen halfen ihm, Lücken in den Texten auszubessern, und kaum war eines der Liedchen beendet, schon tauchte vom Hauptakteur des Kreises die obligate Frage auf: »… sieh da, du kennst dieses da?« Das gefiel mir sehr, um so mehr, weil ich genug davon kannte.

So begann meine Freundschaft mit dem Initiator dieser Reminiszenzen, mit Vojta Schnurpfeil. Bald danach, auf einem langen und verregneten Appell, fügte ich Vojtas »Allein mit einem Mädchen im Regen« eine kunstfertige zweite Stimme hinzu. Die allernächste Umgebung pflichtete Vojtas Einschätzung »Du ordnest dich irgendwie gut ein« bei, und der neben mir stehende Leon Bíla, genannt Flout'as, sagte gleich darauf: »Jungs, damit könnt ihr ruhig als Ensemble auftreten.«

* J. Werich (geb. 1905) und J. Voskovec (geb. 1905) gaben in ihrem Osvobozené divadlo (»Entfesseltes Theater«) 1927/38 politische Revuen.

Die Idee zündete!

Es dauerte nicht lange, und schon war da ein weiterer Interessent – diesmal für die dritte Stimme – Vlád'a Raška, ein vorzüglicher Klavierspieler und »ein Garant für gute Qualität«. Wir übten in der Verborgenheit – an den Abenden ein paar Liedchen. Das klang sonderbarerweise annehmbar. Vojtas Bruder Karel schloß sich an, und schon bald stand der Premiere des »Ensembles« nichts mehr im Wege.

Die fand an einem Herbstsonntag im Zweiundfünfzigsten Block statt, wo irgend jemand ein Kulturprogramm zusammenstellte. Neben bekannten Versen erklangen auch welche von Jura Zádrapa, und stürmisches Gelächter riefen die Gedichte »Gesänge aus dem Waschraum« von Jaroslav Čermák hervor, der unter dem Künstlernamen »Čaroslav Jarmák« auftrat. Vojta, der es verstand, den Klang der Trompete nachzuahmen, blies Ellingtons »Karawane« und fügte Ježeks »Feurigen Caballero« hinzu. Und dann verkündete der Conférencier, daß als Weltpremiere unsere »Singenden Jungen« auftreten, die er in der damaligen englischen Manier »Singing Boys« nannte. Kaum hatte er das gesagt, rief irgendein Witzbold aus dem Publikum aus: »Warum denn singing – Sing-Sing!« Und so wurden unter mächtigem Beifall die Sing-Sing Boys geboren, die in improvisierter Zusammensetzung dem dankbaren Publikum im Zweiundfünfzigsten Block zwei Lieder von Běhounek und Ježeks »Die spanische Erde habe ich so gern« vorsangen. Der Beifall war spontan und vielleicht auch verdient.

Gleich nach der Aufführung meldeten sich neue Mitglieder. Karel Štancl, der spätere Dirigent der Sing-Sing Boys, bot an, den fehlenden Baß zu singen, was die Voraussetzung für einen vollen Klang war. Es kamen dazu Jura Wolf, Tonda Paldus, Evžen Seyček und Pepík Mlček, der allgemein »Molch« genannt wurde. In der kompletten Zusammensetzung und mit der ausgiebigen Hilfe einer Scharlachquarantäne brachten wir die Tätigkeit der Sing-Sing Boys voll in Bewegung. Geübt wurde im

Waschraum, für die einzelnen Stimmen wurden Noten geschrieben, und jeder aus dem Ensemble hatte sein eigenes Text- und Notenbüchlein.

Wir machten keine »große Kunst«. Doch trugen wir zur Aufrechterhaltung eines gesunden Geistes in der gesamten Gruppe bei. Und auch dazu, daß die SS-Leute uns – die tschechischen Studenten im KZ Sachsenhausen – als »lachende Bestien« bezeichneten.

Aus dem Tschechischen von Gisela Zeißig

KAREL ŠTANCL

Wir sangen zu unserer Freude

Keiner von uns hatte Musik studiert, aber uns verbanden das gemeinsame Schicksal, die Liebe zur Musik und zum Gesang, die gemeinsame Sehnsucht, in sich und in anderen die Erinnerung an das geliebte Vaterland, an das Leben zu Hause wachzurufen, sich den sentimentalen Zauber der Lagerfeuer und die süße Studentenliebe zu vergegenwärtigen. Verachtung und Trotz gegen Bestialität und Stumpfsinn, die uns umgaben, zum Ausdruck zu bringen, auch das verband uns, und das Bestreben, »etwas zu tun« gegen die betäubende Schinderei, die Ängste und das Elend des Lagerlebens – über die Mauer mit dem Stacheldraht wollten wir uns »hinüberschwingen«, jeden Tag. Ständig sehe ich, wie wir, kahlgeschoren, in gestreifte Lumpen gesteckt, in Stiefeln mit Holzsohlen, Nummern auf der Brust und auf den Hosen, unsere Galakonzerte aufführten.

Wir bestätigten die seit langem bekannte Wahrheit, daß der Mut mit den Anforderungen wächst, daß wirklich jeder »etwas tun kann«. Es ist schon unglaublich, welche

Kraft in unserem Singen lag, wie es half, in einer unmenschlichen Umgebung und in einer unmenschlichen Zeit die Beziehungen zu vermenschlichen. Unsere Lieder waren Balsam für unsere ausgedörrten Seelen, alles Ferne und Wünschenswerte war in ihnen.

Täglich zählten wir Dutzende und Hunderte Tote, froren und hatten Hunger – aber am Abend sangen und spielten wir, organisierten Programme in den Blöcken. Wir wußten, daß viele von denen, die uns zuhörten, morgen, übermorgen, in einer Woche nicht mehr dasein würden.

Aber so war das ganze Leben im Lager, voller Unsicherheit und voller unglaublicher Widersprüche.

Wir wußten nicht, was in einem Tag, in einer Stunde sein würde, wir lebten in ständiger Anspannung: wie fällt der Appell aus, wird nicht irgendeiner fehlen und wird man nicht eine ganze Stunde auf dem Appellplatz stehen müssen. Aber meistens dachten wir daran, daß wir bis zum Essen der Abendsuppe in dem stickigen, stinkenden Tagesraum ein neues Liedchen aufschreiben und daß wir es üben müssen, daß uns am nächsten Abend das Singen im Fünfzigsten Block, im Dreiundzwanzigsten oder im Vierten erwartet und daß am Sonntag nachmittags das Kulturprogramm im großen Trockenraum stattfinden wird …

Unsere Jugend brachte neue Töne ins Lager, neue Rhythmen, in gewisser Weise maßen sich die Studenten miteinander, doch kam dem ein neuer Inhalt, eine neue Funktion bei. Wir sangen nicht, um berühmt zu werden, sondern weil wir selbst das Singen brauchten, dann auch deshalb, weil die anderen uns brauchten. Wir waren buchstäblich vom Eifer fortgerissen. Abend für Abend, in den verzweifelt kurzen Augenblicken der sogenannten Freizeit zwischen Appell und Abendessen sangen wir trotz Übermüdung in den Blöcken, die mit Zuhörern vollgestopft waren; man saß auf Deckenbalken und auf Schränken, und wir waren glücklich, daß wir etwas geben konnten, daß man uns brauchte. Wir fehlten auf keiner Geburtstagsfeier von irgendeinem der bekannten Kame-

raden, dann erklangen oft nicht nur Lieder und Glück-
wünsche, sondern auch kühne Worte des Glaubens und
der Entschlossenheit. Später übernahmen wir gern vom
Lagerältesten Harry den Auftrag, im »politischen« oder
»braunen« oder »grünen« Block zu singen, wo es meistens nötig war, die Stimmung zu heben und das Selbstbewußtsein zu stärken. Wir übernahmen solche Auftritte
auch für den Heiligen Abend und halfen, eine Atmosphäre unsentimentaler Geselligkeit zu schaffen.

Und wenn ich für die Einschätzung unseres Gesanges
den Maßstab so streng anlege, wie die damaligen Bedingungen außergewöhnlich waren, so nenne ich ihn
respektabel. Unsere Stimmen waren für Soli nicht aus-
gesucht, dennoch entstand ein vorzüglich klingendes Ensemble. Wir stellten an uns ziemlich hohe Ansprüche. Die
arrangierten Lieder übten wir ein, proben konnten wir jedoch nur im Waschraum. Dort haben wir am Abend nach
der Arbeit von den Hunderten in einem Block sich drän-
genden Mitgefangenen niemanden gestört. Unsere treue-
sten Zuhörer standen sogar unter den geweißten Fenstern
des Waschraums und lauschten.

Wir haben im Laufe der Zeit unseren Stil gefunden; man
könnte ihn dem damals ähnlichen »Lišák«- oder »Settler«-
Stil vergleichen. Die Lieder arrangierten wir vierstimmig, es
wechselte der gesungene Text mit dem nachgeahmten Instrument des Jazzorchesters. Jede Stimme hatte ihren ver-
bindlichen Part, aber dabei auch genügend Möglichkeiten
zur Improvisation. Bei der Auswahl der Lieder waren wir
anspruchsvoll. Wir reihten die besten und schönsten
»Schlager« dieser Zeit ins Repertoire ein, nahmen aber vor
allem das auf, was uns jungen Leuten gefiel und was in unserem Gedächtnis ohne Musikinstrumente mit wunderba-
rer Genauigkeit auftauchte: Tanzlieder aus Revuefilmen,
wie es die »Melodien der Welt« waren, Lieder aus dem Film
»Schneewittchen und die sieben Zwerge«*, Tramp-Ever-

* »Schneewittchen und die sieben Zwerge« war der erste abend-
füllende Disney-Zeichentrickfilm (1937). Zahlreiche amerikani-

greens, Lieder aus dem Repertoire des »Entfesselten Theaters«, Volkslieder und viele, viele andere. Die Ježek-Lieder bildeten sozusagen den Kern unseres Repertoires. Wir liebten sie wegen der hinreißenden Aktualität ihres Inhalts, wegen der Modernität und der Schönheit ihres musikalischen Ausdrucks. Das Lied »Vousatý svět« (Langbärtige Welt) war während der ganzen Zeit unsere Fanfare. Am häufigsten sangen wir »Nebe na zemi« (Himmel auf Erden), »Kata a blázna« (Henker und Narren), »Prabábu« (Urgroßmutter), »Na shledanou v lepších časech« (Auf Wiedersehen in besseren Zeiten), »Svítá« (Der Tag bricht an), »Stoprocentní muže a řadu dalších« (Der hundertprozentige Ehemann).

Im Laufe der Zeit internationalisierte sich unser Repertoire. Es kamen deutsche und polnische Volks- und Tanzlieder dazu, auch von den Spaniern lernten wir einiges. Wir sangen tschechisch, deutsch, französisch, polnisch, englisch und spanisch. Unter den deutschen Mitgefangenen war ein Potpourri der »Rheinlieder« beliebt, die ich im Lager aufschrieb und bearbeitete. Für das Kulturprogramm entstanden zwei Liederfolgen, genannt »Rund um die Welt«. An Mut fehlte es uns nicht. Im Konzentrationslager mitten im Kriege sangen wir das englische »Tipperary« und das russische Lied »Široká strana«. Eines unserer beliebtesten und populärsten Lieder wurde »Dorfglocken«*. Wer weiß, wie das russische Volkslied in eines der ältesten Konzentrationslager in Esterwegen kam, wer dort auf seine schöne, schwermütige Melodie den deutschen Text »Einsam tönet das Glöcklein von ferne« schrieb, vielleicht wegen des Abendgeläuts, das ins Lager aus einem entfernten Dörfchen drang, aus der Sehnsucht nach der Heimat. Von den Häftlingen aus Esterwegen, die Sachsenhausen bauten, haben wir dieses Lied

---

sche und europäische Jazzbands spielten Titel aus diesem Film auf Schallplatte ein, u. a. die Orchester von Artie Shaw, Harry Roy und Teddy Stauffer.
* Im Original deutsch (Anm. d. Übers.)

gelernt. Es erklang fast bei jedem Programm als Solo von Pepík Mlček. Die Chevalier-Darbietung »Sous les toits de Paris« war immer eine Paradenummer von Evžen Seyček. Sehr oft ertönte auch »Můj rodný kraj« (Mein Heimatland). In unserer Gruppe entstanden tschechische Texte zu vielen Liedern, die wir sangen; für »Dorfglocken« schrieb ich die tschechischen Verse. Für die Auftritte unseres Ensembles komponierte ich auch »Vojáky z hadrů a špíny« (Soldaten aus Lumpen und Schmutz), »Červené blues« (Roter Blues), »Cariocu i Melancholii« (Carioca und Melancholie). In unseren eigenen Texten tauchen zuweilen vielleicht banale Worte auf, es fehlt ihnen nicht an Sentimentalität und Nüchternheit. Irgendwie deuten sie nur allegorisch an, was nicht klarer gesagt werden konnte; aber so entstanden sie tatsächlich unter diesen Bedingungen.

Es sind Zeugnisse.

Ich weiß schon nicht mehr, womit wir begannen: vielleicht war es »Sám s děvčetem v dešti« (Allein mit einem Mädchen im Regen). Unser Liederbüchlein fängt mit »Modrá a bílá« (Blau und weiß) an, und dann folgen etwa 150 Liedchen. Aber das war bei weitem nicht das ganze Repertoire, weil wir vieles ohne Noten einübten.

Unser Programm endete mit der Melodie von »Bei mir bist du schön« und den Worten:

»… Vielleicht ändert sich nach hundert Jahren die ganze Welt, und dann wollen wir noch einmal leben.«

Aus dem Tschechischen von Gisela Zeißig

Rhythmus hinter Drähten

... Endlich lag Auschwitz hinter uns. Am zweiten April 1944 trafen wir in Buchenwald ein. In der Morgendämmerung sah hier alles wesentlich anders aus als in Auschwitz. Das Lager lag auf einem Berg, und ringsum waren die Thüringer Wälder zu sehen. In Auschwitz gab es nur Ebene, so weit das Auge reichte. Auch hier bestand ein Quarantäne-Block, aber hinter dem Stacheldraht erschienen sofort die Kameraden aus dem sogenannten Großen Lager, die sich je nach Nationalität der Neuangekommenen annahmen. Es fehlte auch nicht an Brotscheiben von den Alteingesessenen und anderer materieller Hilfe.

Es schien, daß außer der unterschiedlichen Anlage des Lagers und den sonstigen Beziehungen zwischen den Häftlingen im Alltag des Lagerlebens nichts vorhanden sei, was es nicht auch in den andern Lagern gab. Glichen sich doch die Nazi-Konzentrationslager in gewissem Sinn wie ein Ei dem andern, denn sie waren eine Ausgeburt ein und derselben verworfenen nazistischen Ideologie. Bald aber erkannte ich, daß ein großer Unterschied bestand, was man nicht auf den ersten Blick sehen konnte ...

Mich, den Musiker, überraschte sofort die offizielle Lagermusik. Sie war allerdings zu dem gleichen Zweck geschaffen worden wie die ähnliche Abteilung in Auschwitz. Doch das musikalische Leben des Lagers war damit nicht erschöpft. Die Häftlinge pflegten hier eine ganze Reihe Musikformen, vom Chorgesang bis zum Kammerquartett. Es gab fast keine Nationalitätengruppe, die sich nicht auf ihre Weise mit dieser Tätigkeit befaßt hätte. Eine davon besaß jedoch eine absolut einzigartige Bedeutung und trug einen für mich überraschenden Charakter. Es war ein halblegales, oft nach der Situation im Lager illegales Jazzorchester, das sich aus Angehörigen der verschiedensten Nationalitätengruppen zusammensetzte. Am zahlreichsten waren die Tschechen vertreten. Mancher Häftling aus Auschwitz oder Birkenau könnte vielleicht einwenden, daß es dort ein Ensemble ähnlichen Genres gab. Ja, auch ich habe dort im Block des Arbeitslagers etwas Ähnliches gesehen und gehört. Jenes Ensemble hatte jedoch einen beschränkten Wirkungsbereich. Die Häftlinge führten nämlich ihre Kunst, wenn auch mit einem Schuß professioneller Fertigkeit, vor allem zur Kurzweil der Mächtigen des Lagers vor. Und die zählten sich eigentlich gar nicht mehr zu den Häftlingen …

In Buchenwald war es anders. Hier wurde diese Musik nicht als Selbstzweck oder exklusiv gepflegt oder nur zur Erbauung der Spieler, sondern zielbewußt einwirkend auf die breiteste Häftlingsgemeinde, mit der Absicht, dieser Auftrieb zu geben, sie zu erheitern und die internationale Solidarität zu festigen.

Das Jazzorchester in Buchenwald hatte eine bewegte Vergangenheit. Die Instrumente waren mit beträchtlichen Schwierigkeiten beschafft worden. Waren Häftlinge mit ihren Instrumenten verhaftet worden, so lagen diese in der Effektenkammer, man mußte sie von dort herausbekommen. Das gelang mit Hilfe von Häftlingen, die dort beschäftigt waren. Andere Instrumente liehen wir uns heimlich von der Lagerkapelle aus. Einige Instrumente kamen auch von zu Hause, allerdings wiederum auf dem Umweg über die Effektenkammer. Es tauchten aber auch andere Schwierigkeiten auf. Viele ältere Häftlinge waren der Meinung, daß diese Musik, Jazzmusik, eine Angelegenheit von Nichtsnutzen, eine bourgeoise Äußerung usw. sei. Sie überzeugten sich jedoch selbst, daß dem nicht so war, sondern daß es sich einfach um die Musik junger Menschen handelte, die auch dem gemeinsamen Kampf dienen konnte. Im übrigen war schon die Zusammensetzung des Orchesters (das, als ich mitspielte, folgende Besetzung aufwies: vier Saxophone, drei Trompeten, eine Posaune und eine Rhythmus-Gruppe) bezeichnend. Hier spielte der Hüttenwerker aus Ostrava neben dem Schmied aus den Škoda-Werken in Plzeň, der französische Lehrer neben dem tschechischen Studenten, der direkt von der Schulbank des Gymnasiums in Roudnice ins Lager gekommen war, während man seinen Vater hingerichtet hatte, der Arbeiter aus Lüttich neben dem Studenten aus Prag, den man nach der Schließung der Prager Hochschulen auf Zwangsarbeit nach Deutschland gejagt hatte, usw. Das Orchester in Buchenwald zeigte, daß es sich nicht nur darum handelte, was und wie gespielt wird, sondern daß es unter bestimmten Umständen auch wichtig ist, wer spielt und warum er spielt. Mit uns spielten auch hervorragende Berufsmusiker in den Kellern, in denen wir probten und die Noten schrieben; das alles geschah in der kurzen Mittagspause oder während der raren Freizeit nach dem Abendappell bis zum Abpfeifen. Der einzige Lohn war die Freude der Zuhörer, wenn das Orchester von Zeit zu Zeit in irgendeinem Block oder in der Kinohalle öffentlich auftrat.

Die Quelle und man kann sagen die Basis des Programms des Orchesters war das Werk von Jaroslav Ježek, mit welchem auf diese Weise auch die Musiker anderer Nationalitäten bekannt wurden. Das Ensemble erweiterte sein Repertoire auch um Kompositionen seiner Mitglieder. So wurden Verse von V. Nezval und H. Heine vertont. Außerdem instrumentierten die Arrangeure des Orchesters die heute bereits klassischen Negerlieder, wie z. B. den »St. Louis Blues«, Kompositionen von Duke Ellington u. a. So ergab sich eine paradoxe Situation: Musik, die als »rassisch unrein« im Dritten Reich streng verboten war, wurde im Konzentrationslager vor einem so internationalen Publikum gespielt, wie es sich sonst nicht zusammenfinden konnte. Und alle diese Zuhörer verstanden, worum es ging. Die SS-Leute aber begriffen nichts.

Das Ensemble verfügte auch über eine kleine tschechische Vokalgruppe, die größtenteils antinazistische Kampflieder sang, die direkt im Lager entstanden und später in einem Buchenwald-Liederbuch veröffentlicht wurden.

Hervorzuheben sind die in diesem Ensemble geschlossenen Freundschaften. Noch heute verbindet mich feste Freundschaft mit den tschechischen Kameraden, mit denen ich in Buchenwald gespielt habe. Und die übrigen Nationalitäten? Ich möchte wenigstens Marco Louis Marcowitsch erwähnen, einen Franzosen mit empfindsamem, innigem Charakter, einen Menschen, der gegen jede Form des Faschismus abgrundtiefen Haß hegte. Er war keine Berühmtheit in der französischen Öffentlichkeit, doch bekannt als ausgezeichneter Jazzmusiker, Saxophonist und Klarinettist und dabei ein leidenschaftlicher Kämpfer für eine neue Welt, der er nicht nur sein Leben, sondern auch das seiner Familie, seiner Frau und Tochter, geweiht hatte.

Marco war von der Gestapo verhaftet und zum Tode verurteilt worden, seine Frau und seine Tochter bekamen zwanzig Jahre Zuchthaus. Marco sollte auf die in Buchenwald übliche Weise hingerichtet werden: im Steinbruch oder durch eine Phenolinjektion. Das Schicksal hat ihm eigenartig mitgespielt, wie man so sagt. Er kam mit einem großen Transport Franzosen knapp vor dem Luftangriff im August 1944 ins Lager, und dieser grauenvolle Augenblick erwies sich eigenartigerweise als lebensrettend für Marcowitsch. Die Liquidationsbefehle verbrannten mit den Akten der politischen Abteilung. Marco, der über große Erfahrung verfügte, wurde uns ein guter Lehrer, und zwar nicht nur in der Musik.

Auch ein ausgezeichneter holländischer Posaunist spielte in unserem Orchester. Leider konnten wir ihn nicht vor dem grauenvollen »Nacht- und Nebel-Transport« retten. Kurze Zeit gehörte auch ein über Deutschland abgeschossener amerikanischer Pilot als Bassist dem Ensemble an, der später mit seinem Kameraden verschwunden ist. Die Nazis transportierten sie ab, und wir haben nie wieder von diesen amerikanischen Fliegern gehört. Wahrscheinlich wurden sie irgendwo ermordet ...

Ich schreibe über ein Jazzorchester im Konzentrationslager eine Erinnerung an Begebenheiten nieder, die mehr als fünfzehn Jahre zurückliegen. Und doch bin ich der Meinung, daß diese Erinnerung ein Beitrag zu der ständigen Diskussion über die Jazzmusik ist. Die Jazzmusik war auch hinter dem Stacheldraht ein Ausdruck der Lebensfreude, befreit von allem Konstruierten, Karikierten, Unnatürlichen. Sie war keine Flucht, sondern diente im Gegenteil höheren Zielen. Und so sollte sie auch heute sein.

FRED WANDER

aus: **Der siebente Brunnen**

[...] Zu den Posten am Tor waren ihre Mädchen gekommen, scherzten, lachten, plauderten vergnügt. Wir kannten die Posten, junge Männer, bartlos, mit vor Kraft strotzenden roten Gesichtern. Deutsche Bauernsöhne, Söhne von Postadjunkten, Eisenbahnern und Klempnern. Sie hatten gemordet. Jeder von ihnen hatte gemordet. Und sie wußten es nicht, denn wir wären keine Menschen, hatte man ihnen gesagt! Gemordet hatten sie mit dem Gewehrkolben, mit Schüssen, Eisenstangen und Spaten oder mit der bloßen Hand. Und nun standen sie da und schäkerten arglos mit den Mädchen aus dem Dorf. Und Mendel sah es und schaute sie an, mit seinen traurigen, forschenden Augen, versuchte zu verstehen, versuchte, für jeden Schlag, für jede Demütigung, und für das Lachen angesichts unserer Martern, und für die geilen Witze angesichts unseres Todes versuchte Mendel eine Formel zu finden, ein erlösendes Wort.

An einem dieser Tage hatten wir Jossl verloren. Vor ein paar Wochen hatten wir Zugänge gehabt: vierzig ungarische Judenjungen von fünf bis fünfzehn Jahren und nur ein polnisches Kind dabei. Jossl. Und Jossl fand seinen Bruder aus Sosnowiec bei uns. Wir schützten die Kinder, trotzdem starben sie uns unter der Hand. Gleich in den ersten Tagen nach ihrer Ankunft starben einige von den

Kindern, was sollten sie auch hier bei uns. Dann, als Jossl umfiel bei der Arbeit am Holzplatz und die Posten ihn mit Schnee zugeschaufelt hatten, zum Spaß, und der Schneehaufen sich bewegte und eine kleine Hand daraus hervordrang, und sie weiter Schnee auf ihn warfen und lachten, und Zigaretten rauchten dabei, und als wir ihn abends mitschleppten ins Lager, war Jossl noch nicht tot. Steif war er gefroren und weiß wie Marmor das Gesicht, da standen sie um ihn herum, nachts in der Baracke, der Bruder und die Vettern aus dem kleinen Städtchen Sosnowiec, und redeten auf ihn ein, schmeichelten ihm, befahlen, beschworen ihn, donnerten ihn an: Jossl, hörst du uns, du mußt leben, geh nicht weg, Jossl, die Mutter wartet, der Vater wartet, Jossl, bleib bei uns … Und streichelten ihn, küßten ihn, rieben seinen Körper mit Tüchern und mit Schnee, hüllten ihn in Decken, setzten ihn auf den Tisch wie eine Puppe, er fiel nicht um, er war ganz steif gefroren, und war noch nicht tot. Er war erfroren, aber tief innen gloste noch ein Fünkchen Leben, und sie bliesen es mit süßen Worten an, mit Gebeten wie mit Zauberformeln, weinten, flehten: Jossl, bleib bei uns! – Wir andern, vor Müdigkeit erstorben, lagen auf den Pritschen und hörten zu. Zwischen Traum und Wachsein hörten wir ihre Klagen. Sie hatten Rabbi Schimon geholt, aus der Nachbarbaracke. Rabbi Schimon bedeckte Kopf und Gesicht mit dem Tales und begann lautlos zu beten. Aber Mendel Teichmann befühlte Jossl und schüttelte mißbilligend den Kopf: Warum jammert ihr, was macht ihr für ein Geschrei, wollt ihr ihn fortjagen mit dem Gezeter? Freut euch, Kinder, freuen soll man sich, solange man lebt! Jossl lebt jetzt sein Leben, zwei Stunden noch oder zwanzig Jahre, wo ist der Unterschied angesichts der Ewigkeit? Weint nicht, Kinder, macht ihm Freude, Jossl schaut euch zu! – Pechmann mußte kommen. Er schlief schon, aber sie zerrten ihn von seiner Pritsche herunter und schenkten ihm ein Stück Brot. Der Westjude Pechmann, ein Wiener Jüngel, er konnte Musik machen mit fünf Fingern auf einem Brett. Wie oft hatten wir Pechmann gerufen, und dann klopfte er einen Rhythmus mit den Fingern auf den Tisch, fein machte er das, durch und durch ging uns das. Mit der andern Hand hielt er sich die Nase zu und mimte das Saxophon. Blues für fünf Finger auf einem Brett. Nun spielte er für Jossl. Und wir andern schliefen schon und hörten in unseren düsteren Träumen die Musik und den Gesang. Morgens, als wir zur Arbeit gingen, stellten sie Jossl in den Spind aus Eisenblech, fest in Decken gewickelt, die süße marmorne Puppe, und stapften in die morgendliche Nacht hinaus. Abends, als wir wiederkamen, nahmen sie Jossl heraus aus dem Spind, behorchten ihn, küßten seine Augen. Jossl Kossak mit dem marmornen Gesicht. Er hatte die Augen zu einem schmalen Spalt geöffnet, aber sie bewegten sich nicht mehr. Die Hände hielt er vor der Brust gefaltet, dünne zartgliedrige Hände, weiß und glänzend wie aus feinstem Porzellan. Er sei nicht tot, behaupteten sie hartnäckig, er höre noch ihre Stimmen. Sie waren ganz sicher, er höre sie.

Epilog

WOLFGANG BORCHERT

Das ist unser Manifest

Helm ab Helm ab: – Wir haben verloren!

Die Kompanien sind auseinandergelaufen. Die Kompanien, Bataillone, Armeen. Die großen Armeen. Nur die Heere der Toten, die stehn noch. Stehn wie unübersehbare Wälder: dunkel, lila, voll Stimmen. Die Kanonen aber liegen wie erfrorene Urtiere mit steifem Gebein. Lila vor Stahl und überrumpelter Wut. Und die Helme, die rosten. Nehmt die verrosteten Helme ab: Wir haben verloren.

In unsern Kochgeschirren holen magere Kinder jetzt Milch. Magere Milch. Die Kinder sind lila vor Frost. Und die Milch ist lila vor Armut.

Wir werden nie mehr antreten auf einen Pfiff hin und Jawohl sagen auf ein Gebrüll. Die Kanonen und die Feldwebel brüllen nicht mehr. Wir werden weinen, scheißen und singen, wann wir wollen. Aber das Lied von den brausenden Panzern und das Lied von dem Edelweiß werden wir niemals mehr singen. Denn die Panzer und die Feldwebel brausen nicht mehr, und das Edelweiß, das ist verrottet unter dem blutigen Singsang. Und kein General sagt mehr Du zu uns vor der Schlacht. Vor der furchtbaren Schlacht.

Wir werden nie mehr Sand in den Zähnen haben vor Angst. (Keinen Steppensand, keinen ukrainischen und keinen aus der Cyrenaica oder den der Normandie – und nicht den bitteren bösen Sand unserer Heimat!) Und nie mehr das heiße tolle Gefühl in Gehirn und Gedärm vor der Schlacht.

Nie werden wir wieder so glücklich sein, daß ein anderer neben uns ist. Warm ist und da ist und atmet und rülpst und summt – nachts auf dem Vormarsch. Nie werden wir wieder so zigeunerig glücklich sein über ein Brot und fünf Gramm Tabak und über zwei Arme voll Heu. Denn wir werden nie wieder zusammen marschieren, denn jeder marschiert von nun an allein. Das ist schön. Das ist schwer. Nicht mehr den sturen knurrenden Andern bei sich zu haben – nachts, nachts beim Vormarsch. Der alles mit anhört. Der niemals was sagt. Der alles verdaut.

Und wenn nachts einer weinen muß, kann er es wieder. Dann braucht er nicht mehr zu singen – vor Angst.

Jetzt ist unser Gesang der Jazz. Der erregte hektische Jazz ist unsere Musik. Und das heiße verrückttolle Lied, durch das das Schlagzeug hinhetzt, katzig, kratzend. Und manchmal noch mal das alte sentimentale Soldatengegröhl, mit dem man die Not überschrie und den Müttern absagte. Furchtbarer Männerchor aus bärtigen Lippen, in die einsamen Dämmerungen der Bunker und der Güterzüge gesungen, mundharmonikablechüberzittert:

Männlicher Männergesang – hat keiner die Kinder gehört, die sich die Angst vor den lilanen Löchern der Kanonen weggröhlten?

Heldischer Männergesang – hat keiner das Schluchzen der Herzen gehört, wenn sie Juppheidi sangen, die Verdreckten, Krustigen, Bärtigen, Überlausten?

Männergesang, Soldatengegröhl, sentimental und übermütig, männlich und baßkehlig, auch von den Jünglingen männlich gegröhlt: Hört keiner den Schrei nach der Mutter? Den letzten Schrei des Abenteurers Mann? Den furchtbaren Schrei: Juppheidi? Unser Juppheidi und unsere Musik sind ein Tanz über den Schlund, der uns angähnt. Und diese Musik ist der Jazz. Denn unser Herz und unser Hirn haben denselben heißkalten Rhythmus: den erregten, verrückten und hektischen, den hemmungslosen.

Und unsere Mädchen, die haben denselben hitzigen Puls in den Händen und Hüften. Und ihr Lachen ist heiser und brüchig und klarinettenhart. Und ihr Haar, das knistert wie Phosphor. Das brennt. Und ihr Herz, das geht in Synkopen, wehmütig wild. Sentimental. So sind unsere Mädchen: wie Jazz. Und so sind die Nächte, die mädchenklirrenden Nächte: wie Jazz: heiß und hektisch. Erregt.

Wer schreibt für uns eine neue Harmonielehre? Wir brauchen keine wohltemperierten Klaviere mehr. Wir selbst sind zuviel Dissonanz.

Wer macht für uns ein lilanes Geschrei? Eine lilane Erlösung? Wir brauchen keine Stilleben mehr. Unser Leben ist laut.

Wir brauchen keine Dichter mit guter Grammatik. Zu guter Grammatik fehlt uns Geduld. Wir brauchen die mit dem heißen heiser geschluchzten Gefühl. Die zu Baum Baum und zu Weib Weib sagen und ja sagen und nein sagen: laut und deutlich und dreifach und ohne Konjunktiv.

Für Semikolons haben wir keine Zeit und Harmonien machen uns weich und die Stilleben überwältigen uns: Denn lila sind nachts unsere Himmel. Und das Lila gibt keine Zeit für Grammatik, das Lila ist schrill und ununterbrochen und toll. Über den Schornsteinen, über den Dächern: die Welt: lila. Über unseren hingeworfenen Leibern die schattigen Mulden: die blaubeschneiten Augenhöhlen der Toten im Eissturm, die violettwütigen Schlünde der kalten Kanonen – und die lilane Haut unserer Mädchen am Hals und etwas unter der Brust. Lila ist nachts das Gestöhn der Verhungernden und das Gestammel der Küssenden. Und die Stadt steht so lila am nächtlich lilanen Strom.

Und die Nacht ist voll Tod: Unsere Nacht. Denn unser

Schlaf ist voll Schlacht. Unsere Nacht ist im Traumtod voller Gefechtslärm. Und die nachts bei uns bleiben, die lilanen Mädchen, die wissen das und morgens sind sie noch blaß von der Not unserer Nacht. Und unser Morgen ist voller Alleinsein. Und unser Alleinsein ist dann morgens wie Glas. Zerbrechlich und kühl. Und ganz klar. Es ist das Alleinsein des Mannes. Denn wir haben unsere Mütter bei den wütenden Kanonen verloren. Nur unsere Katzen und Kühe und die Läuse und die Regenwürmer, die ertragen das große eisige Alleinsein. Vielleicht sind sie nicht so nebeneinander wie wir. Vielleicht sind sie mehr mit der Welt. Mit dieser maßlosen Welt. In der unser Herz fast erfriert.

Wovon unser Herz rast? Von der Flucht. Denn wir sind der Schlacht und den Schlünden erst gestern entkommen in heilloser Flucht. Von der furchtbaren Flucht von einem Granatloch zum andern – die mütterlichen Mulden – davon rast unser Herz noch – und noch von der Angst.

Horch hinein in den Tumult deiner Abgründe. Erschrickst du? Hörst du den Chaoschoral aus Mozartmelodien und Herms Niel-Kantaten? Hörst du Hölderlin noch? Kennst du ihn wieder, blutberauscht, kostümiert und Arm in Arm mit Baldur von Schirach? Hörst du das Landserlied? Hörst du den Jazz und den Luthergesang?

Dann versuche zu sein über deinen lilanen Abgründen. Denn der Morgen, der hinter den Grasdeichen und Teerdächern aufsteht, kommt nur aus dir selbst. Und hinter allem? Hinter allem, was du Gott, Strom und Stern, Nacht, Spiegel oder Kosmos und Hilde oder Evelyn nennst – hinter allem stehst immer du selbst. Eisig einsam. Erbärmlich. Groß. Dein Gelächter. Deine Not. Deine Frage. Deine Antwort. Hinter allem, uniformiert, nackt oder sonstwie kostümiert, schattenhaft verschwankt, in fremder fast scheuer ungeahnt grandioser Dimension: Du selbst. Deine Liebe. Deine Angst. Deine Hoffnung.

Und wenn unser Herz, dieser erbärmliche herrliche Muskel, sich selbst nicht mehr erträgt – und wenn unser Herz uns zu weich werden will in den Sentimentalitäten, denen wir ausgeliefert sind, dann werden wir laut ordinär. Alte Sau, sagen wir dann zu der, die wir am meisten lieben. Und wenn Jesus oder der Sanftmütige, der einem immer nachläuft im Traum, nachts sagt: Du, sei gut! – dann machen wir eine freche Respektlosigkeit zu unserer Konfession und fragen: Gut, Herr Jesus, warum? Wir haben mit den toten Iwans vorm Erdloch genau so gut in Gott gepennt. Und im Traum durchlöchern wir alles mit unsern M.Gs.: Die Iwans. Die Erde. Den Jesus.

Nein, unser Wörterbuch, das ist nicht schön. Aber dick. Und es stinkt. Bitter wie Pulver. Sauer wie Steppensand. Scharf wie Scheiße. Und laut wie Gefechtslärm.

Und wir prahlen uns schnodderig über unser empfindliches deutsches Rilkeherz rüber. Über Rilke, den fremden verlorenen Bruder, der unser Herz ausspricht und der uns unerwartet zu Tränen verführt: Aber wir wollen keine Tränenozeane beschwören – wir müssen denn alle ersaufen. Wir wollen grob und proletarisch sein, Tabak und Tomaten bauen und lärmende Angst haben bis ins lilane Bett – bis in die lilanen Mädchen hinein. Denn wir lieben die lärmend laute Angabe, die unrilkesche, die uns über die Schlachtträume hinüberrettet und über die lilanen Schlünde der Nächte, der blutübergossenen Äcker, der sehnsüchtigen blutigen Mädchen. Denn der Krieg hat uns nicht hart gemacht, glaubt doch das nicht, und nicht roh und nicht leicht. Denn wir tragen viele weltschwere wächserne Tote auf unseren mageren Schultern. Und unsere Tränen, die saßen noch niemals so lose wie nach diesen Schlachten. Und darum lieben wir das lärmende laute lila Karussell, das jazzmusikene, das über unsere Schlünde rüberorgelt, dröhnend, clownig, lila, bunt und blöde – vielleicht. Und unser Rilkeherz – ehe der Clown kräht – haben wir es dreimal verleugnet. Und unsere Mütter weinen bitterlich. Aber sie, sie wenden sich nicht ab. Die Mütter nicht!

Und wir wollen den Müttern versprechen:

Mütter, dafür sind die Toten nicht tot: Für das marmorne Kriegerdenkmal, das der beste ortsansässige Stein-

metz auf dem Marktplatz baut – von lebendigem Gras um-
grünt, mit Bänken drin für Witwen und Prothesenträger.
Nein, dafür nicht. Nein, dafür sind die Toten nicht tot: Daß
die Überlebenden weiter in ihren guten Stuben leben und
immer wieder neue und dieselben guten Stuben mit Re-
krutenfotos und Hindenburgportraits. Nein, dafür nicht.

Und dafür, nein, dafür haben die Toten ihr Blut nicht in
den Schnee laufen lassen, in den naßkalten Schnee ihr
lebendiges mütterliches Blut: Daß dieselben Studienräte
ihre Kinder nun benäseln, die schon die Väter so brav für
den Krieg präparierten. (Zwischen Langemarck und Sta-
lingrad lag nur eine Mathematikstunde.) Nein, Mütter,
dafür starbt ihr nicht in jedem Krieg zehntausendmal!

Das geben wir zu: Unsere Moral hat nichts mehr mit
Betten, Brüsten, Pastoren oder Unterröcken zu tun – wir
können nicht mehr tun als gut sein. Aber wer will das
messen, das »Gut«? Unsere Moral ist die Wahrheit. Und
die Wahrheit ist neu und hart wie der Tod. Doch auch so
milde, so überraschend und so gerecht. Beide sind nackt.

Sag deinem Kumpel die Wahrheit, beklau ihn im Hunger, aber sag es ihm dann. Und erzähl deinen Kindern nie
von dem heiligen Krieg: Sag die Wahrheit, sag sie so rot
wie sie ist: voll Blut und Mündungsfeuer und Geschrei.
Beschwindel das Mädchen noch nachts, aber morgens,
morgens sag dann die Wahrheit: Sag, daß du gehst und für
immer. Sei gut wie der Tod. Nitschewo. Kaputt. For ever.
Parti, perdu und never more.

Denn wir sind Neinsager. Aber wir sagen nicht nein aus
Verzweiflung. Unser Nein ist Protest. Und wir haben keine
Ruhe beim Küssen, wir Nihilisten. Denn wir müssen in
das Nichts hinein wieder ein Ja bauen. Häuser müssen wir
bauen in die freie Luft unseres Neins, über den Schlünden, den Trichtern und Erdlöchern und den offenen Mün-
dern der Toten: Häuser bauen in die reingefegte Luft der
Nihilisten, Häuser aus Holz und Gehirn und aus Stein und
Gedanken.

Denn wir lieben diese gigantische Wüste, die Deutschland heißt. Dies Deutschland lieben wir nun. Und jetzt am

meisten. Und um Deutschland wollen wir nicht sterben. Um Deutschland wollen wir leben. Über den lilanen Abgründen. Dieses bissige, bittere, brutale Leben. Wir nehmen es auf uns für diese Wüste. Für Deutschland. Wir wollen dieses Deutschland lieben wie die Christen ihren Christus: Um sein Leid.

Wir wollen diese Mütter lieben, die Bomben füllen mußten – für ihre Söhne. Wir müssen sie lieben um dieses Leid.

Und die Bräute, die nun ihren Helden im Rollstuhl spazieren fahren, ohne blinkernde Uniform – um ihr Leid.

Und die Helden, die Hölderlinhelden, für die kein Tag zu hell und keine Schlacht schlimm genug war – wir wollen sie lieben um ihren gebrochenen Stolz, um ihr umgefärbtes heimliches Nachtwächterdasein.

Und das Mädchen, das eine Kompanie im nächtlichen Park verbrauchte und die nun immer noch Scheiße sagt und von Krankenhaus zu Krankenhaus wallfahrten muß – um ihr Leid. Und den Landser, der nun nie mehr lachen lernt –

und den, der seinen Enkeln noch erzählt von einunddreißig Toten nachts vor seinem, vor Opas M.G. –

sie alle, die Angst haben und Not und Demut: Die wollen wir lieben in all ihrer Erbärmlichkeit. Die wollen wir lieben wie die Christen ihren Christus: Um ihr Leid. Denn sie sind Deutschland. Und dieses Deutschland sind wir doch selbst. Und dieses Deutschland müssen wir doch wieder bauen im Nichts, über Abgründen: Aus unserer Not, mit unserer Liebe. Denn wir lieben dieses Deutschland doch. Wie wir die Städte lieben um ihren Schutt – so wollen wir die Herzen um die Asche ihres Leides lieben. Um ihren verbrannten Stolz, um ihr verkohltes Heldenkostüm, um ihren versengten Glauben, um ihr zertrümmertes Vertrauen, um ihre ruinierte Liebe. Vor allem müssen wir die Mütter lieben, ob sie nun achtzehn oder achtundsechzig sind – denn die Mütter sollen uns die Kraft geben für dies Deutschland im Schutt.

Unser Manifest ist die Liebe. Wir wollen die Steine in

den Städten lieben, unsere Steine, die die Sonne noch
wärmt, wieder wärmt nach der Schlacht –

Und wir wollen den großen Uuh-Wind wieder lieben,
unseren Wind, der immer noch singt in den Wäldern. Und
der auch die gestürzten Balken besingt –

Und die gelbschwarzen Fenster mit den Rilkegedichten
dahinter –

Und die rattigen Keller mit den lilagehungerten Kindern darin –

Und die Hütten aus Pappe und Holz, in denen die Menschen noch essen, unsere Menschen, und noch schlafen.
Und manchmal noch singen. Und manchmal und manchmal noch lachen –

Denn das ist Deutschland. Und das wollen wir lieben,
wir, mit verrostetem Helm und verlorenem Herzen hier
auf der Welt.

Doch, doch: Wir wollen in dieser wahn-witzigen Welt
noch wieder, immer wieder lieben!

Anhang

»Entartete« Musik im KZ

Musik war ein fester Bestandteil des Alltags in den Konzentrations- und Vernichtungslagern des Dritten Reichs.[1] Das von der Lagerleitung befohlene Singen deutscher Volkslieder bei den zahllosen Anwesenheitsappellen oder die Marschmusik der Lagerkapellen, die auf Anweisung der SS aus Häftlingen zusammengestellt wurden, um den Tritt ein- und ausmarschierender Arbeitskommandos zu ordnen, prägten den Tagesablauf. Vielfach wurden sogar Bestrafungen, Exekutionen oder der Weg in die Gaskammern musikalisch »untermalt«. Auftragskompositionen für die SS entstanden, Musiker und Musikerinnen hatten zur Unterhaltung von Bewachern und Funktionshäftlingen[2] aufzuspielen.

Es gab aber auch eine andere Seite der Musik: Mit heimlichen Proben und Aufführungen unter Lebensgefahr setzten inhaftierte Künstler und Laienmusiker ein Zeichen der Solidarität inmitten einer entmenschlichten Umgebung. Musik jeglicher Stilrichtung, darunter auch der als »entartet« verfemte Jazz, schuf eine Gegenwelt, war kulturelle Widerstandshandlung und Überlebenshilfe zugleich. Schon das spontane Singen einfacher Melodien, wegen des geringen Aufwands die ursprünglichste Form des Musizierens in Lagern, konnte das eigene Schicksal kurzzeitig vergessen lassen.

1942 versuchte der aus Wien stammende und wegen seines jüdischen Glaubens verhaftete Erich Pechmann im französischen Gefängnislager Perpignan seine Mitgefangenen durch Gesang und Instrumentenimitationen aufzurichten. »Er spielte Blues. Alles wurde still, wenn er spielte. Er zauberte eine ganze Band herbei. [...] Überall, wo Pechmann hinzukam, beruhigten sich die erschrockenen Menschen.«[3] Trotz seines Lebenswillens starb Pechmann am 4. August 1944 an Flecktyphus. In der uniformen, zerstörerischen und durch Verordnungen gegängelten Lagerwelt des Jugendschutzlagers Moringen stärkten Jazzmelodien und -improvisationen das oppositionelle Gruppengefühl und die Identität der inhaftierten jugendlichen Hamburger Swingboys. Gleichzeitig dienten die Swingtitel der Abgrenzung von den übrigen Mithäftlingen.

Ähnlich den heimlichen Jazz-Sessions der Swings veranstalteten andere Häftlinge in verschiedenen Lagern improvisierte Feiern an Geburts-, Fest- oder Gedenktagen. Lieder entstanden, welche die Verhältnisse anprangerten. Feste Formationen unterschiedlichster Stilrichtungen bildeten sich, Chöre, Kabarettgruppen, Kammermusikensembles und Orchester. Unter Lebensgefahr, persönlichen Entbehrungen und trotz der Sprachbarrieren wurden im gemeinsamen Zusammenwirken Noten und Instrumente »organisiert«. Durch Deportationen bedingte Besetzungswechsel behinderten zusätzlich die Probenarbeit. Dennoch führte der starke Anstieg der Häftlingszahlen vor allem in den ersten Kriegsjahren zu einer Zunahme kultureller Veranstaltungen, auch weil dem Wachpersonal die Kontrolle des Lagergeschehens erschwert war. Da die jeweilige Lagerleitung zur Steigerung der Arbeitsleistung Zugeständnisse machte, wurden freiwillige musikalische Betätigungen der nun verstärkt in der Kriegsproduktion eingesetzten Lagerinsassen teilweise erlaubt oder geduldet. Besonders dort, wo eine geheime Widerstandsorganisation bestand, entwickelte sich ein meist illegal organisiertes Musikleben, das der Demoralisierung der Mithäftlinge entgegenwirken sollte.

Im KZ Sachsenhausen gründeten aus der Tschechoslowakei im November 1939 verschleppte Studenten ein festes Gesangsensemble, die Sing-Sing Boys, deren Programm zu einem Teil Jazz- und Swingtitel umfaßte. »Die Auftritte waren gewöhnlich geplant. Sonnabend, Sonntag, aber oft spontan, wenn zum Beispiel die Lagerältesten zu Besuch gekommen sind. Und in der Freizeit, wenn keine ›dicke Luft‹ im Lager war und es unwahrscheinlich war, daß die SS ins Lager kommt.«⁴ Bisweilen gehörten auch SS-Männer zu den Zuhörern. Trotz der erstaunlichen Vielfalt musikalischer Darbietungen in Sachsenhausen insgesamt »darf man sich kein falsches Bild machen«, denn »nur ein Teil der Häftlinge [konnte damit] erreicht« werden.⁵ Viele hatten weder die Kraft noch das Interesse bzw. die Möglichkeit, ein Konzert anzuhören, andere stürzte die musikalische Erinnerung an frühere Zeiten in tiefe Depressionen. Die Zuhörer der Sing-Sing Boys aber waren für die Aufmunterung und Abwechslung dankbar: »Ich erinnere mich nicht an ein einziges Auftreten vor den Kameraden, welches nicht gut, mit Befriedigung, sogar mit gewisser Dankbarkeit angenommen wurde.«⁶ Bis zum Frühjahr 1943 wurden nacheinander alle Sing-Sing Boys im Rahmen einer Amnestie entlassen.

Bereits 1939 hatte es im KZ Buchenwald Pläne gegeben, ein Jazzensemble zu gründen, doch erst vier Jahre später konnten diese mit Unterstützung des illegalen Internationalen Lagerkomitees realisiert werden, dem es gelungen war, wichtige Schlüsselpositionen in der Lagerverwaltung mit politischen Häftlingen zu besetzen. Der im Kommando Schreibstube tätige Herbert Weidlich teilte alle Musiker des Jazzorchesters Rhythmus dem eigens geschaffenen Arbeitskommando »Transportschutz« zu. Dieses bot mehr als andere Zeit zum Proben – auch heimlich während der »Arbeitszeit« –, zudem waren die Musiker weniger durch gefährliche oder körperlich anstrengende Arbeiten bedroht. »Manipulationen« der Transportlisten gewährleisteten eine konstante Besetzung.

Rhythmus wurde schließlich ein international, mit Amateur- und Profimusikern besetztes Jazzorchester. Ältere Häftlinge, die zunächst die Jazzmusik abgelehnt hatten, erkannten, daß mittels solcher kultureller Veranstaltungen Treffen des Lagerkomitees getarnt werden konnten. Auftritte fanden in den einzelnen Blöcken, mit Wissen der SS auch bei Unterhaltungsabenden, bei denen unter anderem Jazz erklang, statt. Durch neu angekommene Musiker, die der Band zugewiesen wurden, waren den Bandmitgliedern sogar die aktuellsten Jazzentwicklungen bekannt geworden. Ein abgeschossener US-Pilot hatte sie etwa über »Gillespies und Parkers ›Werkstatt‹ in der 52. Straße«, wo der Bebop entstand, informiert.[7]

Einen Sonderfall stellte das bei Prag gelegene KZ Theresienstadt dar. Die Garnisonsstadt wurde bei der sogenannten Wannsee-Konferenz dazu ausersehen, als »Vorzeigelager« eine durch Tatsachenberichte aus den Lagern mißtrauisch gewordene Öffentlichkeit über die Massenmorde in den Lagern des NS-Regimes hinwegzutäuschen. Die Lagerleitung ließ den kleinen Ort von den Insassen wie ein Potjomkinsches Dorf herrichten, und eine von ihr kontrollierte Häftlingsverwaltung organisierte u. a. ein Kulturleben, das dem einer Kleinstadt qualitativ nicht nachstand. Vielen half die künstlerische Tätigkeit, materiell, z. B. durch kleine Vergünstigungen, wie auch psychisch; nur den wenigsten war bewußt, daß sie lediglich ein kleines Rädchen in einem perfide inszenierten Propagandamanöver waren. Trotz der Sonderstellung und kultureller Freiheiten starben allein in Theresienstadt fast 34 000 Männer, Frauen und Kinder an Hunger, Seuchen bzw. Entkräftung, erfolgten zudem ständig Transporte in ein Vernichtungslager. Neben einer Vielzahl von Darbietungen klassischer Musik gab es regelmäßig Jazzkonzerte. Bedřich (Fritz) Weiss' Jazzcombo war eines der ersten Musikensembles überhaupt. Inhaftierte Jazz- und Tanzmusiker begleiteten Kabarettprogramme und schlossen sich zu vorübergehend bestehenden Jazzbands zusammen. Am berühmtesten waren die Ghetto-Swingers, die sich unter Martin Roman von einer tschechischen Amateurband zu einer internationalen Profi-Big-Band entwickelten. Bei älteren Lagerinsassen stieß ihre Swingmusik oftmals auf Ablehnung, bei den jüngeren aber galten die Jazzmusiker als Sensation: »›Niggerjazz‹ [… wurde] hier in überragender Form geboten, ohne daß die SS es beanstandete. Für uns junge Leute war die Wiener Caféhaus-Musik langweilig, aber der neue Stil der Ghetto-Swingers, die einmal in der Woche vor dem Caféhaus spielten, gab uns Auftrieb.«[8] Diese Popularität und selbst ein Auftritt in einem Propagandafilm[9] über das »Muster-lager« konnten die Ghetto-Swingers jedoch nicht vor der Deportation nach Auschwitz schützen. Diejenigen, welche die Selektion überlebten, bildeten dort den Kern einer neugegründeten Lagerkapelle. »Da machte der Lagerkapo und der Lagerälteste eine Party für die Blockältesten und so. Und wir spielten. Die kamen in Frauenkleidern und Frauenschuhen. Dann waren die besoffen. Einer zog seinen Damenschuh aus und ich mußte daraus Champagner trinken. [...] Aber wie Schwerverbrecher manchmal sind. Wenn die Musik hören, fangen die an zu heulen.«[10] Konnten die Musiker in Theresienstadt ein reines, künstlerisch anspruchsvolles Jazzprogramm gestalten, wurden sie in Auschwitz zu Musiksklaven von SS und Funktionshäftlingen. Eine Lagerkapelle bot allerdings die Möglichkeit, der Gaskammer zu entkommen, da deren Mitglieder in den Augen der Wachmannschaften noch nützlich waren. Später wurden die Musiker über Berlin und Sachsenhausen in Außenlager des KZ Dachau verlegt. Nur wenige der Ghetto-Swingers sollten die Shoah überleben.

Abhängig vom jeweiligen Lager und der spezifischen Lagersituation war die Funktion von Jazz und jazzbeeinflußter Musik im NS-Lagersystem ambivalent: einerseits Bestandteil einer illegalen bzw. geduldeten Lagerkultur, andererseits Mittel der Propaganda und Ablenkung für die Handlanger des NS-Regimes.

1 Vgl. die kommentierte Bibliographie von Martin Weinmann und dem Verf. in: Kuna, Milan: Musik an der Grenze des Lebens. Frankfurt/Main 1993, S. 385–400. Unter dem Titel »›We never would have survived without music‹. Jazz im NS-Lagersystem« arbeitet der Verf. an einer Dissertation zu dieser Thematik.
2 Von der SS für bestimmte Aufgaben zur Organisation und Verwaltung des Lagerbetriebs ernannte Häftlinge, etwa Kapos, Lager-, Block- und Stubenälteste. Nicht selten miß-

brauchten diese Häftlinge die ihnen übertragene Macht und mißhandelten ihnen unterstellte Häftlinge.

3 Wander, Fred: Der siebente Brunnen. Erzählung. Berlin/ Weimar 1971, S. 86–87. Eine ähnliche Episode ereignete sich im niederschlesischen Hirschberg, wo sich ein Außenlager des KZ Groß-Rosen befand.
4 Brief von Josef Šárka vom 29. 12. 1990.
5 Beide Zitate aus: Naujoks, Harry: Mein Leben im KZ Sachsenhausen 1936–1942. Erinnerungen des ehemaligen Lagerältesten. Berlin 1989, S. 300. Einige Sing-Sing Boys wirkten auch in anderen Musikformationen mit. Karel Štancl spielte die zweite Geige in einem Streichquartett. Evžen Seyček war Mitglied des Chors von František Marušan.
6 Brief von Karel Štancl vom 12.10.1990.
7 Bericht von Jiří Žák, zit. nach Muth, Wolfgang: »Rhythmus« – Ein internationales Jazzorchester in Buchenwald. In: AG Jazz Eisenach (Hg.): 25 Jahre Jazz im Klubhaus AWE. Eisenach 1984, S. 10–15, hier S. 12.
8 Scheurenberg, Klaus: Ich will leben. Ein autobiographischer Bericht. Berlin 1982, S. 148.
9 Dazu Margry, Karel: Der Nazi-Film über Theresienstadt. In: Blodig, Vojtěch/Kárná, Margita/Kárný, Miroslav (Hg.): Theresienstadt in der »Endlösung der Judenfrage«. Prag 1992, S. 285–306.
10 Interview mit Coco Schuhmann am 8. 9. 1990.

Zu den Autoren

ANDERSEN, ULF: Schulleiter am Hamburger Christianeum.

BORCHERT, WOLFGANG: geb. 1921 in Hamburg; Buchhandelslehre, dann Schauspieler; mußte 1941 an die Ostfront. Wegen »staatsabträglicher« Äußerungen acht Monate Haft; später wegen angeblicher »Selbstverstümmelung« zum Tode verurteilt, zur »Bewährung« erneut nach Rußland geschickt, kehrt er 1945 chronisch fieberkrank nach Hamburg zurück. In den zwei Jahren bis zu seinem Tod am 20. Nov. 1947 entstand sein gesamtes literarisches Werk.

DE BRUYN, GÜNTER: geb. 1926 in Berlin; ab 1943 Flakhelfer, dann Soldat, nach dem Krieg Bibliothekar und wissenschaftlicher Mitarbeiter, seit 1961 freier Schriftsteller in Berlin (DDR) und Görsdorf. Zuletzt erschien »Zwischenbilanz«, 1992.

DANZI, MICHAEL: geb. 1898 in New York City; kam 1924 mit dem Orchester Alex Hyde nach Deutschland; als Gitarrist und Banjo-Player ein gefragter Künstler in Rundfunk und Theater, gastierte vor allem im Berliner Scala-Theater unter Otto Stenzel; starb 1986 in New York.

DISCHER, GÜNTER: geb. 1925 in Hamburg; ab 1940 kaufmännische Lehre; Experte für illegalen Plattenhandel in der Hamburger Szene; wird 1942 verhaftet; 1943–1945 Jugend-KZ Moringen. Günter Discher war später in der Computer-Branche tätig, lebt in Hamburg, veranstaltet Lesungen und Musikprogramme zur Swing-Ära in Nazi-Deutschland.

FROMANN, ERNST JOACHIM: geb. 1905 in Leipzig als Sohn einer Offiziersfamilie; Kaffee-Vertreter und Swing-Pianist, genannt »Fiddlin' Piano Joe«. Während des Krieges als Unteroffizier in Frankreich. Nach Kriegsende Entertainer bei der US-Army und in Bars im Raum Frankfurt. Ernst J. Fromann starb 1979.

HEILE, CHARLOTTE: geb. 1926 in Hamburg; besuchte die Hansische Hochschule für bildende Künste; arbeitete nach dem Krieg als Zeichnerin und Illustratorin; lebt in Hamburg.

HEINRICH, FRANZ: geb. 1920 in Berlin; Drogerielehre, Kriegsdienst, Amateurmusiker, gründete 1950 den Jazz-Club GJC (German Jazz Collectors), der eine eigene Zeitschaft »Jazz-Revue« herausgab; Arbeit als Journalist und als Leiter der Wiener Niederlassung von Concert Hall.

HEJTMAR, MIROSLAV: Lebensdaten nicht ermittelt.

HOT GEYER: Der Autor wünscht, daß das Pseudonym erhalten bleibt.

KEMPOWSKI, WALTER: geb. 1929 in Rostock; gehörte zur »Flakhelfergeneration«. Nach Kriegsende Lehre als Druckereikaufmann. 1948 in der damaligen SBZ zu 25 Jahren Zwangsarbeit verurteilt, von denen er 8 Jahre in Bautzen verbüßt. Nach der Amnestierung Studium in Göttingen; Lehrer in Norddeutschland. 1971 »Tadellöser & Wolff«, erster Teil seiner »Deutschen Chronik«, von der bis 1984 sechs Bände erschienen. Zuletzt erschien: »Echolot« (1993).

KRAUSE, F. R.: Lebensdaten nicht ermittelt.

KÜNNEKE, EVELYN: geb. 1921 in Berlin als Tochter des Komponisten Eduard Künneke; machte zunächst Karriere als Step-Tänzerin, dann als Sängerin, die sich auch in der Nachkriegszeit fortsetzte; lebt in Berlin.

KUPFFER, HEINRICH: geb. 1924 in Berlin; 1950 Promotion zum Dr. phil.; 1971–1986 Professor für Sozialpädagogik in Kiel. Zahlreiche Veröffentlichungen; zuletzt erschien: »Der Faschismus und das Menschenbild der deutschen Pädagogik« (1984).

LORENZEN, RUDOLF: geb. 1922 in Lübeck, aufgewachsen in Bremen, freier Schriftsteller, zahlreiche Romane, Erzählungen u. a., lebt in Berlin.

LOTZ, RAINER E.: geb. 1937 in Hamburg; Jazzhistoriker und Diskograph, lebt in Bonn, editiert die Deutsche National-Diskographie.

LUST, GUNTER: geb. 1925 in Hamburg; aus Interviews und Dokumentarfilmen bekannt als draufgängerischer Swinger; lebt in Hamburg.

MANGELSDORFF, ALBERT: geb. 1928 in Frankfurt/M.; wird 1947 Berufsmusiker; führender Jazz-Posaunist der letzten Jahrzehnte; zahlreiche Veröffentlichungen.

MITTLER, WOLF: geb. 1913, bis 1943 Journalist beim Berliner Kurzwellensender. 1946–1952 Reporter bei verschiedenen Institutionen der Siegermächte und der UNO. Von 1953 an Journalist beim Bayerischen Rundfunk.

MÜLLER, THORSTEN: geb. 1927 in Hamburg; wurde im Dezember 1943 von der Gestapo verhaftet wegen »Vorbereitung zum Hochverrat«, »Feindbegünstigung« und »Rundfunkverbrechen« Einweisung in das KZ Neuengamme, durch das rechtzeitige Eintreffen der britischen Truppen befreit; nach dem Krieg Arbeit als Journalist, später Mitherausgeber des »Deutschen Allgemeinen Sonntagsblatts«; Thorsten Müller starb 1991.

PILAŘ, MIROSLAV: geb. 1919; gest. 1990.

REHN, ERWIN: geb. 1927 in Heide; erhält 1942 einen »verschärften HJ-Verweis«, weil er sich »in Lokalitäten mit Holländern und Dänen aufgehalten« hat. Ein Fluchtversuch nach Holland mißlingt. 1943 wird er mit der Lagernummer 933 in das Jugend-KZ Moringen eingeliefert; er gehörte nicht eigentlich zum Kreis der Swing-Jugendlichen, sitzt aber mit ihnen zusammen im sog. »Stapo-Block« ein. Erwin Rehn lebt heute in Frankreich.

SCHULZ-KÖHN, DIETRICH: geb. 1912; verfaßte die Brunswick-Broschüre »Wir stellen vor: Swing-Musik« (1936), die zu einer Art Bibel für Swing-Fans wurde, promovierte in Königsberg über das Thema »Die Schallplatte auf dem Weltmarkt« (erschienen 1940) und war als Wehrmachtsoffizier im besetzten Paris entschiedener Parteigänger des »Quintett du Hot Club de France«. Nach dem Krieg als »Doktor Jazz« einer der bekanntesten Jazz-Journalisten und Moderator zahlreicher Jazz-Sendungen, Dozent an der Musikhochschule Köln.

ŠTANCL, KAREL: geb. 1919; lebt in Ústí nad Orlicí.

STAUFFER, (ERNEST HENRY) TEDDY: geb. 1909 in Murten (Schweiz); kaufmännische Lehre, daneben musikalische Ausbildung (Geige, Klarinette, Saxophon); 1929 zusammen mit drei Freunden Übersiedelung nach Berlin, Glanzzeit der »Original Teddies« 1936–1939 mit exzellenten Musikern wie Kurt Hohenberger, Walter Dobschinsky, Ernst Höllerhagen, Billy Toffel, Rosita Serrano. Bei Kriegsbeginn gastiert das Orchester in der Schweiz. Nach dem Weggang der deutschen Musiker verläßt auch Teddy Stauffer die Band und reist in die USA, starb 1991 in Acapulco.

STEPHENS, HARRY: geb. 1919 in Bremen; nach dem Tod seines Vaters 1937 als 18jähriger für die Liquidation von dessen Tabakimport- und Zigarettenfabrik verantwortlich. Geriet wegen seiner Zugehörigkeit zur Swing-Szene zunehmend in Konflikt mit der Gestapo. Während der letzten Kriegsjahre interniert, übersiedelte er 1946 nach Zypern, starb 1991.

STORJOHANN, UWE: geb. 1925; Journalist, lebt in Quickborn, zuletzt Leiter der Abteilung Schule und Bildung im NDR.

VOLKER ULLRICH: geb. 1943; lebt in Hamburg, Historiker, leitet das Ressort »Politisches Buch« bei der Hamburger Wochenzeitung DIE ZEIT.

VOGEL, ERIC: geb. 1906; nach Kriegsende Emigration in die USA; US-Korrespondent für das »Jazz-Podium«, Todesjahr nicht ermittelt.

WANDER, FRED: geb. 1917 in Wien; hielt sich bei Kriegsbeginn in Paris auf, 1939 interniert, im KZ Buchenwald inhaftiert; freier Schriftsteller, zahlreiche Romane, »Der siebente Brunnen« erschien 1971.

Weiterführende Literatur
(Auswahl)

Amery, Jean: Im Banne des Jazz, Wien 1961

Bender, Otto: Swing unterm Hakenkreuz in Hamburg 1933–1945, Hamburg 1993

Berendt, Joachim Ernst: Das große Jazz-Buch, Frankfurt/M. 1989.

Bohländer, Carlo/Holler, Karl-Heinz: Reclams Jazzführer, Stuttgart 1970

Breyvogel, Wilfried: Piraten, Swings und Junge Garde, Bonn 1991

Delaunay, Charles: Django Reinhardt, New York 1981

Guse, Martin: »Wir hatten noch gar nicht angefangen zu leben«. Eine Ausstellung zu den Jugendkonzentrationslagern Moringen und Uckermark 1940–1945

Hellfeldt, Matthias v.: Die betrogene Generation, Köln 1985

–: Davongekommen, Frankfurt/M. 1990

Huck, G. (Hg.): Sozialgeschichte der Freizeit, Untersuchungen zum Wandel der Alltagskultur in Deutschland, Wuppertal 1980

Jugend im nationalsozialistischen Frankfurt. Ausstellungsdokumentation Zeitzeugenerinnerungen, Publikum; Kleine Schriften des Historischen Museums, Frankfurt/M. 1987

Karas, Joza: Music in Terezin 1941–1945, New York 1985

Kater, Michael H.: Diffrent Drummers. Jazz in the Culture of Nazi Germany, Oxford University Press 1992

Keval, Susanna: Widerstand und Selbstbehauptung in Frankfurt am Main 1933–1945, Frankfurt/M. 1988

Klönne, Arno: Die Hitler-Jugend und ihre Gegner, München 1990

Köhler, Peter/Schubert, Matthias: Vom Ragtime endlich auch zum Swing. Zur frühen Geschichte des Jazz in Deutschland, Neu-Isenburg 1991

Lange, Horst H.: Jazz in Deutschland, Berlin 1966

Lust, Gunter: The Flat Foot Floogee. Erlebnisse eines Hamburger Swingheinis 1936–1966, Hamburg 1992

Löwenthal, Richard/zur Mühlen, Patrick v. (Hgg.): Widerstand und Verweigerung in Deutschland 1933–1945, Berlin, Bonn 1982

Muth, Heinrich: Das »Jugendschutzlager« Moringen, in: Dachauer Hefte, Heft 5, 1989, Die vergessenen Lager, S. 223 ff.

Peukert, Detlev: Die Edelweißpiraten. Protestbewegungen jugendlicher Arbeiter im Dritten Reich, Köln 1980

Peukert/Reulecke: Die Reihen fest geschlossen. Beiträge zur Geschichte des Alltags unterm Nationalsozialismus, Wuppertal 1981

Polillo, Arigo: Jazz. Geschichte und Persönlichkeiten, München 1981

Schäfer, Hans Dieter: Das gespaltene Bewußtsein. Deutsche Kultur und Lebenswirklichkeit 1933–1945, Frankfurt/M. 1981
Schock und Schöpfung – Jugendästhetik im 20. Jahrhundert, Hg. Deutscher Werkbund e. V., Darmstadt 1986

Schuller, Gunther: The Swing Era. The Development of Jazz 1930–1945, Oxford University Press 1989

Schulz-Köhn, Dietrich/Kamien, Dave: Let's Swing, Köln 1979

Storjohann, Uwe: Hauptsache: Überleben. Eine Jugend im Krieg 1938–1945, Hamburg 1938

Walter. *1926 † 1945 an der Ostfront. Leben und Lebensbedingungen eines Frankfurter Jungen im III. Reich. Historisches Museum Frankfurt am Main 1986

Wolffram, Knud: Tanzdielen und Vergnügungspaläste, Berlin 1993

Wulf, Josef: Musik im Dritten Reich. Eine Dokumentation, Frankfurt/Main 1983

Zwerin, Mike: La Tristesse de Saint Louis. Swing unter den Nazis, Wien 1988

Quellen- und Rechtsnachweis
(in der Abfolge der Texte)

Prolog

Verbot des Nigger-Jazz. In: Völkischer Beobachter, 12. Oktober 1935.

I. Swingidole

Gunter Lust, »... zum Andenken an die Original Teddies ...«. Die Rechte liegen beim Autor.

Teddy Stauffer, Reichskultur, Olympiade und Sieg. In: Es war und ist ein herrliches Leben, Ullstein Verlag, Berlin 1968, S. 115–123.

–, Ich träumte letzte Nacht. In: ebd., S. 130–138.

dietrich schulz-köhn, django reinhardt. ein porträt, pegasus-verlag, wetzlar 1960, S. 31–40.

Michael Danzi, Amerikanischer Musiker in Deutschland (Auszug). Die Übersetzung folgt der Ausgabe: M. D., American Musician in Germany 1924–1939 as told to Rainer Lotz, Schmitten 1986, S. 120 ff. © Reclam Verlag Leipzig 1993 (Übersetzung).

Evelyn Künneke, Sing, Evelyn, sing: Revue eines Lebens, Hoffmann und Campe Verlag, Hamburg 1982, S. 30–38. Die Rechte liegen bei der Autorin.

II. Swing Boys! Swing Girls!

Hot Geyer, Aus dem Tagebuch. Die Rechte liegen beim Autor.

Geheime Staatspolizei, Staatspolizeileitstelle Hamburg, II G 441/41. Text nach: Rainer Pohl, Das gesunde Volksempfinden ist gegen Dad und Jo. In: Verachtet, verfolgt, vernichtet, VSA-Verlag, Hamburg 1986.

Gunter Lust, Nicht so – sondern so. Die Rechte liegen beim Autor.

Harry Stephens, Swing bedroht das Dritte Reich. Die Übersetzung folgt der Ausgabe: H. St., Swing threatens Third Reich, Suffolk 1988, S. 29 ff. © Reclam Verlag Leipzig 1993 (Übersetzung).

K.-Inspekteur des HJ-Streifendienstes. Hamburg, 8. 2. 1940. Text nach Rainer Pohl, a. a. O., S. 26 f.

Uwe Storjohann, Ohne Tritt im Lotterschritt. In: Die Zeit Nr. 36, 30. 8. 1991. Die Rechte liegen beim Autor.

Charlotte Heile, Die Rolle. Die Rechte liegen bei der Autorin.

Uwe Storjohann, Bomber und BBC. Die Rechte liegen beim Autor.

Rudolf Lorenzen, Als ich noch ein Tangojüngling war. In: Walter Kempowski, Mein Lesebuch, S. Fischer Verlag, Frankfurt am Main 1980, S. 158–160. Die Rechte liegen beim Autor.

Franz Heinrich, Lights out. Die Rechte liegen beim Autor.

Heinrich Kupffer, Jazzmusik und Fliegerbomben. In: H. K. Swingtime. Chronik einer Jugend in Deutschland 1937–1951, Frieling & Partner GmbH, Berlin 1987, S. 41–51.

Günter de Bruyn, Saint Louis Blues. In: G. d. B., Zwischenbilanz. Eine Jugend in Berlin, © S. Fischer Verlag GmbH, Frankfurt am Main 1992, S. 172–178.

Opposition im Medium der Klänge. Albert Mangelsdorff im Gespräch mit Bert Noglik. Die Rechte liegen bei Bert Noglik.

Walter Kempowski, Tadellöser & Wolff. Ein bürgerlicher Roman, © 1978 Albrecht Knaus Verlag GmbH, München, S. 340–344, S. 406–414.

III. Gegen »anglophile Tendenzen« brutal durchgreifen

Festschrift des Gymnasiums Altona.

Reichssicherheitshauptamt, Amt IV. Text nach: Rainer Pohl, a. a. O., S. 24 f.

Volker Ullrich, »Tödl. verungl., 28. 9. 1942«. In: Die Zeit, Nr. 9, 23. 2. 1990. Die Rechte liegen beim Autor.

Ulf Andersen, Swing und Gestapo. Teil I in: Festschrift 250 Jahre Christianeum, Hamburg. Quelle Teil II: Stadtteilarchiv Ottensen

Günter Discher, »… wird in Schutzhaft genommen«. Die Rechte liegen beim Autor.

Erwin Rehn, ST-Block. In: KZ Moringen. Eine Dokumentation. Herausgegeben von der Gesellschaft für christlich-jüdische Zusammenarbeit Göttingen e. V. und dem evangelisch-lutherischen Pfarramt Moringen, 1983.

Thorsten Müller, Ich war ein Widerstand. In: R. Löwenthal und P. v. z. Mühlen (Hg.), Widerstand und Verweigerung in

Deutschland 1933–1945, © Verlag J. H. W. Dietz Nachf. GmbH, Bonn 1984 (durchgesehene und erweiterte Taschenbuchausgabe).

IV: SwingEnde Wehrmacht

An Hot Geyer. Die Rechte liegen bei Hot Geyer.

Franz Heinrich, Swing Generation. Die Rechte liegen beim Autor.

Wolf Mittler, ANZAC Tattoo. Eine Reise durchs Niemandsland, Verlag R. S. Schulz, Starnberg 1987, S. 57–64, S. 87–94.

Evelyn Künneke, Sing, Evelyn, sing, a. a. O., S. 74–75.

Wolfgang Borchert, Die lange lange Straße lang. In: W. B., Das Gesamtwerk, Rowohlt Verlag Reinbek, 1993, S. 256–257. Copyright © by Rowohlt Verlag, Hamburg.

V. Swing hinter Stacheldraht

Eric Vogel, Jazz im Konzentrationslager. Die Übersetzung folgt der Ausgabe: E. V., Jazz in a Nazi Concentration Camp, Downbeat, Part 1–3, Vol. 28 nr. 25, 26, 1961; vol. 29 nr. 1, 1962. © Reclam Verlag Leipzig 1993 (Übersetzung).

F. R. Krause, Bedřich Weiss. Die Übersetzung folgt der Ausgabe: Ludmila Vrkočová, Rekviem sami sobé, Arkýř, Praha 1993, S. 129. © Reclam Verlag Leipzig 1993 (Übersetzung).

Miroslav Pilař, Sing Sing Boys. Die Übersetzung folgt der Ausgabe: František Burianek, Svedectvi, Mladá Fronta, Edice Boje, Praha 1979, S. 125–126. © Reclam Verlag Leipzig 1993 (Übersetzung).

Karel Štancl, Wir sangen zur Freude. Ebd., S. 127–131. © Reclam Verlag Leipzig 1993 (Übersetzung).

Miroslav Hejtmar, Rhythmus hinter Drähten. In: Buchenwald – Mahnung und Verpflichtung, Berlin, Kongreß 1960, S. 477–479.

Fred Wander, Geschichte von Jossl. In: F. W., Der siebente Brunnen, Aufbau-Verlag Berlin und Weimar 1974, S. 15–17. © Fred Wander. Abdruck mit Genehmigung der Fischer Taschenbuch Verlag GmbH, Frankfurt am Main.

Epilog

Wolfgang Borchert, Das ist unser Manifest. A. a. O., S. 308–315.

Anhang

Guido Fackler, »Entartete« Musik im KZ.
Die Rechte liegen beim Autor.

Verzeichnis der Abbildungen

Tanzdielen und Vergnügungspaläste, Edition Hentrich, Berlin 1992 (S. 42, 103, 133)

dietrich schulz-köhn, django reinhardt, Pegasus Verlag, Wetzlar 1960 (S. 53)

Otto Bender, Swing unterm Hakenkreuz, Druckerei und Verlag Hans Christians, Hamburg 1992 (S. 112, 211)

Bundesarchiv Koblenz, NS 19/219 (S. 184,185)

Kinder im KZ, Elefanten Press, Berlin 1982 (S. 235, 238)

Archiv Gunter Lust (S. 29)

Archiv Hot Geyer (S. 82, 208)

Zu dieser Ausgabe

Der Band vereint Erinnerungen an das »Goldene Zeitalter« des Jazz. Mitunter wurde dieses Prinzip bewußt durchbrochen, auch Gestapo-Dokumente und -Protokolle fanden Aufnahme in die Textauswahl. Dies erscheint mir gerechtfertigt aufgrund ihres Aussagewertes.

Danken möchte ich abschließend allen, die geholfen haben, ein authentisches Bild ihrer »Jugend unterm Hakenkreuz« zu gewinnen, die deshalb ihre Privatarchive geöffnet haben: Charlotte Heile, Gunter Lust, Günter Discher und Hot Geyer.

Dank sei auch gesagt Wolfgang Muth, Guido Fackler und Herrn Guse, die bestimmte Bereiche durch ihre Forschungen überhaupt erst zugänglich machten.

Für die Unterstützung meiner Recherchen in Tschechien danke ich besonders herzlich Herrn Prof. Karny in Prag und Frau Ludmila Chladkova von der Gedenkstätte in Theresienstadt.

F. R.

Walter Kempowski

DIE DEUTSCHE CHRONIK

AUS GROSSER ZEIT
Roman. 448 Seiten. Ln.

SCHÖNE AUSSICHT
Roman. 541 Seiten. Ln.

IMMER SO DURCHGEMOGELT
253 Seiten. Ln.

TADELLÖSER & WOLFF
Roman. 476 Seiten. Ln.

HABEN SIE HITLER GESEHEN?
Deutsche Antworten.
Nachwort von Sebastian Haffner.
118 Seiten. Ppb.

UNS GEHT'S JA NOCH GOLD
Roman. 371 Seiten. Ln.

HABEN SIE DAVON GEWUSST?
Deutsche Antworten.
Nachwort von Eugen Kogon.
149 Seiten. Engl. Br.

EIN KAPITEL FÜR SICH
Roman. 388 Seiten. Ln.

HERZLICH WILLKOMMEN
Roman. 352 Seiten. Ln.

Albrecht Knaus Verlag